中論述義

王孺童　撰

中西書局

图书在版编目(CIP)数据

中论述义 / 王孺童撰. —上海：中西书局，
2021.11(2025.2重印)

ISBN 978-7-5475-1761-1

Ⅰ.①中… Ⅱ.①王… Ⅲ.①中观派-研究 Ⅳ.
①B946.9

中国版本图书馆 CIP 数据核字(2020)第 193854 号

ZHONGLUN SHUYI

中论述义

王孺童 撰

责任编辑	张 恬
装帧设计	黄 骏
责任印制	朱人杰

出版发行 上海世纪出版集团
中西书局(www.zxpress.com.cn)

地 址	上海市闵行区号景路 159 弄 B 座(邮政编码：201101)
印 刷	浙江天地海印刷有限公司
开 本	890 毫米×1240 毫米 1/32
印 张	20
字 数	484 000
版 次	2021 年 11 月第 1 版 2025 年 2 月第 3 次印刷
书 号	ISBN 978-7-5475-1761-1/B·106
定 价	98.00 元

本书如有质量问题,请与承印厂联系。电话：0573-85509555

序

　　《中论》者，印度龙树菩萨所造也。今存汉译本有三：一，后秦鸠摩罗什译《中论》，即印度青目菩萨释论本；二，唐释波罗颇蜜多罗译《般若灯论》，即分别明菩萨释论本；三，北宋惟净译《大乘中观释论》，即安慧菩萨释论本。若欲究"中观学派"法理，当以罗什译本为根本，辅以余二译本为增益。

　　《中论》要义，本不艰涩，但凡潜心研读，假之以时，皆能通达明了。然自古难通者，乃《中论》诸品次第，众说纷纭，莫衷一是。今查第二十六《观十二因缘品》青目释云："汝以摩诃衍说第一义道，我今欲闻说声闻法入第一义道。"第二十七《观邪见品》青目释云："已闻大乘法破邪见，今欲闻声闻法破邪见。"故知该论末二品乃述"声闻乘法"，而前二十五品乃述"大乘法"；于"声闻乘法"二品中，前品说"入第一义"，后品说"破诸邪见"；于"大乘法"二十五品中，亦应分说"入第一义"及"破诸邪见"，如此《中论》大科已明。

　　于第一《观因缘品》、第二《观去来品》，皆就《中论》开篇所立"八不中道"之义而正论之，故判为"入第一义"；余二十三品，皆就诸法知见而辩论之，故判为"破诸邪见"。于"破诸邪见"二十三品中，前十九品就"世法"而论，后四品就"出世法"而论。"中观"根本乃述"空义"，"空"者，"人""法"二空也。故于"世法"十九品中，前十五品就"人空"而论，后四品就"法空"而论；于"出世法"四品中，前一品就"人空"而论，后三品就"法空"而论。

　　佛法言"空"，乃谓"性空"；"性空"之由，乃因"缘起"。故《中论》处处说理不离"十二因缘"，而"十二因缘"又以"三道"统摄。由此而观，"世法·人空"十五品次第显然。第三《观六情品》论"六处"，第四《观五阴品》论"名色"，第五《观六种品》论"识"，第七《观三相品》论

"生"，第八《观作作者品》论"取"，第九《观本住品》论"爱"，第十《观燃可燃品》论"受"，第十一《观本际品》论"老死"，第十三《观行品》论"行"，第十四《观合品》论"触"，第十五《观有无品》论"有"，第十六《观缚解品》论"无明"；又第六《观染染者品》、第十二《观苦品》、第十七《观业品》分论"烦恼""苦""业"，则"十二因缘""三道"皆备矣。

诸品"总科"，列简表如下：

中论	大乘	入第一义	《观因缘品》第一 《观去来品》第二			
		破诸邪见	世法	人空	观十二因缘	《观六情品》第三 《观五阴品》第四 《观六种品》第五 《观三相品》第七 《观作者品》第八 《观本住品》第九 《观燃可燃品》第十 《观本际品》第十一 《观行品》第十三 《观合品》第十四 《观有无品》第十五 《观缚解品》第十六
					观烦恼、苦、业	《观染染者品》第六 《观苦品》第十二 《观业品》第十七
				法空	《观法品》第十八 《观时品》第十九 《观因果品》第二十 《观成坏品》第二十一	
			出世法	人空	《观如来品》第二十二	
				法空	《观颠倒品》第二十三 《观四谛品》第二十四 《观涅槃品》第二十五	
	声闻乘	入第一义	《观十二因缘品》第二十六			
		破诸邪见	《观邪见品》第二十七			

　　诸品"细科",列于"述义"之前,皆依论义参详而定。愿此"科目""述义",利益来学。

王孺童识于北京木樨斋

目　　录

观因缘品

科　　目

戊四、不无因生

　　己一、无因无果

　　己二、无因有果

丁二、作结

丙二、无性不生

丁一、破自生

丁二、破他生

丁三、破共生

丁四、破无因

乙三、法非缘生

丙一、非四缘生

丁一、立四种缘

丁二、破四种缘

戊一、破因缘

　　己一、分破

　　　　庚一、设问

　　　　　　辛一、缘非缘生

　　　　　　辛二、有果无果

　　　　庚二、作答

　　　　　　辛一、不从缘非

　　　　　　辛二、非有无果

　　己二、结破

戊二、破次第缘

戊三、破有缘缘

戊四、破增上缘

丙二、非一切缘

丁一、宾诘

戊一、顺主

戊二、分诘

　　己一、诘从缘生

　　己二、诘非缘生

丁二、主答

　戊一、分破

　　己一、破从缘生

　　己二、破非缘生

　戊二、结破

甲一、观因缘品 三

【述义】

《中论》之名，翻译成汉语，还有称《中观论颂》《般若灯论》的。《中观论颂》简称《中论》，也就是"中道之论"的意思。所谓"中"，意指不能执著于此，亦不能执著于彼，取中道而行；所谓"论"，指三藏之一，乃后世菩萨为解释、阐发佛经要义而撰写的著作。

"般若灯论"乃是一种譬喻。"般若"指智慧，中道观符合智慧；以"灯"来比喻智慧。"灯"有照亮的功能，自身又能发光，但这种照亮和发光的功能，是灯自然具足的，并非刻意而有的。也就是说，灯本身不会执著于自身是否能够照亮外物，也不会执著于自身能够发光的功能。由此譬喻般若智慧，是不会执著于彼，也不会执著于此的，这也就是"中道观"。

需要说明的是，佛教讲中道是不执著于二边见。所谓"二边"，指一切极端的见解。此"二"并不是数量词，而是表一种分别性。在《维摩诘所说经·入不二法门品》中，上善菩萨曰："身、口、意业为二。"[①]福田菩萨曰："福行、罪行、不动行为二。"[②]可见，此"二"并不是指如"彼此""东西""阴阳"等般的一对矛盾，也就是"两个"的意思。佛教讲的"不二法门"，是指没有各种极端的分别见解。

《观因缘品》是《中论》的第一品，共有十六偈。佛教是讲"缘起"的，佛教基本的认识论，诸法空无自性的理论就来源于此。所谓"观"，指观照，也就是正确的观察。所谓"因缘"，指一切有为诸

---

① 《大正藏》第 14 卷，第 551 页中。
② 《大正藏》第 14 卷，第 551 页中。

法都是众缘和合而生起的。那么,如何正确观察和认识佛教所说的"因缘法",就是该品所要解决的问题。

该品"第一偈"和"第二偈",历来都判作"归敬颂",按理应该置于《中论》之首。但依后秦鸠摩罗什译本,将其列入第一品内。

乙一、造论因缘 二
丙一、立八不 二
丁一、述法义

【原文】

不生亦不灭,不常亦不断,不一亦不异,不来亦不出。

【述义】

此四句,从四对范畴,破除了人们对真相的不正确认识。当然,这里讲的真相,是佛教认为的终极境界。由于《中论》是阐发"中道"思想的,所以后世称此四句义为"八不中道"。

所谓"不生",指终极境界是没有产生的。所谓"不灭",指终极境界是没有灭亡的。只要没有产生,就不会有灭亡,生灭二者不是割裂开来的。其实,"生灭"这一对范畴就可以囊括一切问题,但为什么还需要有后面的"六不"呢?就是因为有些人不从"生灭"考虑问题,又执著于其余的三对范畴。

所谓"常",指永恒存在。如果一切事物都是常的,永恒存在的,那就是本有的,无生灭的。可事实并非如此,世间一切事物都是有生灭的、无常的,所以是"不常"的。所谓"断",指先有而后无。如果先有了"常",自然就有"断";但由于没有"常",所以也就不会有"断"。这和"生灭"的道理是一样的,有生才有灭,不生就不灭;

有常才有断,不常就不断。

　　所谓"一",指事物的共性。所谓"异",指事物的差异性。所谓"不一",指不能过分强调事物的共性,而忽视了事物的差异性。所谓"不异",指不能过分强调事物的差异性,而忽视了事物的共性。也就是说,既不能执著于共性,也不能执著于差异性。

　　所谓"不来",指不依靠外界而产生。所谓"不出",指不依靠自体而产生。这也就是讲的"不他生""不自生"的道理,后文会专门论述。

　　可见,在此"八不"之中,只要知晓"不生"义,其余"七不"义均可明了。所以在此品中,大多论述的都是"不生"义,但此"一不"义是涵盖其余"七不"义的,识者当知。

　　　丁二、明缘由 二

【述义】

　　此"八不中道",又包括了两层涵义。

　　　戊一、佛明毕竟空义

【述义】

　　佛陀在世的时候,古代印度存在各种思想流派,对世界本原有着各种各样的认知,比如:唯物论、唯心论、神创论等。而这些认知在佛陀看来都是错的,属于不正确的邪见。在佛陀早期传法的过程中,对声闻乘人宣讲"五蕴、十二处、十八界"以及"十二支"等道理。佛陀对小乘人讲了这些基本理论后,又为那些心量广大、堪受大乘法义的人,宣讲了一切法毕竟空无所有,也就是"八不"的道理。这些大乘菩萨依此"八不",得以观察一切诸法的毕竟空相。

戊二、龙树造论破执

【述义】

佛陀灭度以后,佛弟子们开始对佛陀生前所讲说的"五蕴、十二处、十八界、十二支"等道理产生执著,不能把握其中的毕竟空义,认为这些法都有实体性的存在。他们认为如果法体是空,那么也就不存在什么轮回、罪福报应了。将佛陀讲的毕竟空,等同于世间"空无所有"的顽空。为了能够使众生契入空性,更好地理解佛陀所讲毕竟空义,龙树才造了《中论》,从而破除邪见、宣说正理。

丙二、赞佛陀 二
丁一、佛显正而破邪

【原文】

能说是因缘,善灭诸戏论。

【述义】

"能说"者,佛也。"诸戏论"者,生灭、断常、一异、来出等诸邪见也。佛以因缘法而显毕竟空义,此即"显正";佛以"八不"义灭除各种邪见,此即"破邪"。

其实危害最大的,并不是外道的邪见,而是佛教内部的邪见。外道由于从根本上不承认佛理,所以其观点反倒容易辨识。但佛教内部产生的邪见,由于本身笼罩在大的佛法光环下,使人们不容易辨识,更具有蛊惑性。所以,必须要以"三法印"以及"八不中道"等标准,来时刻检验何种说教是符合正法的,何种说教是违背正法的。

丁二、龙树礼第一义

【原文】

我稽首礼佛,诸说中第一。

【述义】

"我"者,龙树自称也。此表龙树赞叹礼敬佛陀,称佛陀所说"八不中道"之义,乃一切诸说之中最为第一。

此"第一"者,除表最为完善、高妙外,还表"第一义谛",即胜义谛。这里之所以要强调"胜义谛",就是为了表明"不生"等义,以及《观因缘品》中后文所述者,均是破的"胜义生",而非"世俗生"。因为对于"胜义谛",也就是终极境界来讲,才是"不生不灭、不断不常、不一不异、不来不出"的,而就"世俗谛"来讲,是"有生有灭、有断有常、有一有异、有来有出"的。龙树造论的目的,就是为了破除那些对佛教终极境界的不正确的认知。宗喀巴大师《中论略义·观因缘品略义》:"此中是说生灭等法,非无漏智所缘境体,只破'胜义生',不破'世俗生'。又对经中所说从四缘生之密意,亦如是释。破所缘缘,亦是破'胜义中有',不破'世俗中有'等等。"①

无著《顺中论》:"如是论偈,是论根本,尽摄彼论。"②故知这两

① 《龙树六论——正理聚及其注释》,北京:民族出版社,2000年5月第1版,第256页。
② 《大正藏》第30卷,第39页下。

个"归敬颂"提领了整部《中论》的要义,是需要精研和把握的。

乙二、诸法无生 二
丙一、四种不生 二

【述义】

"第三偈"主要阐释了"四种不生",即:不自生、不他生、不共生、不无因生。

丁一、分说 四
戊一、不自生 四

【原文】

诸法不自生,

【述义】

这句讲的是"不自生"的问题,具有四个层面的涵义。

己一、待众因

【述义】

诸法不会从自体中产生,必须依待各种其他因缘才能产生。

己二、有二体

【述义】

如果一个事物是从自体中产生出来的，即新生出一个体，也就是一物双体。这两个体性，一个是"生"，一个是"被生"。如果诸法是从自体产生，这就出现了"二体"的矛盾，怎么会同时又生、又被生呢？

己三、无因缘

【述义】

如果说诸法能够离开各种因缘而产生，就属于无因缘而生。据实而论，世间哪里有什么事物，可以无缘无故地凭空产生呢？都是需要依赖各种其他因缘才能产生的。

己四、生无穷

【述义】

如果非要说诸法能够从自体产生，又不用依靠各种其他因缘，那就说明自体本身就具有"产生"的功能。这种"产生"的功能，是本具恒常的，不是依靠外缘而有的，所以总能表现出产生新法的功能。如此一来，"产生"是没有停歇的，生更有生，生生无穷。这就犯了"无穷"的过失，因为世间的诸法并不是无时无刻不停地产生。

戊二、不他生

【原文】

　亦不从他生，

【述义】

　　这句讲的是"不他生"的问题。

　　"自""他"本来就是相对的概念，有"自"才有"他"，无"自"也就无"他"。诸法如果能从自体中产生，也就能从他体中产生，本质上是一样的。所以，既然前面已经论述了诸法不能从自体产生，那也绝不会从他体产生了。

戊三、不共生

【原文】

　不共、

【述义】

　　于"不共"中，讲的就是"不共生"的问题。

　　所谓"共生"，指"自生"与"他生"共同起作用。诸法既然不能自生，也不能他生，那么即便将"自生"与"他生"结合起来，共同起作用，还是不能生。所以，诸法是"不共生"的。

戊四、不无因生 二

【原文】

　不无因，

【述义】

于"不无因"中,讲的就是"不无因生"的问题,具有两个层面的涵义。

己一、无因无果

【述义】

如果有事物是没有任何产生之因就存在的话,那该事物就是永恒存在。可实际上,世间没有任何事物可以永恒存在,凡是存在的事物都是由某种因缘产生出来的。没有因,就没有果;无因,就不可能产生任何事物。所以,诸法是不可能"无因生"的。

己二、无因有果

【述义】

如果非要说诸法可以在"无因"的情况下产生,那就等于是否定了世间的"因果关系"。如果没有了因果关系,世间的事物也就乱套了:做好事可能下地狱,做坏事可能上天堂。可实际情况并不是这样,世间诸法都按照因果关系,有条不紊地生灭运行。所以,诸法是不可能"无因生"的。

丁二、作结

【原文】

是故知无生。

【述义】

通过对诸法"不自生、不他生、不共生",也不会"无因而生"的论述,可以得知一切诸法都是无生的。

丙二、无性不生 四

【述义】

"第四偈"主要针对"第三偈"中的"四种不生",作出进一步的破除和阐释。

丁一、破自生

【原文】

如诸法自性,不在于缘中;

【述义】

世间一切事物都是众缘和合产生的,所以没有独立的自性存在。不会是说某个事物的自性,分散在各种缘中,当众缘聚合时,就形成了一个自性。因为在一个事物没有产生之前,世间等于就没有这个事物,既然没有该事物,那该事物的所谓自性也是不存在的。一个根本不存在的自性,在众缘当中也是不会存在的,就算众缘聚合起来还是不会存在。一个"没有",加上另一"没有",再加多少个"没有",结果还是"没有"。一切诸法都是没有自性的,又如何能"自生"呢?

丁二、破他生

【原文】

以无自性故,他性亦复无。

【述义】

在"第三偈"中已经解释过,"自性""他性"只是看问题的角度不同罢了。"他性"相对于"自性"而有,"自性"也是相对于"他性"而称,"自性""他性"本质上是相同的,没有了自性,自然也就没有他性。既然无自性,不能自生;那么无他性,也就不能他生。

丁三、破共生

【述义】

所谓"共生",就是在共"自""他"两性,可是诸法无自性、无他性,从而也就不会有共性,又怎么会有共生呢?

丁四、破无因

【述义】

在世间本没有无因而生的事物。本品后文还会讲到破除有因的状况,既然有因生都可破除,何况无因生呢?

"第四偈"从字面上只讲了"破自生"与"破他生"两层意思,但其内涵是包括了"破共生"与"破无因生"的内容。

"第三偈"与"第四偈",从"自""他""共""无因"四个方面,论述了诸法生相皆不可得,所以可知"诸法不生"。

乙三、法非缘生 二
丙一、非四缘生 二
丁一、立四种缘

【原文】

因缘、次第缘、缘缘、增上缘,四缘生诸法,更无第五缘。

【述义】

前面站在胜义谛的角度,已经讲了诸法不从众缘中产生的道理,但仍是有人不能理解和接受。他们反驳说:"诸佛、菩萨在经论中,多次讲过一切诸法都是从四种缘中产生的,怎么能说一切诸法不是从众缘中产生呢?"

"四种缘"者,即:因缘、次第缘、缘缘、增上缘。佛教把"法"分为"有为法"与"无为法"两大类,而又把"有为法"分为"色法""心法""心所有法""心不相应法"四类。

所谓"因缘",指产生事物的最为主要和直接的条件,一切"有为法"均可构成"因缘"。而此缘之所以称为"因",就是指该缘为各种事物产生之原因。在佛教的因果论中,就"因"的部分,强调有六种因,即:相应因、俱有因、同类因、遍行因、异熟因、能作因。而就"因缘"来讲,除去六因中之"能作因",剩余五种因均属"因缘"范畴。

所谓"次第缘",指各种认识活动产生的条件。"次第",就是强调一种前后的关系。这种前后关系,肯定是落在"时间"范畴中的。

佛教对于"时间"这一概念,是用"三世"来进行描述的。"世"者,迁流之义。"三世"者,过去、现在、未来也。由于"未来"属于还没有发生的事情,等同于无。"次第缘"毕竟还是缘,也就是一种存在。只有存在的事物,才能够作为缘。那么"未来"的事物既然是不存在的,也就无法分出次第,所以"次第缘"只涉及"过去"和"现在"这两个时间范畴。能够构成"次第缘"的,为"有为法"中的"心法""心所有法",但其中要除去阿罗汉的最后心法、心所有法。为什么要专门强调这点呢? 就是由于阿罗汉的最后心法、心所有法灭掉之后,就进入到涅槃之中,不会再生起新的心法、心所有法,也就构不成"过去""现在","前灭""后生"的"次第"结构了。

　　所谓"缘缘",指能够被缘取的那个缘,也就是认识的对象。人的认识的形成,不光要有能够认知的主观能动性,还必须要有相应的外境作为认知对象。这个作为被认识的对象的就是"缘缘",一切"有为法"均可构成"缘缘"。

　　所谓"增上缘",指不阻碍事物产生,能够促进事物产生的各种条件。一切"有为法"均可构成"增上缘"。

　　可见,除"次第缘"外,其余三缘均可为"一切有为法"所构成。依照世俗谛的见解,这四种缘构成了一切有为诸法产生的条件。除了此四种缘外,再没有像"第五缘"等其他的缘,能够作为一切有为诸法产生的条件。

　　以上就是"第五偈"的内容。

丁二、破四种缘 四

【述义】

　　针对前面的质问,从此往下的七个偈颂,就分别从胜义谛的角度,来破除认为存在四种缘的妄执。

戊一、破因缘 二
己一、分破 二

【述义】

以下通过自设问答的形式,从"果""缘"两个方面,分别破除了"因缘"存在的可能性。

庚一、设问 二

【述义】

"第六偈"四句,两两分开,形成两个小的问题。

辛一、缘非缘生

【原文】

果为从缘生,为从非缘生?

【述义】

第一小问是从"果"的角度,指出一切已经产生的事物就属于"果";那么这个"果"是从因缘中产生的呢? 还是从不是因缘的"非因缘"中产生的呢?

辛二、有果无果

【原文】

是缘为有果,是缘为无果?

【述义】

第二小问是从"缘"的角度,指出对于因缘来说,它到底是能产生果,还是不能产生果呢?

庚二、作答 二

【述义】

针对上述两个小问题,以下一偈就分别给予对应的解答。

辛一、不从缘非

【原文】

因是法生果,是法名为缘。若是果未生,何不名非缘?

【述义】

"第七偈"是针对第一个小问题进行的解说。

"是"表示"这"的意思,"是法"就是"这种法"的意思。由于"这种法"产生了果,那么"这种法"才被称为"因缘"。也就是说,只有在一个事物产生以后,才能确定哪些条件构成了产生该事物的因缘。

如果"果"还没有产生,你根本没有办法判断这些条件,是不是构成产生该事物的因缘。既不能判断为是，因为果没有产生；也不能判断为不是，还是因为果没有产生。有些人虽然接受了前半个观点，但又想当然地反推，认为既然不能判断是因缘，那肯定就不是因缘，从而又堕入到二边见中。如果在果没有产生的情况下，就贸然妄断哪些条件不是因缘，可等果产生以后，万一它又成为因缘了呢？

青目《释》："如瓶以水土和合故有瓶生，见瓶缘知水土等是瓶缘。若瓶未生时，何以不名水土等为非缘？"①就好像一个瓶子，是通过水和泥土混合而制造出来的。看到瓶子以后，才知道水和泥土为产生该瓶子的因缘。在瓶子没有产生之前，并不能知道水和泥土为产生瓶子的因缘。但又不能说，水和泥土不是产生瓶子的因缘，不然瓶子又是通过什么来被制造出来的呢？

由于没有"果"就无法确定"因缘"，这就破除了世俗那种"先有因，后有果"的错误认知。既然"果"不是从"因缘"中产生的，那更不可能从不是因缘的"非缘"中产生了。

辛二、非有无果

【原文】

　　果先于缘中，有无俱不可。先有何用缘？先无为谁缘？

【述义】

"第八偈"是针对第二个小问题进行的解说。

"果"在没有产生之前，其体性是否已经蕴涵在"因缘"当中了呢？这个问题从肯定或否定两个方面回答，都是不正确的。既不

---

① 《大正藏》第30卷，第2页下。

能说"果先于缘中有"，也不能说"果先于缘中无"。

后文原作"先无为谁缘，先有何用缘"，按：因前文作"有无俱不可"，故调整次序为今文。此即破除世俗中的两种外道因果见解，即："因中有果"与"因中无果"。

如果"果"性已经事先就蕴涵在"因缘"中了，那么说明"果"已经存在了。既然"果"已经存在，那还用"因缘"作什么呢？再有，这个蕴涵了"果"性的"因缘"，就不是"因缘"，而应该就是"果"。此即破除"因中有果"见。

如果"因缘"中根本没有"果"性，那这个"因缘"也就不能产生"果"。既然不能产生"果"，那又是谁的"因缘"？构不成"因缘"建立的条件，就不是"因缘"。此即破"因中无果"见。

己二、结破

【原文】

　　若果非有生，亦复非无生，亦非有无生，何得言有缘？

【述义】

"第九偈"是对"果非因缘生"的再次阐释。

若对于以上的"分破"，还是难以接受，非要认为"因缘"能够产生"果"的话，无非三种情况，即：因缘中有果，因缘中无果，因缘中既有果又无果。前两种情况，就是"因中有果""因中无果"，上文已经破除。第三种情况，只是一种概念上的文字游戏，"有""无"本身就是一对矛盾，性质截然相反，根本不可能同时存在。

既然"因缘中有果"不正确，那就说明"果非有生"；既然"因缘中无果"不正确，那就说明"果非无生"；既然"因缘中既有果又无果"不正确,那就说明"果非有无生"。如此一来,三种情况皆不可能,又如何说"果"是从"因缘"中产生的呢?"因缘能生诸法"的错误见解由此破除。

戊二、破次第缘

【原文】

　　果若未生时,则不应有灭;灭法何能缘,故无次第缘。

【述义】

　　"第十偈"破的是"次第缘",此处还是需要再次强调一下佛教对"次第缘"下的定义。所谓"次第缘",是以前一念的灭,作为后一念生起的因。也就是说,后一念的生起,是以前一念的灭为前提的;前一念不灭,后一念就无法生起。

　　"果",指的就是后一念。后一念如果还没有生起,说明前一念还没有灭;前一念没有灭,就构不成生起后一念的次第缘。"灭法",指前一念已灭。如果前一念已经灭了,灭就是没有了,没有就是不存在。根本不存在的"灭法",又如何能够作为缘呢?所以,前一念无论灭与不灭,均不能实际构成后一念生起之缘,从而破除"次第缘能生诸法"的错误见解。

戊三、破有缘缘

【原文】

　　如诸佛所说,真实微妙法。于此无缘法,云何有缘缘?

【述义】

　　"第十一偈"破的是"缘缘"。"缘缘"者,能缘与所缘也。"能缘"者,识也;"所缘"者,境也。

　　如同一切诸佛所讲说的,真实不虚的微妙法义。根据下文"于此无缘法"可知,此"微妙法"即"无缘法"。故此偈《般若灯论》作"婆伽婆所说,真实无缘法"。根据前面论义所述,一切有为诸法都不是从众缘中产生的,所以根本上属于"无缘法"。对于这些"无缘法",又怎么能说其中有"能缘之境"与"所缘之识"呢?

　　但有人会产生疑问:"无缘法"为一切诸佛所说,"有缘缘"也是一切诸佛所说。诸佛不说,也不会知道有"缘缘"存在。既然二者皆为诸佛所说,为何又要以"无"来破"有"呢?青目《释》:"实法可信,随宜所说不可为实,是故无缘缘。"①也就是说,二者虽皆为诸佛所说,但"无缘法"是诸佛的真实说,而"有缘缘"是佛的随宜说,不可把权宜方便之说等同于真实法义之说,从而破除"缘缘能生诸法"的错误见解。

戊四、破增上缘

【原文】

诸法无自性,故无有有相。说有是事故,是事有不然。

【述义】

　　"第十二偈"破的是"增上缘"。其实"增上缘"与"因缘""缘缘"都属一切有为法,前面已经破了"因缘"与"缘缘",按道理也就同时破了"增上缘"了。但为了前后对应,故于此就"增上缘"再次进

行破除。

"有"者,是事有也。"有有"者,是事有故是事有也;也就是说,由于这件事存在,所以那件事存在。第一个有是因,第二个有是果,促进增上为缘。一切有为诸法都是本无自性的,也就不会有这件事真实存在,或那件事真实存在的各种相状。

世俗见解为什么会认为存在增上缘呢?就是因为觉得有这样一个事物真实存在,并促进着另一个事物的产生。由于诸法无自性,所以不可能有真实事物的存在。这个事物不存在,那个事物也不存在;促进的事物不存在,被促进产生的事物也不存在,从而破除"增上缘能生诸法"的错误见解。

这里需要强调的是,佛陀在经论中常常会用"有无"等相互对立的范畴来讲说道理,但看到这些内容时,不能对"有无"等相互对立的范畴产生执著。佛陀讲说"有无",就是为了阐明"不二"的法义。凡夫不能把握"不二"法义,反而执著于"有无"等二边邪见。所以学人在读经学法时,凡是遇到相对的概念或范畴时,一定不要执著于分别矛盾,而要体会其中的"不二"中道。如果一味按世俗逻辑来思维,必定会背经破法,陷入歧途而难以自拔。

至此破四缘竟。简要回溯,其实关于"诸法不从缘生"的问题,本品前面就已经讲过了。"第四偈"云:"如诸法自性,不在于缘中",但由于凡夫不能接受这种观点,非要执著于有缘的真实存在,还引述佛说"四种缘"来予以反驳。为了破除凡夫的执著邪见,才有了后面"破四缘"的内容。而对于"破四缘"所讲的道理,不能割裂地、孤立地来理解,不是说破哪一缘道理,就仅适用于这一缘。除"次第缘"外,其余三缘都是属于一切有为法的,看似破一缘的道理,其实也是适用于其他的。当然,"缘生法"与"无缘法"均为佛陀所说,根据"依了义不依不了义"的原则,"缘生法"为佛陀随宜方便说,而"无缘法"才为佛陀真实微妙说。

丙二、非一切缘 二
丁一、宾诘 二

【述义】

前面通过对"四种缘"的破除,说明一切有为诸法不是从众缘中产生的。虽然道理是这样,但对于生活在世间的人,所看到的实际情况,仍然是事物都是从各种缘中产生的。所以,从内心深处仍然不能接受胜义谛的道理,疑惑并未完全消除。

戊一、顺主

【原文】

略广因缘中,求果不可得。

【述义】

"第十三偈"义分为二,前半为顺论主之义而说,后半即就未消之疑而诘。

"略广因缘"者,"略因缘"与"广因缘"也。所谓"略因缘",指众缘和合。所谓"广因缘",指一切众缘。那么,根据前文所述,在"略因缘"与"广因缘"中,想寻求诸法产生之果,均不可能得到。

戊二、分诘 二
己一、诘从缘生

【原文】

因缘中若无,云何从缘出?

【述义】

"第十三偈"的后半,就是提出的第一个诘难,即:果为何不是从因缘中产生。

现实世界里的一切事物均是从各种因缘中产生的。因缘中如果没有果,那果又怎么能从因缘中产生出来呢?

己二、诘非缘生

【原文】

若谓缘无果,而从缘中出;是果何不从,非缘中而出?

【述义】

"第十四偈",就是提出的第二个诘难,即:果为何不是从非缘中产生?

所谓"非缘",指不是因缘。如果说因缘中没有果,但现实世界的果都是从各种因缘中产生出来的;如果说果不是从因缘中产生,难道还能从非缘中产生出来吗?

丁二、主答 二
戊一、分破 二

【述义】

针对上述两个诘难,论主分别进行破除。

己一、破从缘生

【原文】

若果从缘生,是缘无自性。从无自性生,何得从缘生?

【述义】

"第十五偈"针对第一个诘难,指出:缘无自性,不能生果。

如果果是从因缘中产生,那么产生果的各种因缘,本身也是属于一切有为法的。按照佛教理论,一切有为法都是无自性的。所谓"无自性",就是没有自身体性,也就不是真实存在。一个不是真实存在的事物,又如何能够产生其他事物呢?各种因缘也是无自性的,即不是真实存在,所以不可能产生其他事物,又怎么能说果是从因缘中产生的呢?

己二、破非缘生

【原文】

果不从缘生,不从非缘生。

【述义】

"第十六偈"前半,针对第二个诘难,指出:无非缘法,果不从生。

果不是从各种因缘中产生的,也就更不可能从不是因缘的"非缘"中产生。按照佛教理论,一切有为诸法均是因缘和合而生,没有一个事物不是缘生之法。所以,根本就不存在脱离因缘而存在的事物,也就没有真正意义上的"非缘"存在。"非缘"既然不存在,也就谈不上产生各种事物了。

戊二、结破

【原文】

以果无有故，缘非缘亦无。

【述义】

"第十六偈"后半，既是针对两个诘难的破除，也可以说是对整品法义的总结。

由于前面大多是从"果"的角度来破缘，所以给人感觉似乎果还是存在的。但要是果真实存在，那么缘也就应该真实存在，可缘并非真实存在。既然缘不是真实存在，也就不可能产生真实存在的果。果不是真实存在，那么所谓产生果的"缘"或"非缘"也就不是真实存在。

如此一来，无论是从果来破缘，还是从缘来破果，缘、果均非真实存在，方显此品中道之义。

观 去 来 品

科　　目

丁一、三时无发

　戊一、标

　戊二、释

丁二、一切无发

丙三、无有住者

　丁一、本皆不住

　丁二、去者无住

　丁三、三时无住

乙三、论不二

丙一、标

　丁一、非一

　丁二、非异

丙二、释

　丁一、分释论体

　　戊一、非一

　　戊二、非异

　丁二、合释显用

　　戊一、标

　　戊二、释

　　　己一、非一

　　　己二、非异

乙四、论去处

丙一、无去者

丙二、无去法

丙三、无去处

甲二、观去来品 四

【述义】

《观去来品》是《中论》的第二品,共有二十五偈。本品虽名"观去来",但纵观整品内容,讨论的全都是"去",而无一处"来"字。当知,"去"与"来"乃一对范畴,"去"义明了,则"来"义自知。故切勿见本品只破于"去",而又执著有"来"也。

又前"观因缘品"中,只破"生",而实兼破"灭"。"生"与"灭"亦为一对范畴。论首所立"八不",初为"不生不灭",终为"不来不出"。"出",即"去"也。故知前二品,即摄"八不"中道之要义。

乙一、论去法 二
丙一、三时无去

【原文】

已去无有去,未去亦无去;离已去未去,去时亦无去。

【述义】

"去",指去法,也就是一种造作的行为。同理,"来"也是此义。"已去",指行为的过去时。"未去",指行为的未来时。"去时",指行为的现在时。虽然看似是将"行为"放在"过去、未来、现在"这样的时间范畴中,但要知道重点不在"时间"本身,而是要讨论"行为"的"已发生、未发生、正发生"的三种状态。

世间的一切事物,都是由于各种行为造作而产生的,过去有行为造作、现在有行为造作、未来还会有行为造作。正因为这种三时无休造作的行为，导致了一切有为诸法的产生。于《观因缘品》中虽然已经明晰阐说"诸法无生"之理，但导致诸法产生的这种造作"行为"，总是存在的。以下论述，就是用"去"，来代表一切造作行为。

"第一偈"就是针对世人执著"行为"实有的错误认知，从时间范畴上破除。若依世俗观察，似乎确是如此，但实际情况又是如何呢？已经完成的行为，行为也就过去、不存在了；还未发生的行为，行为本身就不存在。由于"正在发生"的行为，是兼有"已发生"和"未发生"行为这二者的，所以离开了"已发生"和"未发生"的行为，也就不会再有一个"正在发生"的行为存在。

丙二、去时无去 二
丁一、宾诘

【原文】

　　动处则有去，此中有去时；非已去未去，是故去时去。

【述义】

"第二偈"是就前面所讲"三时无去"的诘难。

"动处"，指造作。如果说"已发生"和"未发生"的行为本身是不存在的，姑且还能接受，但世上无时无刻不在发生着各种造作，都是人们亲眼看着发生的。这些造作就属于行为，而正在发生的造作，就应该是"正在发生的行为"，也就是"去时"。这种"正在发生的行为"，既不属于"已发生"，也不属于"未发生"，所以应该承认在"正在发生的行为"中有"行为"，即"去时去"的存在。

如果"去时去"真的存在，那么就驳斥了前面"三时无去"的结论。

丁二、主答 三

【述义】

　　针对世人执著"去时去"实有的错误认知，以下从三个方面破除。

戊一、离法无时

【原文】

　　云何于去时，而当有去法？若离于去法，去时不可得。

【述义】

　　"第三偈"先就"去时"与"去法"，也就是"正在发生的行为"与"行为"之间的不二关系，进行了说明。

　　为何会认为"正在发生的行为"当中，就必当会有"行为"本身存在呢？要知道，如果离开了"行为"本身，就不可能有"正在发生的行为"存在。也就是说，必定是先有"行为"，然后才有行为发生的不同阶段；不可能先有行为发生的不同阶段，而后才有"行为"。所以，想通过"正在发生的行为"，来推知"行为"的存在，本身就是颠倒的错误认知。

戊二、时不离法

【原文】

　　若言去时去，是人则有咎；离去有去时，去时独去故。

【述义】

　　"第四偈"指出："去时去"的错误认知,割裂了"去时"与"去法"的不二关系。

　　如果非要说"正在发生的行为"中有"行为"存在,那么这个人的认知是错误的;如果离开了"行为"而有"正在发生的行为"存在,那么"正在发生的行为"就与"行为"形成两个相互独立的概念。也就是说,只有"正在发生的行为"与"行为",即"去时"与"去法"相互独立时,才可以说哪个中间包含哪个。可实际上又非如此,因为"若离于去法,去时不可得"。

　　　　戊三、有二去过 二
　　　　己一、举二种去

【原文】

　　　若去时有去,则有二种去:一谓为去时,二谓去时去。

【述义】

　　"第五偈"指出:如果割裂"去时"与"去法"的不二关系,就会导致"二种去"的错误出现。

　　如果非要说"去时"中有"去法",也就是认为"正在发生的行为"中有"行为"存在,那就会导致有二种"行为"的出现:一种是所谓的"正在发生的行为",即"去时";一种是所谓的"正在发生的行为"中的"行为",即"去时去"。

　　　　己二、明二去咎

【原文】

　　若有二去法，则有二去者；以离于去者，去法不可得。

【述义】

　　"第六偈"进一步解释，为何说"二种去"是错误的。

　　"去者"，指行为主体，也就是人。如果存在有二种行为，那么就要有两个行为人。因为离开了行为主体，行为本身也就不存在了。

　　"行为人"是构成"行为"的先决条件，一个"正在发生的行为"应当是一个行为人所作的。但如果说"正在发生的行为"中有"行为"存在，这就构成了第二种"行为"，那应该还有另一个行为人才对。可事实并非如此，"去时去"就是一个行为人造成的。所以，"二种去"肯定是错误的，推导出"二种去"的那种割裂"去时"与"去法"的认知，也必然是错误的。

　　既然"去时"与"去法"是不二的，离开"去法"无"去时"可得，那么认为"去时"中有"去法"的"去时去"的认知肯定也是错误的。"去时去"的认知不正确，说明"正在发生的行为"中没有"行为"存在。"去时"中无有"去法"可得，"已去""未去"中更是无有"去法"可得，从而破除了世人对"去法"，即"行为"实有的执著。

乙二、论去者 三

【述义】

　　"第六偈"已经引出了"去者"义。虽"去法"不存在，然造作行为的主体，也就是行为人总应该存在。针对世人执著"去者"实有的错误认知，以下从三个方面破除。

丙一、无有去者 三
丁一、离法无去

【原文】

　　若离于去者，去法不可得。以无去法故，何得有去者？

【述义】

　　"第七偈"先就"去者"与"去法"，也就是"行为人"与"行为"之间的不二关系，进行了说明。

　　正如"第六偈"中"以离于去者，去法不可得"所说，如果离开了"去者"，"去法"也就不可得。反之，没有"去法"，也不可能有"去者"存在，此义后文自明。那么，前面已经论述的"三时无去"之义，既然没有"去法"，又何以还有"去者"呢？

丁二、实无去者

【原文】

　　去者则不去，不去者不去；离去不去者，无第三去者。

【述义】

　　"第七偈"是从"无去法"角度来说"无去者"，"第八偈"则是就"去者"本身来说"实无去者"。

　　"去者"指的是"行为人"，而不是"人"。只有已经"去"的人，才能称为"去者"。既然"去"的行为已经发生，就等同于"已去"；已经发生过的行为，行为本身已经灭掉，所以肯定就不是"去"。这也就是"第一偈"中"已去无有去"义。

　　"不去者"指根本不是行为人的人，那也就根本不可能产生任何"去"的行为,所以肯定也不是"去"。

作为行为主体来讲,分成"行为人"与"非行为人"两种,即"去者"与"不去者",别无第三种行为主体。那么,既然作为行为人的"去者",是不会真正"去"的;作为非行为人的"不去者",更不可能真正"去"。由此看来,就没有行为人真正地"去",即没有真实的"去者"存在。

丁三、破去者去 三
戊一、离法无去

【原文】

若言去者去,云何有此义?若离于去法,去者不可得。

【述义】

"第九偈"指出:"去者去"的错误认知,割裂了"去者"与"去法"的不二关系。

如果说"去者"有"去"的话,为何能得出这样的错误结论？如果离开了"去法","去者"是不可能获得的。既然"去者"与"去法"不是相对独立的,也就不能说哪个包含哪个。

戊二、二种去过

【原文】

若去者有去,则有二种去:一谓去者去,二谓去法去。

【述义】

"第十偈"指出:如果割裂"去者"与"去法"的不二关系,就会导致"二种去"的错误出现。

　　如果非要说"去者"中有"去法",也就是认为"行为人"中有"行为"存在,那就会导致有二种"行为"的出现:一种是由行为人产生的行为,即"去者去";一种是由行为本身产生的行为,即"去法去"。

戊三、离去法咎

【原文】

　　若谓去者去,是人则有咎:离去有去者,说去者有去。

【述义】

　　"第十一偈"进一步解释,为何说"二种去"是错误的。

　　如果说"去者"中有"去法",认为"行为人"中有"行为"存在,那么这个人的认知是错误的:因为他以为离开了"去法",可以有独立的"去者"存在,所以才产生"去者"中有"去法"的谬见。

　　以上五偈对"无有去者"之义,与前"去时无去"之义,论破结构大体相同。

丙二、无有初发 二
丁一、三时无发 二
戊一、标

【原文】

　　已去中无发,未去中无发,去时中无发,何处当有发?

【述义】

"发",指发动。

如果真有"去者",也就是"行为人"存在的话,那就应该有"行为人"最初"发动"行为的那一刻。而实际情况又是如何呢?

"第十二偈"指出:已经完成的行为,行为已经灭掉,不会再有发动;还未发生的行为,行为就不存在,不会有所发动;正在发生的行为,行为已生未灭,还是没有发动。于"已去""未去""去时"中寻求均没有发动,又要到哪里去寻求行为的最初发动呢?

戊二、释

【原文】

未发无去时,亦无有已去;是二应有发,未去何有发?

【述义】

若说"已去""去时"无有发动,乃是行为已经发生,尚可理解。但一切行为均是从无到有,从"未来"入于"现在"乃至"过去",所以为何说"未去"中没有发动呢?

"第十三偈"指出:作为正在发生行为的"去时",以及已经发生行为的"已去",这都是在行为发生以后才形成的;如果行为根本没有发动,也就不会有"去时""已去"。按照世俗常理,"已去""去时"才有行为存在,而"未去"的行为还没有发生,又怎么能于其中有所发动呢?

也就是说,有"发动"才会有"行为",而不能说有"行为"才有"发动"。一般认为"去时""已发"中有"行为",才应该有"发动";但实际应该是有"发动",才会有"去时""已去"的行为。如果没有"发动"，也就不会有"去时""已去"的行为，所以不能说"去时""已去"中有"发动"。而"未去"是根本没有"行为"，也就无所谓"发动"了。

丁二、一切无发

【原文】

无去无未去，亦复无去时。一切无有发，何故而分别？

【述义】

"无去"，指无已去。

"第十四偈"总结前二偈义，指出：没有"已去"的发动，没有"未去"的发动，也没有"去时"的发动。一切时段的行为均没有发动，又为何还要妄作分别呢？

所谓"发动"，就是"行为人"发起"行为"的那一刻。既然三时行为均无发起，从而也就没有发起行为的"行为人"存在，"无发"故"无去者"。

丙三、无有住者 三
丁一、本皆不住

【原文】

去者则不住，不去者不住；离去不去者，何有第三住？

【述义】

"住"，指停止。

既然行为没有"发动"，也就没有"行为人"；没有行为的人就是不动的,这种处于"停止"状态的"住者"总是存在的。

"第十五偈"指出:作为行为人的"去者",本身就是有行动的人,所以是"不住"的;而作为非行为人的"不去者",由于没有任何行为,也就无所谓"行动"和"停止",所以还是"不住"的。除了"行为人"与"非行为人",即"去者"和"不去者"外,怎么还会有第三类人可以处在"住"的状态中呢?

需要说明的是:"住"是相对于"动"而说的,也就是有"动"才有"住";一旦没有"动",也就没有"住"。所以,"去者"是"有动"的状态,"动"不是"住",故"去者则不住";"不去者"是"无动"的状态,无动则无住,故"不去者不住"。"去者""不去者"均不住,故无有"住者"存在。

丁二、去者无住

【原文】

　　去者若当住,云何有此义? 若当离于去,去者不可得。

【述义】

　　根据世俗的观察,一个行动着的人总会停下来的,这不就是"去者有住"吗?

"第十六偈"指出:如果以行为人将来会停止下来,就说"去者有住"的话,怎么能有如此认识呢? 前面已经说过,如果离开了"去法",就没有"去者"可得。

也就是说,"行为人"一旦"停住","行为"就没有了;而没有"行为"的人,就不是"行为人"。"行为人"没有了,又怎么能够说"行为人"可以"停住"呢? 所以,想通过"行为人"停止行为,来说明"行为人"有住,即"去者"有住,进而说明有实际的"住者"存在,这个推理是不正确的。

丁三、三时无住

【原文】

　　去未去无住,去时亦无住。所有行止法,皆同于去义。

【述义】

　　"去未去",指已去、未去。"行止",指去住。

　　"第十七偈"总结前二偈义,指出:"已去""未去"是无有住者的,"去时"也是无有住者的。所有"行为"与"停止"之法,全都等同于"去义";即一切关于"去"与"住"的讨论,均可以通过"去义"而同理推知。

　　因为"去"与"住"为一对范畴,"去义"即"住义","住义"即"去义","去""住"不二也;所以,无有"去"者,即无有"住"者;无有"住"者,即无有"去"者。从而破除世人想通过"停住",来证明行为主体"去者"存在的错误认知。

乙三、论不二 二

【述义】

　　前面已经论述了无有"去法""去者",当然同样也论述了无有"住法""住者"。理虽如此,但依世俗观察,确实可以看到有人在行动,即去者有去;有人在停止,即住者有住。以下就此疑问,从"去法""去者"的一异关系,同时论破执著二者真实存在的错误认知。

丙一、标 二
丁一、非一

【原文】

去法即去者,是事则不然;

【述义】

"第十八偈"前半,说明"去法"与"去者"是"非一"的。

如果说"去法"就是"去者",可事实并不是这样。

丁二、非异

【原文】

去法异去者,是事亦不然。

【述义】

"第十八偈"后半,说明"去法"与"去者"是"非异"的。

如果说"去法"异于"去者",可事实也不是这样。

丙二、释 二

【述义】

为什么说"去法"与"去者",既不是相同的一体,又不是相异的二体呢？因为无论二者是一，还是异，均存在着过失。

丁一、分释论体 二
戊一、非一

【原文】

　　若谓于去法，即为是去者；作者及作业，是事则为一。

【述义】

　　"第十九偈"指出：如果认为"去法"就是"去者"，将"行为"等同于"行为人"；那就会出现将"造作之人"与"所造之业"这两者等同为一的过失。

戊二、非异

【原文】

　　若谓于去法，有异于去者；离去者有去，离去有去者。

【述义】

　　"第二十偈"指出：如果认为"去法"异于"去者"，将"行为"区别于"行为人"；那就会出现离开了"去者"还存在"去法"，或离开了"去法"还存在"去者"的过失。

　　前面反复论述的，就是离开"去法"无有"去者"，离开"去者"无有"去法"，因为"去法"与"去者"是相待成立的，不是相互独立的。

丁二、合释显用 二
戊一、标

【原文】

去去者是二,若一异法成,二门俱不成,云何当有成?

【述义】

"去去者",指去法、去者。

"第二十一偈"指出:"去法"与"去者"这二者,要么以"一体"成立,要么以"异体"成立,其实从这两个方面全都不能成立,又怎么还能再有所成立呢?

也就是说,"去法"与"去者"如果真是两种不同的存在,那么说这二者相同一体,是不成立的;说这二者不同异体,也是不成立的。除了"一体""异体"之外,又别无第三种成立的情况。此"云何当有成"依前偈义,同于"无第三成者""何有第三成"。

戊二、释 二

【述义】

以下是对为什么"若一异法成,二门俱不成"的进一步解释。

己一、非一

【原文】

因去知去者,不能用是去。先无有去法,故无去者去。

【述义】

"第二十二偈"就"去法"与"去者"非"一法成"而作论述。

因为有了"去法"才能知道有"去者",而此"去者"不能够用这个"去法"。事先在没有"去法"的情况下,所以也就没有"去者"中的"去法"。

也就是说,有了"行为"才会有"行为人";而在"行为人"成立之后,这个"行为人"是不能够用成立它的"行为"的。因为如果先前没有"行为",也就不会有后来的"行为人",所以"行为人"中是没有"行为"的。"行为"与"行为人"是相待成立的,故二者不可能是"一体";如果是"一体",二者就不能相待成立。

己二、非异

【原文】

因去知去者,不能用异去。于一去者中,不得二去故。

【述义】

"第二十三偈"就"去法"与"去者"非"异法成"而作论述。

因为有了"去法"才能知道有"去者",而此"去者"又不能用别的"去法"。在一个"去者"之中,不能存在两个"去法"。

也就是说,有了"行为"才会有"行为人",前一偈说这个"行为人"是不能够用成立它的"行为"的,此"行为人"也是不能够用不是成立它的别的"行为"的。因为在同一个"行为人"中,不可能出现两种"行为";如果有两种"行为"存在,就应该有两个"行为人"才对。所以,"行为"与"行为人"虽然是相待成立的,但二者又不是截然相异的。

以上五偈所明，"去法"与"去者"乃"不一不异"，为相待成立。所谓"相待"，就是依彼有此，依此有彼。如此相待成立之"彼此"，彼此皆无固定之存在，即无实体、无方位、无时间。而世俗之人虽然也观察到这种"彼此"相待成立的现象，但执著于"彼此"实有，且认为"彼此"成立存在着时间先后、方位处所等分别差异。若依世俗认知来倒推分析，则"彼此"皆不能成立。

乙四、论去处 三

【述义】

以下分别从"去者""去法"的角度，再次考察二者为非决定的相待成立，从而得出"去处"亦非真实存在的结论。

丙一、无去者

【原文】

决定有去者，不能用三去；不决定去者，亦不用三去。

【述义】

"决定"，指有真实体性的存在，不是相待成立缘起的存在。"三去"，指已去、去时、未去。

"第二十四偈"指出：如果"决定"有真实存在的"去者"，那这个"去者"不是因"去法"而相待成立的；既然"去者"是离"去法"而存在的，也就不能用"已去、去时、未去"中任何一种"去法"。如果"不决定"有真实存在的"去者"，那这个"去者"根本就没有，也是不能用"已去""去时""未去"中任何一种"去法"的。

也就是说,如果"行为人"有真实体性存在,那它就不依"行为"而有,故也就不需要有"行为"存在。如果"行为人"没有真实体性存在,那就等同于没有"行为人";既然没有"行为人",也就没有"行为"存在。但实际情况不是这样,没有"行为"就没有"行为人"的存在,所以"行为人"不可能有独立的真实体性存在。

丙二、无去法

【原文】

　　去法定不定,去者不用三。

【述义】

"定不定",指"决定"与"不决定"。"三",指"已去者""去时者""未去者"。

"第二十五偈"前半指出:无论"去法"是否有决定真实的存在,"去者"都不能用"已去""去时""未去"中的任何一种。这里是简略论述,因为与前一偈模式相同。如果还原出来,就应该是"决定有去法,去者不用三;不决定去法,亦不用于三"。

如果"决定"有真实存在的"去法",那这个"去法"不是因"去者"而相待成立的;既然"去法"是离"去者"而存在的,也就不能用"已去""去时""未去"中任何一种"去者"。如果"不决定"有真实存在的"去法",那这个"去法"根本就没有,也不能用"已去""去时""未去"中任何一种"去者"。

也就是说,如果"行为"有真实体性存在,那它就不依"行为人"而有,故也就不需要有"行为人"存在。如果"行为"没有真实体性存在,那就等同于没有"行为";既然没有"行为",也就没有"行为人"存在。但实际情况不是这样,没有"行为人"就没有"行为"的存在,所以"行为"不可能有独立的真实体性存在。

丙三、无去处

【原文】

是故去去者,所去处皆无。

【述义】

"去处",指行为处所,即行为发生的空间。

"第二十五偈"后半指出:由于"去法""去者"都非真实存在,那么二者所形成的"去处"也非真实存在。

也就是说,如果"行为""行为人"都不是真实存在,属于相待成立;那么"行为人"所作"行为"发生的"行为空间",也属于相待成立,不是真实存在。因为没有"行为""行为人",也就没有"行为空间";没有"行为空间",也就不可能有"行为""行为人"。

至此,本品所论"去法""去者""去处"皆无真实体性存在,那么同理,"来法""来者""来处"亦皆无真实体性存在。

观 六 情 品

科　目

甲三、观六情品 三

【述义】

《观六情品》是《中论》的第三品，共有八偈。本品虽只言"六情"，然总摄"十八界"义。

乙一、标列

【原文】

眼耳及鼻舌，身意等六情；此眼等六情，行色等六尘。

【述义】

"六情"者，指六根，即：眼、耳、鼻、舌、身、意。因"六根"之中具有情识，故佛教经论早期翻译多作"六情"。

"六尘"者，指六境，即：色、声、香、味、触、法。此六法为"六根"所对之境，故称"六境"；又能通过"六根"进入而污染清净心识，犹如尘垢，故又称"六尘"。

"第一偈"乃依世俗观察，人体内有眼、耳、鼻、舌、身、意等六根；又能通过眼、耳等六根，来观察感知人体外的色、声等六种外境。

每个活着的人，都是能够通过自身来感知外境的。如此看来，此"根""尘"作用应该是真实存在的。

乙二、分释 三

【述义】

就此对"根""尘"实有之执著,以下以"眼根"为例,从"根""境""识"三个方面进行破除。

丙一、破能见根 三

【述义】

以下先从"眼根"破。眼之功用,即能见外色。而此能见外色之功用,若真实存在,则眼根即真实存在;若非真实存在,则眼根即非真实存在。

丁一、眼不能见 二
戊一、不见自他

【原文】

　是眼则不能,自见其己体;若不能自见,云何见余物?

【述义】

"第二偈"先破"眼根"能见之妄执。

依据对世间的观察,一个人的眼睛是不能看见自己的双眼的,甚至连自己的脸都看不见;如果眼睛连自体都不能够看见,又如何能看见其他的物体呢?

由此看来,"眼根"既不能自见,又不能见他,故知"眼不能见"。

戊二、火喻不成

【原文】

火喻则不能,成于眼见法。去未去去时,已总答是事。

【述义】

对于上述"眼根"不能自见,故不能见他的结论,有人举例反驳,认为"火"能够燃烧外物,但不能燃烧自身。

"第三偈"指出:此"火喻"是不能用来证明"眼根"可以看见诸法的。理由其实在《观去来品》中,已经作了总体的回答:既然"已去""未去""去时"中均没有"去法",那么"已烧""未烧""烧时"中也都没有"烧法"。

也就是说,已经燃烧过的没有火烧,还未燃烧的也没有火烧;离开了"已经燃烧"和"还未燃烧",不可能有一个"正在燃烧"存在。从三时推察,均没有真实的"火烧"存在。所以,举"火烧"为喻,本身就是不恰当的。

丁二、无有见能 二
戊一、见不能见

【原文】

见若未见时,则不名为见;而言见能见,是事则不然。

【述义】

"第二、三偈"是从"眼根"不能见物的角度,来说明"眼不能见"。有人会质疑,就算不能看见外物,但"眼根"本来所具有的"能见"的功用,总是应该存在的吧?针对此疑,"第四偈"再破眼根"见能”之妄执。

所谓“见”，应该是眼睛看到事物时，才叫作见。如果在没有看到任何事物的情况下，眼睛就不能叫作看见，也就没有“见”。如果非要说眼睛本来具有一种能够看见的“见能”，但实际情况并不是这样。

如果真有“见能”真实存在，那眼睛应该无时无刻不处于看见的状态，可事实并非如此。“见”本身就是看见，没有看见就是没有“见”。看见了，才有“见”的功能体现；在没有看见的情况下，又怎么能说还有“见能”存在呢？

戊二、非见不见

【原文】

见不能有见，非见亦不见。

【述义】

“第五偈”前半指出：“第四偈”已经说明“见不能见”的道理，既然“见”中都不能够有“见能”真实存在，那“非见”中也不会有“见能”真实存在。

依世俗观点，“见”本来是眼睛所具有的功能。既然“见”都不具有看见的功能，那些不是“见”的就更不可能具有看见的功能了。

丁三、无有见者

【原文】

若已破于见，则为破见者。离见不离见，见者不可得。

【述义】

前面已经说明，"眼根"本不能见，也不具有见能。但有人会说，"眼根"作为一种器官，当然自己不能见，必须背后有一个驱动者来使用它，才能够有看见事物的功能。这个驱动者，就是"见者"。

对此，"第五偈"后半指出：前面已经破除了对"见"的执著，其实也就破除了对"见者"的执著。所谓"见者"，是有"见"才有的。既然无"见"，又哪里会有"见者"存在呢？如果真有"见者"存在的话，那"见者"本身就能见，又何必需要有眼睛存在呢？

"第六偈"前半进而指出：眼睛离开了"见"，或是不离开"见"，"见者"都是不可能得到的。也就是说，"见"作为眼睛的功能，如果眼睛不能见，又不具备"见能"，犹如坏了的眼睛，那么就算谁来驱动使用也不能看见，故"离见，见者不可得"。如果眼睛本身就能够看见，那就不需要再有驱动者了，故"不离见，见者亦不可得"。

丙二、破所见境

【原文】

以无见者故，何有见可见？

【述义】

"可见"，指所见之外境。

"第六偈"后半指出：由于没有"见者"的存在，又怎么还会有看见的功能，以及可以被看见的外境呢？

一般人不会认为看见事物这一过程是由眼睛独立完成的，总会误以为应该在身体中有一个主宰，驱动眼睛去看体外之物。因为眼睛作为器官,不具备独立的"见"的功能;而外境作为物质,更不具备"见"的功能。通过上面论述,可知"见者"根本就不存在。既然没有"见者",看见事物的过程就不会发生,也就更无所谓有"看见"以及可以被看见的事物了。

丙三、破识等法

【原文】

见可见无故,识等四法无。四取等诸缘,云何当得有?

【述义】

"识等四法"者,指识、触、受、爱。

"四取"者,指四种执取,即:欲取、见取、戒取、我语取。

"第七偈"指出:既然没有能见之眼根,没有可见之外境,那么也就是没有"根""境"和合产生之"识"。因为有了"眼根",再有"色境",二者相合,才能形成人们对外在事物的认识,即"眼识"。比如人用眼睛看月亮,如果没有眼睛,光有月亮,是看不到月亮的,就不能形成对月亮的认识;如果光有眼睛,没有月亮,也是看不到月亮的,也不能形成对月亮的认识。

"识""触""受""爱""取"是"十二支"中的五法。所谓"十二支",指构成有情的十二个条件,即:无明、行、识、名色、六处、触、受、爱、取、有、生、老死。这十二个条件彼此之间是相互缘起的,此有则彼有,此灭则彼灭,故又称为"十二缘起"。既然"识"没有了,那"触""受""爱"也就没有了。既然"识等四法"没有了,那"欲取""见取""戒取""我语取"等各种烦恼因缘,又怎么还会有呢?

乙三、作结

【原文】

耳鼻舌身意,声及闻者等,当知如是义,皆同于上说。

【述义】

"第八偈"指出:"耳情""鼻情""舌情""身情""意情","声尘""香尘""味尘""触尘""法尘","闻者""嗅者""尝者""感者""思者"等,应当知道这其中的法义,全都如同上面"眼情""色尘""见者"的论说,皆不可得。

观 五 阴 品

科　目

甲四、观五阴品 二

【述义】

《观五阴品》是《中论》的第四品,共有九偈。本品辨"阴空",亦总明"一切法空"之理。

乙一、明空义 二
丙一、五阴性空 二
丁一、辨色阴空 三

【述义】

佛教"诸法皆空"的理论,可以说是对世人一般认知的彻底颠覆。要想给世人讲说"空性"之理,最好是从世人"看得见、摸得着"的事物,进行举例剖析,循序渐进地深入。在前面《观六情品》中,就是以"看得见"之"眼"来进行说理;在此品中,就是以"摸得着"之"色"来进行说理。因为"五阴"之中,只有"色阴"具有空间质碍,属于物质性存在,其余四阴均为非物质性存在。

戊一、相离破 二

【述义】

"相离破"者,明色因与色不可分离,离则双无,故二皆无实性。

己一、标列 二
庚一、离因无色

【原文】

若离于色因,色则不可得;

【述义】

"色因"者,指产生色阴之原因。"色"者,指色阴。

"第一偈"前半指出:如果脱离了色因,色阴就不可能得到。没有因,哪里来的果。

庚二、离色无因

【原文】

若当离于色,色因不可得。

【述义】

"第一偈"后半指出:如果脱离了色阴,色因就不可能得到。没有果,哪里来的因。

己二、分释 二

【述义】

"第一偈"只是给出了两个结论,下面就分别予以进一步的解释。

庚一、离因无色

【原文】

离色因有色,是色则无因;无因而有法,是事则不然。

【述义】

为什么脱离了色因,就不能有色呢?

"第二偈"指出:如果脱离了色因,还能够有色阴的话,那这个色阴就是没有因的;没有因而能有法产生,这是绝对不可能的。

庚二、离色无因

【原文】

若离色有因,则是无果因;若言无果因,则无有是处。

【述义】

为什么脱离了色,就不能有色因呢?

"第三偈"指出:如果脱离了色阴,还能够有色因的话,那就是没有果的色因;如果说存在无果之因,这是毫无正确之处的。

戊二、相待破 二

【述义】

"相待破"者,明色因与色相待而有,皆无实性,故色不可分别。

己一、分别无色 二

【述义】

此明于分别中,无色可得。

庚一、以色推因 二

【述义】

此明无论色阴有无,皆无真实色因之存在。

辛一、有色无因

【原文】

若已有色者,则不用色因;

【述义】

"第四偈"前半指出:如果已经有色阴存在,那就不用再有色因存在。

辛二、无色无因

【原文】

若无有色者,亦不用色因。

【述义】

　　"第四偈"后半指出：如果还没有色阴存在，那也不用有色因存在。

　　庚二、以因推色

【述义】

　　此明没有色因存在，就无真实色阴之存在。

【原文】

　　无因而有色，是事终不然。

【述义】

　　"第五偈"前半指出：如果没有色因而能有色阴存在，这终究是不可能的。

　　己二、色无分别

【述义】

　　此明色空无实，本无分别。

【原文】

　　是故有智者，不应分别色。

【述义】

　　"第五偈"后半指出：因此凡是具有智慧之人，都不应该妄自分别于色。

　　色法性空,本无分别,世人执著为证其有,故以因果揣度,妄以"色因""色阴"而"分别"之,此即"分别色"也。

　　　　戊三、相似破 二

【述义】

　　"相似破"者,明色、色因非似、非不似,果因无实,故无色、无色因。

　　　　己一、果非似因

【原文】

　　若果似于因,是事则不然;

【述义】

　　"似"者,同也。

　　"第六偈"前半指出:如果果似同于因,这事是绝对不可能的。

　　也就是说,果是果,因是因,二者本不相同,若果似同于因,则果非果,因非因,二者体性相杂。比如:木制家具的选材是林中之树木,但家具就是家具,树木就是树木。不可能说家具就是树木,或者树木就是家具,家具与树木肯定是不同的两件事物。

　　　　己二、果非不似

【原文】

**　　果若不似因，是事亦不然。**

【述义】

　　"不似"者，不同也。

　　"第六偈"后半指出：果如果不似同于因，这事也是绝对不可能的。

　　也就是说，若果与因毫无似同之处，截然不相干之二体，那又怎么成立此果之因，此因之果呢？比如：铁制家具与树木肯定是不同的两件事物，二者之间也就构不成因果关系。树木与木制家具之所以能构成因果关系，是二者之间并非毫无似同之处。

　　既然果非似、非不似于因，也就无所谓此果为彼因之果，此因为彼果之因，因果并非真实决定之存在。"色因"属因，"色阴"属果，因果既非决定，那么也就无有真实决定存在之"色因"与"色阴"。

　　　丁二、辨四阴空

【原文】

**　　受阴及想阴，行阴识阴等；**

【述义】

　　以上是就"色阴"而论。

　　"第七偈"前半指出：受阴、想阴、行阴、识阴等其余四阴，也同色阴一样，并非真实决定之存在。

　　　丙二、一切法空

【原文】

　　其余一切法，皆同于色阴。

【述义】

　　"其余"者，谓五阴之外也。

　　"第七偈"后半指出：不光"五阴"不是真实决定之存在，其余一切有为诸法，全都同"色阴"一样，不是真实决定之存在。

乙二、赞空义 二

【述义】

　　以下部分，非论五阴。青目《释》："又今造论者欲赞美空义故而说偈。"[①]实为讲述依空论辩问难之法。

丙一、依空而答

【原文】

　　若人有问者，离空而欲答，是则不成答，俱同于彼疑。

【述义】

　　"第八偈"就有人前来请问诸法空性之理，应依空而答。

　　如果有人对诸法空性之理存疑前来相问，想要脱离空性之理而给予回答，是构不成真正解答的，因为这种回答与对方所提出的疑问是一样的。

---

① 《大正藏》第30卷，第7页上。

也就是说,有人觉得诸法还是"有真实存在"的,如果不从诸法空性的角度给予解答,而只是相对地说诸法"没有真实存在",这种回答等于没有回答,并没有消除对方的疑问。只有讲由于诸法空性,诸法没有真实存在,才能从根本上解释清楚这一问题。

丙二、依空而破

【原文】

　　若人有难问,离空说其过,是不成难问,俱同于彼疑。

【述义】

　　"第九偈"就有人想对外道理论进行发难,应依空而破。

　　如果有人对执著诸法实有的人进行难问,想要脱离空性之理而给予发难,是构不成真正驳斥的,因为这种难问与对方所执著的见解是一样的。

　　也就是说,站在佛教立场去驳斥外道,也不能脱离空性之理,否则就会堕入同外道一样的偏执当中。外道执有,佛教说无。佛教以"无常"破"常",外道亦可以"常"破"无常",循环往复,终无胜屈,反成二边。若以空性之理破"常",则无此过。凡"空性"者,非常非无常也。

　　青目《释》:"问者若欲说其过,不依于空而说诸法无常,则不名问难。何以故?汝因无常破我常,我亦因常破汝无常。若实无常则无业报,眼、耳等诸法念念灭,亦无有分别。有如是等过,皆不成问难,同彼所疑。若依空破常者,则无有过。何以故?此人不取空相故。"①

━━━━━━━━━━

① 《大正藏》第30卷,第7页上一中。

当知佛法虽讲胜义谛,但不坏世俗谛,以空破有,又不执取于空。故唐般若译《大乘本生心地观经》卷八《发菩提心品》有云:"起有见胜起空见,空治有病,无药治空。"①

———————

① 《大正藏》第3卷,第328页下。

观 六 种 品

科　　目

甲五、观六种品 二

【述义】

《观六种品》是《中论》的第五品，共有八偈。所谓"六种"，指六大、六界，即：地、水、火、风、空、识。此六者能够生起世间一切诸法，故称为"种"；此六者又能遍满世间一切诸法，故称为"大"；此六者又能各持自性而无改变，故称为"界"。故《般若灯论》《大乘中观释论》命名此品为《六界品》。

乙一、智者观空 二
丙一、破空种 三

【述义】

本品依然承续以前模式，就"六种"之中选取一种来破，进而其余五种同理可知。但与前"六情""五阴"两品不同的是，本品并没有选取排列为首的"种"。这是由于其余"五种"，世人易于观察缘起、无常，而"空种"似乎无有和合、变异，便会对其产生真实存在之执著，且万法皆依"空种"建立生起，故当先破。又前《观五阴品》末，论主以二偈"赞空"，恐世人反又执空，故今本品再予破除。

这里还需要强调的是，"空种"不是"空性"，"空种"等同于"虚空"，还是一种世俗谛上的存在，不然就不会有人执著于"空"了。

丁一、正举 二

戊一、相非有无 三

【述义】

世人得以确定某个事物的存在，就是对该事物的各种相状进行认知。如果这种相状是确实存在的，那么呈现出该相状的事物也就是存在的。此节就是通过对"虚空"并非有相、也非无相、又非别有他相这三个方面破除"空相"实有，进而破除对"虚空"实有的执著。

己一、破有相

【原文】

空相未有时，则无虚空法；若先有虚空，即为是无相。

【述义】

"空"者，指虚空。"空相"者，指虚空之相状。既然作为"大种"之一，"空"就与"地""水""火""风""识"一样，都是作为世间的一种存在。凡是存在的事物，就应该有一个具体的相状，当然这种相状可以是"看得见、摸得着"的，也可以是"无形态、无质碍"的。

"第一偈"指出：在空相还没有产生的时候，就不可能有虚空存在；如果先前已经存在虚空了，那就是没有相的状态。

也就是说，"空相"为"虚空"之相状，必须先有"虚空"，然后才有所呈现出来的"空相"。那么，在没有"空相"的时候，也就不可能有"虚空"的存在；因为有"虚空"存在，必定会有"空相"。如果非要说在没有"空相"之前，有"虚空"的存在，那就是一种"无相"的存在。可见，认为"虚空"有"空相"，是不成立的。

己二、破无相

【原文】

　　是无相之法，一切处无有；于无相法中，相则无所相。

【述义】

　　"无相"者，指无有任何相状。"所相"者，指呈现相之主体。

　　"第一偈"的末句，就是说"虚空"不可能是"无相"的存在。但有人就会产生疑问，为什么就不能在"无相"的状态下，而有"虚空"存在呢？

　　"第二偈"指出：凡是"无相"之法，一切处所皆是无有的；在"无相"的法中，就没有显示相的主体。

　　也就是说，凡是存在，就必定有其相状。没有任何相状的事物，说明该事物就根本不存在。"相"是需要由主体来呈现的。在"无相"的状态下，说明就没有呈现"相"的主体，即"无所相"。"无相"看似仅是说没有"空相"，其实是否定了作为呈现主体的"虚空"，所以"虚空"是不可能"无相"而存在的。可见，认为"虚空"没有"空相"，也是不成立的。

己三、明无住

【原文】

　　有相无相中，相则无所住；离有相无相，余处亦不住。

【述义】

既然说"虚空"有"空相"不对,没有"空相"也不对,那是否在"有无"之外别有一个"空相"存在呢?

"第三偈"指出:在"有相"与"无相"之中,相状均无处所停住;离开了"有相"与"无相",其余地方也不停住。

也就是说,已经有相存在的事物,不需要再有相存在;无相就没有事物存在,也就更没有相存在。脱离了"有相"与"无相",相不可能还有第三种存在方式。就"空种"而言,"虚空"若有"空相",不需要再有独立之"空相"存在。"虚空"若无"空相",也就没有"虚空";"虚空"都没有了,哪里还会有"空相"存在? 脱离了"有相"与"无相"外,不可能于别处还有一独立之"空相"存在。

以上,总破"空相",以明"空种"无实。

戊二、非相可相 三

【述义】

前文虽明"空种"无实,但多侧重于"破空相",恐有人仍执著"虚空",故从"共相因待"而明二者皆无实。

己一、破相法

【原文】

相法无有故,可相法亦无;

【述义】

　　"相法"者,指空相。"可相法"者,指虚空。

　　"第四偈"上半指出：既然作为"相法"之"空相"没有真实存在,那么作为"可相法"之"虚空"也没有真实存在。

己二、破可相法

【原文】

　　可相法无故,相法亦复无。

【述义】

　　"第四偈"下半指出：既然作为"可相法"之"虚空"没有真实存在,那么作为"相法"之"空相"也没有真实存在。

己三、明无有

【原文】

　　是故今无相,亦无有可相；离相可相已,更亦无有物。

【述义】

　　"第五偈"指出：因此现在既没有"相"法,又没有"可相"之法；离开了"相"与"可相",更没有其他事物存在。

　　也就是说,因为"相"与"可相"是相待而有,所以均没有独立的真实存在。就"空种"而言,"空相"与"虚空"均非独立之真实存在,而离开了"空相"与"虚空",又别无其他"空种"存在。

　　以上,总释"空相"与"虚空"相待而有,以明"空种"无实。

丁二、破诘 二

戊一、无无有

【原文】

若使无有有，云何当有无？

【述义】

前已尽破"空种"。有人则谓：既然无"有相"与"可相"，也就是没有"有"存在，那就应该有"无"存在。

为破此执，"第六偈"前半指出：如果没有了"有"，又如何有"无"呢？因为"有"与"无"也是相待法，有"有"才会有"无"，无"有"也就无"无"。

戊二、无知者

【原文】

有无既已无，知有无者谁？

【述义】

既然"有"与"无"都非独立之真实存在，有人谓：能够知晓判断"有"与"无"是否有无的人，应该是存在的。

为破此执，"第六偈"后半指出："有"与"无"都已经不是真实存在了，那知晓判断"有""无"的人又能是谁呢？因为人肯定是不能脱离"有""无"这对范畴而独立存在，既然"有""无"都已经破除了，哪里还有能知"有""无"之人存在呢？

丁三、作结

【原文】

是故知虚空，非有亦非无，非相非可相，

【述义】

"第七偈"前三小句指出：因此知道"虚空"，既非"有"空相，也非"无"空相；既非有"相法"可得，又非有"可相法"可得。

丙二、破余种

【原文】

余五同虚空。

【述义】

"第七偈"末小句指出：其余的"地""水""火""风""识"等五种，也同"虚空"一样，均为"非有亦非无，非相非可相"，皆无真实之存在。

乙二、愚者执有

【原文】

浅智见诸法，若有若无相，是则不能见，灭见安隐法。

【述义】

依世人知见万物诸法，皆以"有""无"而为判断，为何论中尽破"有""无"？

　　为释此疑，"第八偈"指出：智慧浅薄者所见到的一切诸法，存在的就认为是"有"，不存在的就认为是"无"，这样是不能够见到灭除一切妄见后的最终安隐之法的。

　　"安隐法"者，指诸法实相。愚者执著"有""无"二边，不能见中道之法。智者见到事物产生，就灭除对"无"的妄执；见到事物毁坏，就灭除对"有"的妄执。世间诸法虽然有生灭之现象，但都不执著为真实，如此便能灭尽一切妄见，而见到最终的诸法实相。

观染染者品

科　目

戊二、破诘

　　己一、明往复过

　　己二、明二不成

丁三、结非合散

乙二、破一切诸法

甲六、观染染者品 二

【述义】

《观染染者品》是《中论》的第六品，共有十偈。所谓"染"，即染法，指烦恼。所谓"染者"，指被烦恼所染污者。本品辨"染法"与"染者"不成，亦总明诸法不成之理。

乙一、破染者染法 三
丙一、先后破 二

【述义】

"先后"者，乃谓二者先后相待而生。

丁一、染者 二
戊一、破先有

【原文】

若离于染法，先自有染者；因是染欲者，应生于染法。

【述义】

"染欲者"，即谓染者。

"第一偈"指出：如果离开了"染法"，是不可能先行自有一个"染者"的；因为这个"染欲者"，应该产生于"染法"。

也就是说,在没有"染法"的情况下,就没有"染者"。因为只有被"染法"所染之人,才能称为"染者";没有被"染法"所染之人,不能称为"染者"。所以,在"染法"之前,不可能有"染者"存在。

戊二、破先无

【原文】

若无有染者,云何当有染?

【述义】

既然"染者"不能先于"染法"存在,那就应该先有"染法"而后有"染者"。为破此执,"第二偈"前半指出:如果没有"染者",又怎么会有"染法"呢?

也就是说,必须有所染之人,才能够成立"染法";如果没有"染者",又怎么会有能染之法呢?所以,"染者"不可能后于"染法"而独立存在。所以,在"染法"之前,也不可能没有"染者"。

丁二、染法

【原文】

若有若无染,染者亦如是。

【述义】

前面从"染者"的角度,说明染者"先有""先无"均不可能。于此即从"染法"角度,亦明此理。

"第二偈"后半指出:如果先有或先无"染法","染者"也是同样的道理。

也就是说,如果有"染法"能够先于"染者"存在,那这个"染法"又是染谁之法?如果在"染者"之前没有"染法"存在,那这个"染者"又是被何所染?所以,在"染者"之前,不可能有"染法",也不可能没有"染法"。

丙二、俱成破

【述义】

"俱成"者,乃谓二者同时俱有相成。

【原文】

染者及染法,俱成则不然。染者染法俱,则无有相待。

【述义】

前两偈已经破除了"染法"与"染者"先后相待而有的妄执,那么是否二者会同时俱有相成呢?

"第三偈"指出:"染者"以及"染法",是不可能同时俱有相成的。如果"染者"以及"染法"能够同时俱有相成,那就没有相待而生了。

也就是说,"染者"与"染法"毕竟是相待法,没有"染者"就不可能有"染法",没有"染法"也不可能有"染者",所以不可能同时俱有相成。再有,如果"染者"与"染法"能够同时俱有相成,说明二者不是相待法,各自均可独立存在。既然"染者"与"染法"都是独立存在,二者毫不相干,也就无所谓谁是能染之法、谁是所染之人。没有被"染法"所染之人,也就不是"染者";没有"染者"来呈现之法,也就不是"染法"。"者"就是"者","法"就是"法","染者"与"染法"

还是不能成立。

丙三、合散破 三

【述义】

　　"合散"者,乃谓二者相合或是异散。

丁一、总说一异 二

【述义】

　　既然不能从"先后"与"同时"来认知"染者"与"染法",但毕竟二者是不能够相互脱离的。不论"先后"或"同时",二者是否为一种相合的关系呢? 因为"能染之法"与"所染之人"二者相合,就能构成"染者"与"染法",而这种相合既可"先后"合,也可"同时"合,所以就避免了上面的过失。

　　为了破除此执,以下从"染者"与"染法",到底是"同一"的还是"相异"的角度,再次进行辨析。

戊一、标问 二
己一、一法何合

【原文】

　　染者染法一,一法云何合?

【述义】

"第四偈"前半指出：如果"染者"与"染法"是"同一"的，既然是完全一样的事物，又何谓来相合呢？

己二、异法何合

【原文】

染者染法异，异法云何合？

【述义】

"第四偈"后半指出：如果"染者"与"染法"是"相异"的，是截然不同的事物，又怎么能够相合呢？

戊二、作答 二
己一、破一法合

【原文】

若一有合者，离伴应有合；

【述义】

"第五偈"前半指出：如果非要说同一事物还能有相合的话，那离开了伴侣也应该能相合。

也就是说，所谓"相合"，必须有两个或两个以上的事物和合在一起。如果同一事物能够相合，那单独一个事物也可以相合，但这显然是不符合实际的。

己二、破异法合

【原文】

若异有合者，离伴亦应合。

【述义】

"第五偈"后半指出：如果非要说相异事物还能有相合的话，那离开了伴侣也应该有相合。

也就是说，将两个截然不同的事物合在一起，彼还是彼，此还是此，并没有发生任何改变。如果这也叫相合的话，那等于还是各自单独相合，根本不需要彼此，但这显然还是不符合实际的。

丁二、别说异相 二

【述义】

由于同一事物不能相合，这是符合世间实际的，比较容易理解。但依世间观察，凡是能够相合的事物都是不同的，怎么说相异的事物也不能相合呢？为释此疑，再就"异相"别作说明。

戊一、正释 二
己一、二相先异

【原文】

若异而有合，染染者何事？是二相先异，然后说合相。

【述义】

"第六偈"指出：如果说相异的事物能够有相合的话，那就"染法"与"染者"来讲又是如何呢？必是二者先前就是截然相异的事物，然后再说它们二者相合。

己二、异相无合

【原文】

若染及染者，先各成异相；既已成异相，云何而言合？

【述义】

"第七偈"指出：如果"染法"与"染者"，先前就各自成为截然相异的事物；既然已经成为截然相异的事物，又如何说它们能够相合呢？

戊二、破诘二

【述义】

前二偈已明"异相无合"之理。下二偈再就"异相能合"之论，指出其本身就存在着两种逻辑过失。

己一、明往复过

【原文】

异相无有成，是故汝欲合；合相竟无成，而复说异相。

【述义】

"第八偈"指出："异相"无法成立,所以你就想来说它们相合;而"合相"也无法成立,反而又回去说它们的"异相"。

也就是说,由于"染法"与"染者",这二者本身不能独立存在,所以不可能形成截然不同的"异相";既然二者不相异,才又试图说它们能够相合。可根据辨析发现,二者也无法真正相合;既然"合相"也不能成立,进而反过来再说它们是相异的,这就是一种循环往复的论证过失。

己二、明二不成

【原文】

异相不成故,合相则不成。于何异相中,而欲说合相?

【述义】

"第九偈"指出:既然"异相"不能成立,那"合相"也就不能成立。又能在何种"异相"之中,而想要再说"合相"呢?

也就是说,通过前面的辨析,知道"染法"与"染者",既非"同一",又非"相异",所以二者之间,既非"异相",又非"合相"。既然"异相"与"合相"都不成立,也不可能于二相之外别有其他"异相"存在,又怎能再依"异相"而说"合相"呢?

丁三、结非合散

【原文】

如是染染者,非合不合成;

【述义】

"成"者，因缘所成也。"合"者，合相也。"不合"者，异相也。

"第十偈"前半指出：如此看来"染法"与"染者"，既非"相合"，又非"不相合"，皆为因缘所成。

乙二、破一切诸法

【原文】

诸法亦如是，非合不合成。

【述义】

"第十偈"后半指出：不光"烦恼法"如此，一切有为诸法也是如此，既非"相合"，又非"不相合"，皆为因缘所成。

观三相品

科　　目

丙三、诸法无灭

    丁一、三时无灭

    丁二、破住者灭

        戊一、有住无灭

        戊二、不住无灭

    丁三、破于时灭

        戊一、是时无灭

        戊二、异时无灭

    丁四、无生无灭

    丁五、破有无灭

        戊一、有法无灭

        戊二、无法无灭

    丁六、破自他灭

乙三、作结

    丙一、有无法无

        丁一、无有为法

        丁二、无无为法

    丙二、三相无实

甲七、观三相品 三

【述义】

《观三相品》是《中论》的第七品,共有三十五偈。所谓"三相",指生相、住异相、灭相,即产生、衰变、灭亡。此乃一切有为法必经之三阶段,故《般若灯论》《大乘中观释论》命名此品为《观有为品》。

乙一、总标 三

【述义】

此总明三相无实,既非有为,又非无为。

丙一、非有非无

【原文】

若生是有为,则应有三相;若生是无为,何名有为相?

【述义】

"第一偈"指出:如果"生相"是有为法的话,那么就应该具有三相;如果"生相"是无为法的话,又怎么能称为有为法的相呢?

由于一切有为法本身都要经历"生""住""灭"的过程,也就是说"三相"都要具备。如果"生相"也是有为法的话,那"生相"就应该具备"生""住""灭"三相。但"生相"就是产生,它怎么还能具备"住"和"灭"呢?因为本身体性就不同,不可能又生又灭,所以不能判"生相"为有为法。

如果"生相"是无为法的话,无为法本身就没有生灭变化之法,根本不可能再有任何相状,所以更不能判"生相"为无为法。此处虽言"生相",然同涉"住""灭"相也。

丙二、非聚非散

【原文】

　　三相若聚散,不能有所相;云何于一处,一时有三相?

【述义】

　　"聚",指共同;"散",指分别。"有所相",指为有为法作相。

　　"第二偈"指出:"生""住""灭"三相如果共同,或是分别,都不能为有为法作相;又怎么能够在同一处所、同一时间,而有三相存在呢?

　　前面已经讲了,"生""住""灭"三相是一切有为法所具有的,缺一不可。如果三相聚集,是不可能给有为法作相的,因为各自体性迥异无法共存。如果三相分别,也是不可能给有为法作相的,因为有"生"的时候,没有"住""灭";有"住"的时候,没有"生""灭";有"灭"的时候,没有"生""住"。由于有为法是具有三相的,所以单独一相是不能完整代表有为法的。可见,于同一处所、同一时刻,是不可能有三相存在的。

丙三、明无穷过

【原文】

　　若谓生住灭,更有有为相,是即为无穷;无即非有为。

【述义】

　　"第三偈"指出:如果还认为"生""住""灭"为有为法,那就应该再有三相,这就犯了无穷的过失;如果没有三相,那就不是有为法。

　　既然一切有为法都具有三相,那么"生""住""灭"如果是有为法的话,就应该各自都具有三相。也就是说,"生""住""灭"各自应该具备"生""住""灭"三相。甲三相是有为法,具有乙三相;而乙三相也应是有为法,还当具有丙三相。如此一来,无穷无尽,无有一确定三相而为有为法作相。

　　如果"生""住""灭"不具备三相,那说明"生""住""灭"就不是有为法,因为一切有为法都具有三相。

　　乙二、分释 三
　　丙一、诸法无生 五
　　丁一、破相互生 二
　　戊一、宾诘

【原文】

　　生生之所生,生于彼本生;本生之所生,还生于生生。

【述义】

　　此就前"无穷过"而为诘难,认为判"生""住""灭"为有为法,并不会构成无穷的过失。因为三相之间是相互生起的,并非是一个无穷尽的单线链条。

"生生",指能够产生生相之生。"本生",指生相本身。

"第四偈"指出:"生生"之所以能够生起,就是产生于那个"本生";"本生"之所以能够生起,还是产生于那个"生生"。

也就是说,"生相"作为有为法,它本身也应该具有"生相"。这个能够产生"生相"的"生相",即"生生",不是再由第三个"生相"产生的,而就是由最初那个"生相",即"本生"产生的。最初"生相",由另一个"生相"产生;而另一个"生相",由最初"生相"产生。这种相互生起的关系,是构不成无穷的过失的。

戊二、主答 二
己一、非相互生 二
庚一、破生生生

【原文】

　　若谓是生生,能生于本生;生生从本生,何能生本生?

【述义】

对于诘问中的辩驳,"生生"与"本生"是否真能相互生起呢?

"第五偈"指出:如果说"生生",能够生起"本生";可"生生"又是从"本生"中生起的,又怎么能够再生起"本生"呢?

庚二、破本生生

【原文】

　　若谓是本生,能生于生生;本生从彼生,何能生生生?

【述义】

　　"第六偈"指出:如果说"本生",能够生起"生生";可"本生"又是从"生生"中生起的,又怎么能够再生起"生生"呢?

　　以上两个偈颂,其实就是指出"二者能够互生"观点的荒谬性。如果二者能够互生,就犹如母亲生下女儿,又说女儿能生出母亲一样,完全是违背常理的。

　　己二、非同时生 二
　　庚一、破生生生

【原文】

　　若生生生时,能生于本生;生生尚未有,何能生本生?

【述义】

　　如果"生生"与"本生"之间,是先后生起的话,当然就不能互生。如果这种互生是同时发生的,也就是在一方生起的同时,产生另一方,这样不就可以相互产生了吗?

　　"第七偈"指出:如果说"生生"在生起的同时,能够产生"本生";那时"生生"尚还不存在,又如何能够产生"本生"呢?

　　庚二、破本生生

【原文】

　　若本生生时,能生于生生;本生尚未有,何能生生生?

【述义】

"第八偈"指出：如果说"本生"在生起的同时,能够产生"生生";那时"本生"尚还不存在,又如何能够产生"生生"呢?

以上两个偈颂,其实就是指出"二者同时互生"观点的荒谬性。因为一方在产生的时候,本身就是一个从无到有的过程,过程就意味着自体还未形成。根据互生的要求,这个一方形成的过程,本身还需要另一方来生起,又如何能在自体还未形成的情况下,去生起另外一方呢?

丁二、破生自他 二

戊一、明灯喻非 二

己一、宾诘

【原文】

　如灯能自照,亦能照于彼;生法亦如是,自生亦生彼。

【述义】

在破除了"互生"的错误观点后,有另外一种观点认为："生"不仅能够自生,还能够产生其他事物。

"生法",指生起之法。

"第九偈"陈述该观点说：犹如灯既能够照到自身,也能够照到其他事物;"生法"也是如此,不仅能够生起自体,也能够生起其他事物。

己二、主答 二

【述义】

针对这种能生自他的错误观点,以下从辨析其所举的"灯喻"着手,逐步予以破除。

庚一、分释 三
辛一、灯本无照

【原文】

灯中自无暗,住处亦无暗;破暗乃名照,无暗则无照。

【述义】

"第十偈"指出:在灯中自体是没有黑暗的,有灯在的地方也是没有黑暗的;破除黑暗才能叫作照,没有黑暗就没有照。

"照",指照亮。能够把黑暗之处给照亮,这种破除黑暗的功能,才可以叫作"照"。如果世上本没有黑暗,又何来照亮呢? 灯作为明亮的发光体,本身是没有黑暗的;灯所在的地方,也是没有黑暗的。没有黑暗可以破除,灯又怎能够自照,又怎能够照他呢? 既然灯不能自照和照他,同理"生法"也不能够"自生"和"生他"。

辛二、生不及暗

【原文】

云何灯生时,而能破于暗? 此灯初生时,不能及于暗。

【述义】

如果在灯形成之后,当然就没有黑暗可以破除了。灯在正形成的时候,既破除了自体的黑暗,又破除了周围的黑暗。

　　"第十一偈"指出:怎么会是在灯正生起时,而能够破除黑暗呢?这个灯在最初生起的时候,是不能够触及到黑暗的。

　　也就是说,灯正在生起的时候,是灯还没有形成的时候。还没有形成的灯,又怎么能够有破除黑暗的功能呢?

辛三、未及非破

【原文】

　　灯若未及暗,而能破暗者,灯在于此间,则破一切暗。

【述义】

　　灯在还未正式形成的时候,虽然不能触及到黑暗,为什么就不能破除黑暗呢?

　　"第十二偈"指出:如果说灯还未触及到黑暗,就能破除黑暗的话,那灯在世间某一个地方,就能够破除世间一切黑暗。

庚二、作结

【原文】

　　若灯能自照,亦能照于彼;暗亦应自暗,亦能暗于彼。

【述义】

　　"第十三偈"指出:如果灯能够自照,也能够照到其他;那么黑暗也应该能够让自体黑暗,并让其他事物黑暗。

　　"灯"与"暗"作为相对范畴,如果灯能够自照、照他,那么暗也能够自暗、暗他。如果黑暗能够自暗，就是将黑暗自身否定掉，既然没有黑暗了，在没有灯的情况下，也应该是一片光明，可事实并非如此。如果黑暗能够暗他，就是将其他事物给暗掉，那灯就是一种事物，黑暗能将灯光给暗掉吗？显然是不可能的。既然黑暗不能自暗，也不能够暗他；同理灯就不能自照，也不能照他。由此，也就破除了对"生法"能自生、生他的妄执。

戊二、非生自他 二

【述义】

如果说"生"能够自生、生他，那这个生起自他的过程又是怎样的呢？是在"生"还未形成时进行的，还是在"生"已经形成时进行的？

己一、未生无生

【原文】

此生若未生，云何能自生？

【述义】

"第十四偈"前半指出：此"生"如果还未产生，又如何能够自体产生？

这个能生自他的"生"，在还未形成之时，等同于根本就没有"生"。"生"都不存在，又怎么能"自生"？

己二、生已无生

【原文】

若生已自生,生已何用生?

【述义】

"第十四偈"后半指出:如果"生"已经自体产生,"生"已经存在又何必再用产生?

这个能生自他的"生",在已经形成之后,等同于自体已经产生,又何须再用"自生"?

可见,无论"生"是未形成,还是已形成,都不可能有"自生"发生。既然"生"不能"自生",也就更不能"生他"了。

丁三、破三时生 二
戊一、总标

【原文】

生非生已生,亦非未生生,生时亦不生,去来中已答。

【述义】

"已生",指已经产生。"未生",指还未产生。"生时",指正在产生。

"第十五偈"指出:"生相"既不是在生起以后产生的,也不是在还未产生时产生,正在产生中也不可能产生,这"三时无生"的道理在《观去来品》中已经回答了。

戊二、分释 三
己一、非生时生 二

【述义】

虽然"三时无生",但有人认为：既然说一切有为法都是众缘和合而生的,这不还是有"生相"存在吗?

庚一、破众缘生

【原文】

若谓生时生,是事已不成；云何众缘合,尔时而得生?

【述义】

"第十六偈"指出：如果说"生时"有生,这事已经不能成立；又如何能在众缘和合时,当下而得以有生呢?

也就是说,因为众缘还未和合,等同于"未生"；众缘已经和合,等同于"已生"；众缘正在和合,等同于"生时"。认为在众缘和合的过程中有生,就是"生时"有生,这个在前面已经破除过了。

庚二、破生生时

【原文】

若法众缘生,即是寂灭性,是故生生时,是二俱寂灭。

【述义】

"第十七偈"指出：如果一切有为法都是众缘和合而产生的,

那就说明一切有为法皆无自性,无自性就是"寂灭性",所以"生"与"生时"作为有为法,这二者也都是寂灭无自性的。

所谓"无自性",就是没有真实存在。既然"生"与"生时"都不存在,又怎么能说"生时"有"生"呢?

己二、非未生生

【原文】

　　若有未生法,说言有生者,此法先己有,更复何用生?

【述义】

既然"生时"无生,但"生时"是正在产生,也就是从"未来"到"现在"的过程。现在虽然还未正式产生,但这个"还未产生"的法,总是存在的吧?

"第十八偈"指出:如果真有一个还未产生的法存在,因而来说有"生"存在,那此"未生法"先前已经存在了,又何必再要用"生"呢?

也就是说,"生"就是产生,"未生法"就是还未产生。产生就是"有生",未产生就是"无生"。如果非要说"未生法"已经存在,就是已经产生;那么已经产生了,就不需要再用"生"来让其产生。所以,"未生法"就是"无生",反而不能证明"有生"。

己三、再明生时　二
庚一、生时无生

【原文】

　　若言生时生，是能有所生；何得更有生，而能生是生？

【述义】

　　"第十九偈"指出：如果说"生时"有"生相"，那这个"生相"也是有所生的；又何来更有一个"生相"，而能够去产生这个"生相"呢？

　　也就是说，如果承认正在生起有"生相"的话，说明这个"生相"也是被产生出来的；那这个被产生出来的"生相"，又是被哪个"生相"产生出来的呢？

　　庚二、明二种过 二
　　辛一、无穷过

【原文】

　　若谓更有生，生生则无穷；

【述义】

　　"第二十偈"前半指出：如果说还有一个能产生的"生相"，那"生相"产生"生相"则无有穷尽。

　　也就是说，"生相"如果真的存在的话，那他也应该具有"生相"；而这个"生相"的"生相"，还应该具有"生相"，如此则构成了无穷的过失。

　　辛二、自生过

【原文】

　　离生生有生，法皆能自生。

【述义】

"第二十偈"后半指出：如果离开了"生相"产生而能有"生"，那一切有为法都应该能够自己产生。

也就是说，"生相"作为有为法，如果能够脱离"生相"而自行产生，那一切有为法都不需要"生相"，而能自己独立产生了。

丁四、破有无生

【原文】

有法不应生，无亦不应生，有无亦不生，此义先已说。

【述义】

"第二十一偈"指出：存在的法就不应该具有"生相"，因为已经产生；不存在的法也不应该有"生相"，因为根本没有；亦有亦无的法更不可能有"生相"，这个意思在前面已经说过了。

由于"有"无生相，"无"也无生相；将二者相合，"有无"也肯定没有生相。"此义先已说"，指前《观因缘品》"第九偈"："若果非有生，亦复非无生，亦非有无生，何得言有缘？"

丁五、破法灭生

【原文】

若诸法灭时，是时不应生；法若不灭者，终无有是事。

【述义】

"第二十二偈"指出：如果一切有为诸法灭掉时，这个时候是不应该有"生相"的;如果一切有为诸法不灭掉,终究没有这样的事。

也就是说,"生"与"灭"为相对范畴,生时无灭,灭时无生。所以在一切有为诸法灭时,肯定是不会有"生相"的。有的人会认为:既然法灭时无生,那法不灭不就有生了吗? 之所以称为"有为法",就是因为有造作;由造作而有之法必定有"生",有"生"必定有"灭"。所以,有为法都会有"灭",不可能存在"不灭"的有为法,只有"无为法"才是不生不灭的。

丙二、诸法无住 四
丁一、三时无住

【原文】

不住法不住,住法亦不住,住时亦不住,无生云何住?

【述义】

"不住法",指还未衰变;"住法",指已经衰变;"住时",指正在衰变。

"第二十三偈"指出:还未衰变的法是没有"住相"的,已经衰变的法也是没有"住相"的,正在衰变的法还是没有"住相"的,没有"生相"又哪里来的"住相"呢?

也就是说,还未衰变,就是没有衰变;已经衰变,不需再有衰变;离开了"未衰变"和"已衰变",不可能有一个"正在衰变"存在。而所谓"住相",必须有法产生之后,才能进而有衰变。前面已经论述了,无有"生相"真实存在,所以也就没有"住相"真实存在。

丁二、破法灭住

【原文】

　　若诸法灭时,是则不应住;法若不灭者,终无有是事。

【述义】

　　"第二十四偈"指出:如果一切有为诸法灭掉时,这是不应该有"住相"的;如果一切有为诸法不灭掉,终究没有这样的事。

　　　丁三、破老死住

【原文】

　　所有一切法,皆是老死相,终不见有法,离老死有住。

【述义】

　　"老死相",指坏灭相。

　　"第二十五偈"指出:所有一切有为诸法,全都是要变坏毁灭的,终究看不到有任何一种有为法,能够脱离变坏、毁灭而有"住相"。

　　也就是说,所谓"住相",不是"生相",也不是"灭相"。一切有为诸法,不论是无情的,还是有情的,都是要最终坏灭的。既然一切有为诸法都要坏灭,坏灭时是没有"住相"的,也就说明没有一个"住相"真实存在。

　　　丁四、破自异住

【原文】

　　住不自相住,亦不异相住;如生不自生,亦不异相生。

【述义】

"第二十六偈"指出："住相"是不能让自体住异,也不能让其他事物住异;如同"生相"不能自体产生,也不能让其他事物产生。

也就是说,"住相"若能自住,一切有为法皆能自住;"住相"若能住他,则构成无穷过失。理同"第二十偈"。

丙三、诸法无灭 六
丁一、三时无灭

【原文】

法已灭不灭,未灭亦不灭,灭时亦不灭,无生何有灭。

【述义】

"已灭",指已经灭亡;"未灭",指还未灭亡;"灭时",指正在灭亡。

"第二十七偈"指出:已经灭亡的法是没有"灭相"的,还未灭亡的法是没有"灭相"的,正在灭亡的法还是没有"灭相"的,没有"生相"又哪里来的"灭相"呢?

也就是说,已经灭亡,不需再有灭亡;还未灭亡,就是没有灭亡;离开了"已灭亡"和"未灭亡",不可能有一个"正在灭亡"存在。而所谓"灭相",必须有法产生之后,才能进而有灭亡。前面已经论述了,无有"生相"真实存在,所以也就没有"灭相"真实存在。

丁二、破住者灭 二
戊一、有住无灭

【原文】

法若有住者,是则不应灭;

【述义】

"第二十八偈"前半指出:有为法如果有"住相"的话,这是不应该有"灭相"的。

也就是说,三相不可能同时存在,有"住相"说明事物还存在,存在就不是灭亡,所以没有"灭相"。

戊二、不住无灭

【原文】

法若不住者,是亦不应灭。

【述义】

"第二十八偈"后半指出:有为法如果没有"住相"的话,也是不应该有"灭相"的。

也就是说,如果没有"住相",说明事物根本就不存在;对于不存在的事物,也是没有"灭相"的。

丁三、破于时灭 二
戊一、是时无灭

【原文】

是法于是时,不于是时灭;

【述义】

　　"第二十九偈"前半指出：如果说有法在某个时刻灭亡,该法是不能在那个时刻灭亡的。

　　也就是说,称有某个事物于当下灭亡,这句话是自相矛盾的。因为称有某个事物,说明该事物是存在的,在当下那个时刻还没有灭亡;如果当下灭亡了,也就不会有那个事物存在。

戊二、异时无灭

【原文】

　　是法于异时,不于异时灭。

【述义】

　　"第二十九偈"后半指出：如果说有法在其他时刻灭亡,该法是不能在其他时刻灭亡的。

　　也就是说,如果称有某个事物在当下不灭亡,而在其他别的时刻灭亡,这句话还是有问题的。因为某个事物当下不灭亡,说明该事物当下是存在的。而就当下来说的这个"其他时刻"肯定是未来的某个时刻,不可能是过去的某个时刻。对于未来的某个时刻,该事物还不存在,也就是无所谓灭亡。如果该事物已经到了未来的某个时刻,那就等同于"前半偈",还是不能"于是时灭"的。

丁四、无生无灭

【原文】

　　如一切诸法,生相不可得;以无生相故,即亦无灭相。

【述义】

　　"第三十偈"指出:如同一切有为诸法,"生相"不可能得到;由于没有"生相"的缘故,也就没有"灭相"存在。

　　丁五、破有无灭 二
　　戊一、有法无灭

【原文】

　　若法是有者,是即无有灭,不应于一法,而有有无相。

【述义】

　　"第三十一偈"指出:如果事物是存在的,这就没有"灭相",不应在一个事物中,同时具有"存在"与"不存在"两种相。

　　也就是说,"灭相"就是无,"有""无"是相对的,有"有"就无"无",有"无"就无"有",不可能"有""无"同时并存。所以,对于存在的事物,是没有"灭相"的。

　　戊二、无法无灭

【原文】

　　若法是无者,是即无有灭,譬如第二头,无故不可断。

【述义】

　　"第三十二偈"指出:如果事物是不存在的,这就没有"灭相";

譬如说人有第二个头一样,由于根本是不存在的,所以也就无所谓能不能被砍下来。

也就是说,"无"就是没有,没有也就无所谓"有""无"。所以,对于不存在的事物,是没有"灭相"的。

丁六、破自他灭

【原文】

法不自相灭,他相亦不灭;如自相不生,他相亦不生。

【述义】

"第三十三偈"指出:一切有为法不能自体灭亡,也不能让其他事物灭亡;如同自体不能产生,也不能让其他事物产生。

也就是说,"灭相"若能自灭,一切有为法皆能自灭;"灭相"若能灭他,则构成无穷过失。理同"第二十偈"。

乙三、作结 二
丙一、有无法无 二
丁一、无有为法

【原文】

生住灭不成,故无有有为;

【述义】

"第三十四偈"前半指出:"生相""住相""灭相"都不能成立,所以也就没有"有为法"。

丁二、无无为法

【原文】

有为法无故，何得有无为？

【述义】

"第三十四偈"后半指出：既然"有为法"没有，又何以能够得到"无为法"呢？

也就是说，"无为法"是相对于"有为法"而说的，并非在"有为法"之外别有一个"无为法"存在。既然"有为法"都不存在了，"无为法"也就相应不存在了。

丙二、三相无实

【原文】

如幻亦如梦，如乾闼婆城，所说生住灭，其相亦如是。

【述义】

"乾闼婆城"，指海市蜃楼。

"第三十五偈"指出：如同幻影又如同梦境，如同乾闼婆城一样，经论中所说"生""住""灭"，其相也是虚幻无实的。

既然通过上面论述，"生""住""灭"三相都是无有的，那为何佛陀还讲说有此三相呢？无三相，就胜义谛而言，否定实体存在；有三相，就世俗谛而言，承认"现相"存在。这种"现相"的存在，就如同"幻""梦""海市蜃楼"一样，虽然似乎能够看到形相，但是其实没有丝毫存在。

观作作者品

科　目

甲八、观作作者品

乙一、破作受二法

丙一、破作作者

丁一、辨无定义

戊一、分释

己一、破定无定

庚一、标列

辛一、定者定业

辛二、无者无业

辛三、定业无者

辛四、定者无业

庚二、显过

辛一、无因过

辛二、无果过

壬一、标

壬二、释

癸一、无作法过

癸二、无罪福过

癸三、无报应过

癸四、无涅槃过

甲八、观作作者品 二

【述义】

《观作作者品》是《中论》的第八品,共有十二偈。所谓"作",指所作之业;所谓"作者",指能作之人。有人来造作,才会有"业";有所造之业,才称"作者"。"业"与"作者"本相待而有,故非独立存在。此"相待义"于后方明,然前皆依之而破。本品虽破"作"与"作者",而又兼破"受"与"受者",及总破"一切诸法",以明一切有为诸法乃众缘和合而生、皆无自性之理。

乙一、破作受二法 二
丙一、破作作者 二
丁一、辨无定义 二
戊一、分释 二
己一、破定无定 二
庚一、标列 四

【述义】

此就"作者"和"业"是否独立存在而为辨析。依排列组合,无非不出四种,即:有作者,有业;无作者,无业;有业,无作者;无业,有作者。

辛一、定者定业

【原文】

决定有作者，不作决定业；

【述义】

"第一偈"前半指出：如果认为"作者"与"业"都是决定存在的，那么"作者"就不需要去造业而成立，"业"也就不需要被人造作而产生了。

辛二、无者无业

【原文】

决定无作者，不作无定业。

【述义】

"第一偈"后半指出：如果认为"作者"与"业"都是决定不存在的，那么对于不存在的事物，也就无所谓谁去造作谁，谁被谁造作了。

辛三、定业无者

【原文】

决定业无作，是业无作者；

【述义】

"第二偈"前半指出：如果认为"业"是决定存在的，而"作者"是不存在的，那么这个"业"就没有造作之人了。也就是说，只有被人造作才能产生"业"，如果"作者"不存在，"业"肯定也不存在了。

　辛四、定者无业

【原文】

　　定作者无作，作者亦无业。

【述义】

　　"第二偈"后半指出：如果认为"作者"是决定存在的，而"业"是不存在的，那么这个"作者"就没有所造之业了。也就是说，只有能够造业才能称为"作者"，如果"业"不存在，"作者"肯定也不存在了。

　　以上四个排列，主要说明"业"与"作者"都不能脱离对方而独立存在。如果认为二者能够各自独立存在，或是可以脱离对方而存在，反而使得二者都不能够成立。

　庚二、显过 二

【述义】

　　第一、二偈是从"业"与"作者"的本身定义出发，讨论二者皆不可能独立存在。从第三到第六偈是就二者无论有无，均会出现违背因果的过失。

　辛一、无因过

【原文】

　　若定有作者，亦定有作业，作者及作业，即堕于无因。

【述义】

　　"第三偈"指出：如果决定有"作者"，也决定有"作业"，"作者"以及"作业"就会堕入"无因"的过失中。

　　也就是说，"作者"是因为有"业"可造才成立的，"业"亦应是被"作者"造作出来的，二者是互为"生因"。如果"作者"与"业"都是决定存在的，就不需要对方相待成立，那岂不是说"作者"与"业"的形成，完全是一种自体产生吗？可任何事物的存在，一切有为法的产生，都是不可能脱离因果规律的。这种"无因"的产生，是根本不可能存在的。

　　　　辛二、无果过 三
　　　　壬一、标

【原文】

　　若堕于无因，则无因无果。

【述义】

　　"第四偈"前半指出：如果堕入到"无因"的过失中，那么就会由于"无因"进而堕入"无果"的过失。

　　　　壬二、释 四
　　　　癸一、无作法过

【原文】

　　无作无作者，无所用作法。

【述义】

"第四偈"后半指出：如果没有"作业"给"作者"作因，也没有"作者"给"作业"作因，那么就不会再有可用的各种造作之法。

癸二、无罪福过

【原文】

若无作等法，则无有罪福；

【述义】

"第五偈"前半指出：如果没有各种造作之法，那么就不会再犯罪与修福。

癸三、无报应过

【原文】

罪福等无故，罪福报亦无。

【述义】

"第五偈"后半指出：如果犯罪与修福也没有了，那么由犯罪与修福所引发的善恶报应也没有了。

癸四、无涅槃过

【原文】

若无罪福报，亦无有涅槃。

【述义】

"第六偈"前半指出：如果没有了罪福善恶报应，也就没有了涅槃道。

需要说明的是，"涅槃"属于"无为法"，而前面一系列所述均属"有为法"。如果脱离了各种"有为"造作，也就不可能有"无为"涅槃的存在。

壬三、结

【原文】

诸可有所作，皆空无有果。

【述义】

"第六偈"后半指出：若真是如此的话，那一切可以有所造作的行为，全都变成空泛而没有任何结果的了。

己二、破定不定

【原文】

作者定不定，不能作二业；有无相违故，一处则无二。

【述义】

"定不定"，指既存在又不存在。"二业"，指既存在又不存在的业。

既然"业"与"作者"，不可能决定有，也不可能决定无，那是否可以为"既有又无"呢？

"第七偈"指出：如果"业"与"作者"是"既有又无"的，那么"既

有又无"的"作者",是不可能造作"既有又无"的"业"的;因为"有"与
"无"本身就是相互违背的,在同一个地方不可能"有""无"同时存在。

也就是说,这种"既有又无"的情况,在现实中是根本不可能发
生的,之所以出现在讨论中,完全只是一种停留于文字的戏论。

戊二、作结 三
己一、从有无破

【原文】

有不能作无,无不能作有;若有作作者,其过如先说。

【述义】

"第八偈"指出:存在的事物不能造作出不存在的事物,不存
在的事物也不能造作出存在的事物;这是就前面"有业无作者""有
作者无业"而言。如果"业"与"作者"均决定存在,还是不能够成立,
其中的过失前面已经说过了;这是就前面"定有业与作者"而言。

当然,这里省略了"无有业与作者"的情况。既然"定有业与作
者"的情况都不成立,二者根本不存在的情况,那就更不可能成立了。

己二、从作业破

【原文】

作者不作定,亦不作不定,及定不定业,其过如先说。

【述义】

"第九偈"指出:"作者"不造作"定业",也不造作"不定业",更

不会造作"定不定业",其中的过失前面已经说过了。

也就是说,如果"业"是决定存在的,那就不需要"作者"来造作;如果"业"是不决定存在的,对于根本不存在的事物,"作者"也不可能去造作;如果"业"是既存在又不存在的,这种情况根本不可能发生,对于子虚乌有的事物,"作者"更不可能去造作。

己三、从作者破

【原文】

　　作者定不定,亦定亦不定,不能作于业,其过如先说。

【述义】

"第十偈"指出:不论"作者"是决定存在的,还是决定不存在的,亦或是既存在又不存在的,这三种情况都不可能去造作出"业",其中的过失前面已经说过了。

也就是说,如果"作者"是决定存在的,既然已经存在了,就不需要去造业来成立自身;如果"作者"是不决定存在,一个不存在的事物,根本不可能去造业;如果"作者"是既存在又不存在的,这种情况根本不可能发生,这种子虚乌有的"作者"更不可能去造业。

丁二、明相待义

【原文】

　　因业有作者,因作者有业,成业义如是,更无有余事。

【述义】

"第十一偈"指出：因为有了"业"才有"作者"，因为有了"作者"才有"业"，像这样才成立了"作业之人"与"所作之业"的意义，更没有其余事情可以成立业义。

也就是说，前面认为"业"与"作者"定与不定都不正确，就是因为"业"与"作者"是相待成立、互为因果的，不可能再有其他因素来成立"业"或"作者"。

丙二、破受受者

【原文】

如破作作者，受受者亦尔；

【述义】

"受"，指五蕴。"受者"，指人我。

"第十二偈"前半指出：如同破除"作业"与"作者"的错误认知一样，对于"受"与"受者"的错误认知也同理可破。

也就是说，既然"业"与"作者"是相待成立、互为因果的，那"五蕴"与"人我"之间的关系也是一样。因为世人总认为有个"我"，能够脱离于肉体而独立存在，孰不知这个所谓的"我"，是"五蕴"堆积假合而成的，并无实体性存在。但反过来，如果没有"假我"，"五蕴"就无从聚合堆积，也就不可能形成"色""受""想""行""识"。所以，如果没有了"五蕴"，"人我"就不存在；如果没有"人我"，"五蕴"也就不存在。

乙二、破一切诸法

【原文】

及一切诸法，亦应如是破。

【述义】

"第十二偈"后半指出：以及一切有为诸法，也都应该像这样来破除。

也就是说，不仅"作与作者""受与受者"如此，一切有为诸法都是众缘和合产生的，全都没有实体性的存在。

观 本 佳 品

科　目

乙三、作结
　　丙一、三世无我
　　丙二、无有分别

甲九、观本住品 三

【述义】

《观本住品》是《中论》的第九品，共有十二偈。所谓"本住"，指的就是主宰，也就是"我"。针对有生命的人来说，就是"人我"；针对无生命的物来说，就是"法我"。本品虽着重破除对"人我"之执著，然亦兼破对"法我"之执著。故《般若灯论》命名此品为《观取者品》，《大乘中观释论》命名此品为《观先分位品》。

乙一、标义

【原文】

眼耳等诸根，苦乐等诸法，谁有如是事，是则名本住。

【述义】

"第一偈"指出：眼耳等人体诸根，以及所感知到的苦乐觉受等诸法，谁能拥有像这样的事物，这就名为"本住"。

此就何为"本住"先给出界定，能够支配各种器官，获得各种感知觉受的那个东西，就叫作"本住"，也就是"我"。这个定义是"共许"的，也就是为论辩双方都认可的。

乙二、破执 三
丙一、人无我 二

丁一、破先有我 二
戊一、宾诘

【原文】

　　若无有本住,谁有眼等法? 以是故当知,先已有本住。

【述义】

　　佛教是不承认有"我"的,对此外道提出诘难。

　　"眼等法",指眼等诸根及苦乐等法。

　　"第二偈"指出:如果没有"本住",又是谁来拥有眼等诸根及苦乐等法呢? 由此可以得知,先前就已经有"本住"存在了。

　　也就是说,如果没有"我"的话,这些眼、耳、鼻、舌、身等诸根,又依附于谁来存在并发挥作用呢? 又由谁来感受苦乐等法呢? 可见必定在诸根及苦乐背后,有一个支配使用及能够感知的主宰,由此推知肯定有"我"存在。

戊二、主答 二
己一、分破 二
庚一、离根有我

【原文】

　　若离眼等根,及苦乐等法,先有本住者,以何而可知?

【述义】

　　"第三偈"指出:如果离开了眼等诸根,以及苦乐等法,而先前已经就有"本住"存在了,那又以何来感知存在呢?

　　也就是说,"我"是依靠眼等诸器官,以及苦乐等觉受来感知获取信息的。如果没有诸根及苦乐等法，那"我"是无法感知获取任何信息的。既然说"我"是先于诸根及苦乐等法就存在的，"我"存在时诸根及苦乐等法还不存在，那又是凭借什么来得以知晓"我"的存在呢？可见，这种"先有本住"的观点是不正确的。

庚二、离我有根

【原文】

若离眼耳等，而有本住者，亦应离本住，而有眼耳等。

【述义】

"第四偈"指出：如果离开了眼、耳等诸根，而能有"本住"存在，那也应该离开了"本住"，而能有眼、耳等诸根存在。

也就是说，按照常理，各种器官得依附于"我"才能存在并发挥作用，没有了"我"，各种器官也就不存在了。反过来，没有了各种器官的聚合，也就不可能有"我"存在。如果"我"可以脱离各种器官而独立存在，那各种器官也可以脱离"我"而独立存在，显然这是不符合实际的。

己二、作结

【原文】

以法知有人，以人知有法；离法何有人，离人何有法。

【述义】

"法"，指诸根及苦乐等。

　　"第五偈"指出：由于有了诸根及苦乐等法才能知道有人存在，由于有了人才能知道有诸根及苦乐等法存在；离开了诸根及苦乐等法又如何知道有人存在，离开了人又如何知道有诸根及苦乐等法存在。

　　也就是说，"诸根及苦乐等法"与"人我"是相待成立的，二者不可能脱离对方而独立存在。

　　丁二、破根有我　二
　　戊一、宾诘

【原文】

　　一切眼等根，实无有本住；眼耳等诸根，异相而分别。

【述义】

　　既然先有"我"不能成立，但外道又不能接受佛教"无我"的观点。为了调和先无有"我"，但诸根又能感知觉受的矛盾，外道进而又提出将"我"分散于诸根的诘难。

　　"第六偈"提出：在一切眼等诸根之前，确实没有一个"本住"存在；那时眼、耳等诸根，各自有各自能够感知的主体，这些感知主体都是相互差异且不相同的。

　　也就是说，虽然没有统一的"我"存在，但各种器官也是能够感知觉受的，因为它们都有各自的感知作用。比如，眼根能看，耳根能听，鼻根能嗅，舌根能尝，身根能触。这些感知作用由于分散于诸根，所以呈现出来的相状也是不同的，虽然没有形成一个"我"，但诸根还是能够有感知的作用。

戊二、主答 二
己一、总破

【原文】

　若眼等诸根,无有本住者,眼等一一根,云何能知尘?
【述义】

　“尘”,指根所缘之外境。

　“第七偈”指出:如果在眼等诸根存在的时候,根本没有“本住”存在,那眼等诸根,又如何能够感知诸尘境界呢?

　也就是说,在“我”根本不存在的情况下,又如何能够将支配使用诸根的作用,分散到各个根当中去呢? 因为诸根能够感知外境的功能,是在“我”的支配使用下才得以实现的。就算诸根感知外境的功能都各不相同,但这种差异也是由一个总的作用延伸出来的,如果没有“我”的总体支配,也不可能有诸根各自的功能。所以,这种认为诸根可以在没有“我”的情况下,各自感知的观点是不正确的。

己二、分破 二

【述义】

　姑且承认诸根有各自的感知作用,那这种作用是同一的,还是差异的?

庚一、破一神我

【原文】

　　见者即闻者,闻者即受者,如是等诸根,则应有本住。

【述义】

　　"见者",指支配眼根看的作用。"闻者",指支配耳根听的作用。"受者",指支配去感受的作用。

　　"第八偈"指出:如果这种作用是同一的,那"见者"就是"闻者","闻者"就是"受者",像这样所有一切诸根的作用可以互通,才能说明应该有"本住"存在。

　　也就是说,这种分散于诸根的作用,如果都是一种没有差异,那也就无所谓眼根能看、耳根能闻、诸根能受了。大家作用都是一样,眼根不光能看,还能听;耳根不光能听,还能感受苦乐。如果真是这样的话,才能证明"我"的作用分散于诸根,但这显然是不符合实际的。

　　　庚二、破多神我

【原文】

　　若见闻各异,受者亦各异,见时亦应闻,如是则神多。

【述义】

　　"第九偈"指出:如果"见者""闻者"的作用各自差异不同,那"受者"的作用也各自差异不同,可人在看见的同时也能听到,像这样就会出现很多个"神我"的作用。

　　也就是说,这种分散于诸根的作用,如果都是各不相同的,支配眼根看的作用,不同于支配耳根听的作用,也不同于支配诸根去感受的作用。那支配眼根看的作用,只能让眼睛看见事物,但不能支配让耳朵听见;要想让耳朵听见,就必须再有一个支配耳根听的作用；对于"受者"也是同理。可人们在看的时候，确实也能同时听到、同时感受，这就需要诸多个支配主体，也就等同于有很多个"我"存在，但显然这也是不符合实际的。

可见，无论这种分散"我"的作用，是同一的，还是相异的，都是不能够成立的，所以外道将"我"分散于诸根的观点是不正确的。

丙二、法无我

【原文】

　眼耳等诸根，苦乐等诸法，所从生诸大，彼大亦无神。

【述义】

前就诸根及受，明"人无我"义；今就诸大无神，明"法无我"义。

"诸大"，指诸大元素，如地、水、火、风等。

"第十偈"指出：人的眼、耳等诸根，以及苦、乐等觉受诸法是没有"本住"的，人的诸根及觉受诸法都是由诸大元素构成的，那些诸大元素也是没有"神我"的。

也就是说，世间一切有生命、无生命的事物，都是由诸大元素构成的。人的诸根及感受是没有一个"我"来支配的，那诸大元素背后也就没有统一的"主宰"来支配。

丙三、二无我

【原文】

　若眼耳等根，苦乐等诸法，无有本住者，眼等亦应无。

【述义】

　　"第十一偈"指出：如果眼、耳等诸根，以及苦、乐等觉受诸法，都没有"本住"存在，那么眼等诸根也就不存在了。

　　也就是说，如果人体各种器官及感知背后，没有一个"我"存在，那作为实际物质形态的各种器官，也就不存在了。因为"人我"之外，别无独立的"法"存在；在"法"之外，也别无独立的"人我"存在。这个道理在"第五偈"中已经讲过，本偈前三小句明"人无我"，第四小句明"法无我"。

　　　　乙三、作结 二
　　　　丙一、三世无我

【原文】

　　眼等无本住，今后亦复无。

【述义】

　　"第十二偈"前半指出：眼等诸根于先前没有"本住"存在，于现在及以后也不会有"本住"存在。

　　　　丙二、无有分别

【原文】

　　以三世无故，无有无分别。

【述义】

　　"第十二偈"后半指出：由于"过去""现在""未来"三世中均没

有"本住"存在,那就没有"有""无"之分别了。

也就是说,既然"本住"于"三世"中均不存在,说明"我"就是根本不存在的。对于一个根本不存在的事物,讨论它的"有""无"还有什么意义呢? 显然都是属于分别戏论。

观燃可燃品

科　目

甲十、观燃可燃品 二

【述义】

《观燃可燃品》是《中论》的第十品,共有十六偈。所谓"燃",指燃烧之火。所谓"可燃",指可燃之物。此品举"火燃"为喻,破《观作作者品》中"作作者"与"受受者"之未尽余义。《观作作者品》末二偈云:"因业有作者,因作者有业,成业义如是,更无有余事。""如破作作者,受受者亦尔;及一切诸法,亦应如是破。"乃明"相待成立"之义。然有人由此又执著"相待",故本品再着重予以破之。

乙一、分释 四
丙一、破相同

【原文】

若燃是可燃,作作者则一;

【述义】

"第一偈"前半指出:如果"燃烧之火"就是"可燃之物"的话,那"所造之业"与"造业之人"也就同一了。这显然是不符合实际的。

丙二、破相异 二
丁一、标

【原文】

若燃异可燃，离可燃有燃。

【述义】

"第一偈"后半指出：如果"燃烧之火"相异于"可燃之物"的话，那脱离了"可燃之物"也应该有"燃烧之火"存在了。

此是总说"燃"与"可燃"不能相异，否则二者性质截然不同，彼此毫无关联，便可各自独立存在。以下乃就相异之过，分而释之。

丁二、释 四

戊一、非因生

【原文】

如是常应燃，不因可燃生；则无燃火功，亦名无作火。

【述义】

"无作火"，指无有造作之火，即没有任何产生原因的常燃之火。

"第二偈"指出：如果真是这样，那"燃烧之火"应该永远燃烧，不会再借由"可燃之物"来燃烧；这就没有了点燃火的功用，也就是称为"无有造作"之火。

戊二、非缘生

【原文】

燃不待可燃，则不从缘生；火若常燃者，人功则应空。

【述义】

"第三偈"指出：如果"燃烧之火"不需要有待于"可燃之物"而燃烧，说明这个火不是从众缘中产生的；火如果能够永远燃烧，那人去点火等造作功用也就应该全都没有了。

戊三、非燃时

【原文】

若汝谓燃时，名为可燃者；尔时但有薪，何物燃可燃？

【述义】

"汝谓"，指外道诘难。为了调和无因无缘的"常燃"之过，外道辩称：虽然"燃"与"可燃"相异，但并非无有交集；于"正在燃烧"的现象中，"燃烧之火"与"可燃之物"不正好和合统一吗？

"第四偈"指出：如果像你所说的于"正在燃烧"的现象中，正在烧的是"燃烧之火"，那被火烧的就称为"可燃之物"了；但当时只有薪柴，又有什么事物是"燃"和"可燃"呢？

也就是说，外道以正在燃烧的薪柴为例，虽然薪柴与火性质相异，但二者还是可以相互作用，完成燃烧的过程。但依佛教看来，薪柴就是薪柴，不论燃烧与否，其性质没有发生变化，从中无法剥离出两个截然不同的"燃"与"可燃"来。

戊四、非不至二

己一、明常住过

【原文】

**　若异则不至，不至则不烧，不烧则不灭，不灭则常住。**

【述义】

　　"不至"，指不能相交。

　　"第五偈"指出：如果"燃"与"可燃"体性相异就不会相交，不相交就不会有点燃，没有点燃就不会有熄灭，没有熄灭就是永远安住自体。

　　也就是说，如果"燃烧之火"与"可燃之物"还是截然相异的，二者就不会相合来产生燃烧的现象，也就不需要通过点燃"可燃之物"来获得"燃烧之火"。这种没有产生的火，也就不会有熄灭，应该还是一种永远燃烧的状态。显然这又回到了"常燃"之过，肯定是不正确的。

　　己二、明喻不成 二

　　庚一、宾诘

【原文】

**　燃与可燃异，而能至可燃；如此至彼人，彼人至此人。**

【述义】

　　"彼人"，指男人。"此人"，指女人。

　　"第六偈"指出：外道进一步辩称，"燃烧之火"与"可燃之物"虽然体性相异，但二者还是能够相交从而产生燃烧的作用；就如同性别不同的两个人，女人可以到男人那里，男人也可以到女人那里。

庚二、主答

【原文】

　　若谓燃可燃，二俱相离者，如是燃则能，至于彼可燃。

【述义】

　　"第七偈"指出：如果说"燃烧之火"与"可燃之物"，二者全都是相互脱离的存在，像这样才能说"燃烧之火"可以去到"可燃之物"那里，相交产生燃烧的作用。

　　外道所举"男女"的例子并不恰当，因为"男人"和"女人"本来就是性别不同的两个人。但"燃"与"可燃"并非可以脱离对方而独立存在，没有"燃烧之火"，哪里有"可燃之物"；没有"可燃之物"，哪里有"燃烧之火"？所以，外道关于"燃与可燃异，而能至可燃"的辩称，是根本没有道理的。

丙三、破相待 三

【述义】

　　此前诸多品中，全以"相待"而破对诸法实有之执著，然此"相待"亦不中理，故于今再行破之。

丁一、举燃 二
戊一、先有过

【原文】

　　若因可燃燃，因燃有可燃，先定有何法，而有燃可燃？

【述义】

"第八偈"指出：如果说是因为有了"可燃之物"，才有了"燃烧之火"；因为有了"燃烧之火"，才有了"可燃之物"。那先前到底决定有了何种法，从而有了"燃烧之火"或"可燃之物"呢？

也就是说，"相待"而有，是彼此互为产生之因。但要清楚，必须先有一个存在的事物，才能因之产生其他事物；如果一个不存在的事物，是不可能产生其他事物的。如果说"燃"因"可燃"而有，"可燃"又因"燃"而有，二者都没有固定的存在，又如何相互为因而相待产生呢？如果说其中有一个先前已经决定存在，那这个存在就不需要因另一个而产生，还是构不成"相待"而有。

戊二、复成过

【原文】

若因可燃燃，则燃成复成，是为可燃中，则为无有燃。

【述义】

"第九偈"指出：如果说是因为有了"可燃之物"，才有了"燃烧之火"；那"燃烧之火"就被形成产生了两次。再有，说因"可燃之物"而有"燃烧之火"，显然"可燃之物"已经存在了，作为存在的"可燃之物"，其本身是没有"燃烧之火"的。

可见，就"燃"与"可燃"而言，是构不成"相待"而有的。

丁二、明法 二
戊一、因待过 二

己一、有待无成

【原文】

若法因待成,是法还成待;

【述义】

"第十偈"前半指出:如果此法是因相待彼法而成立的,那彼法又会成为此法所相待的对象。

也就是说,尽管一切诸法都是相待成立的,其实根本就没有任何确定的法能够作为相待的对象。

己二、无待无成

【原文】

今则无因待,亦无所成法。

【述义】

"第十偈"后半指出:由于现在根本没有确定的法来作为相待之因,也就更不会有因相待而成立的法了。

戊二、成待过 二
己一、未成无待

【原文】

若法有待成,未成云何待?

【述义】

　　"第十一偈"前半指出：如果一切诸法都是因相待而成立，那么既然没有法成立存在，又如何因之来相待成立呢？

己二、成已无待

【原文】

　　若成已有待，成已何用待？

【述义】

　　"第十一偈"后半指出：如果已经有成立的法来作为相待，那么既然法已经成立存在，又何必还需要相待他法呢？

丁三、作结 二
戊一、燃非待成

【原文】

　　因可燃无燃，不因亦无燃；

【述义】

　　"第十二偈"前半指出：以"可燃之物"作为相待之因，是无法获得"燃烧之火"的；不以"可燃之物"作为相待之因，也是无法获得"燃烧之火"的。

　　也就是说，如果将"可燃之物"作为相待的对象，那它必须是已经存在的事物；这个存在的"可燃之物"中是本没有"燃烧之火"的。即使不以"可燃之物"作为相待的对象，"燃烧之火"也还是无从获得；没有烧物的火，不能称为"燃烧之火"。

戊二、可燃非待

【原文】

因燃无可燃，不因无可燃。

【述义】

"第十二偈"后半指出：以"燃烧之火"作为相待之因，是无法获得"可燃之物"的；不以"燃烧之火"作为相待之因，也是无法获得"可燃之物"的。

也就是说，如果将"燃烧之火"作为相待的对象，那它必须是已经存在的事物；这个存在的"燃烧之火"中是本没有"可燃之物"的。但如果不以"燃烧之火"作为相待的对象，"可燃之物"也还是无从获得；没有火烧的物，不能称为"可燃之物"。

丙四、破处时 二
丁一、非处 二
戊一、无燃

【原文】

燃不余处来，燃处亦无燃；

【述义】

"燃处"，指可燃之物。

"第十三偈"前半指出："燃烧之火"不会从其余地方产生，在

"可燃之物"中也没有"燃烧之火"。

戊二、无可燃

【原文】

可燃亦如是，

【述义】

"第十三偈"第三小句指出："可燃之物"也是一样。也就是说，"可燃之物"不会从其余地方产生，在"燃烧之火"中也没有"可燃之物"。

丁二、非时

【原文】

余如去来说。

【述义】

"第十三偈"第四小句指出：其余的法义如同《观去来品》中所说。

也就是说，在"已经燃烧""正在燃烧""还未燃烧"的"燃烧之火"中，没有"可燃之物"可得；在"已经燃烧""正在燃烧""还未燃烧"的"可燃之物"中，也没有"燃烧之火"可得。可见，在"过去""现在""未来"三时之中，皆无独立存在的"燃烧之火"和"可燃之物"可得。

乙二、作结 三
丙一、重申正义 三

丁一、非相同

【原文】

　可燃即非燃；

【述义】

　"第十四偈"第一小句指出："可燃之物"不是"燃烧之火"。

　若从法义完整性上讲，此处还应有"燃即非可燃"，即"燃烧之火"也不是"可燃之物"。

丁二、非相异

【原文】

　离可燃无燃，燃无有可燃；

【述义】

　"第十四偈"第二、三小句指出：离开"可燃之物"没有"燃烧之火"，离开"燃烧之火"也没有"可燃之物"。

丁三、非相待

【原文】

　燃中无可燃，可燃中无燃。

【述义】

　"第十四偈" 第四、五小句指出："燃烧之火"中没有"可燃之物"，"可燃之物"中没有"燃烧之火"。

也就是说，"火"中无"物"，"物"中无"火"，故二者不可能相互为因、相待成立。

丙二、明二无我

【原文】

　　以燃可燃法，说受受者法；及以说瓶衣，一切等诸法。

【述义】

　　"第十五偈"指出：以"燃烧之火"和"可燃之物"为例，来说明"受"与"受者"之间的关系；及以用"泥土"与"瓶子"、"麻线"与"衣服"，来说明一切诸法之间的关系。

　　也就是说，"五蕴"与"人我"、"泥土"与"瓶子"、"麻线"与"衣服"等一切诸法之间，都如同"燃"与"可燃"一样，是"非一""非异""非相待"的关系，都没有真实独立的自性存在。

丙三、呵执我人

【原文】

　　若人说有我，诸法各异相，当知如是人，不得佛法味。

【述义】

　　"第十六偈"指出：如果某人执著有"人我"存在，又执著一切诸法有各自差异体相的"法我"存在，应当知道像这样的人，不能获得佛法的妙味真义。

观本际品

科　　目

甲十一、观本际品 三

【述义】

《观本际品》是《中论》的第十一品，共有八偈。所谓"本际"，指根本之边际。这个"边际"，既可以是"时间"范畴上的，也可以是"空间"范畴上的。本品虽然主要以"生死"来讨论"时间"范畴上的"本际"，但由于末偈云"如是一切法，本际皆亦无"，当知亦含摄"空间"范畴上的"本际"。其实，统摄"时""空"二范畴，"本际"乃谓一切之"始"。佛教是否认有一个最初开始的，认为宇宙万物皆因众缘和合产生，没有一个根本之开始，故提出"无始"之观点。本品乃接续前《观燃可燃品》破"相待"之后，就诸法生成所作更深层次之讨论。

乙一、标宗 二
丙一、引大圣说

【原文】

　　大圣之所说："本际不可得。"生死无有始，亦复无有终。

【述义】

　　"大圣"者，佛也。

　　"第一偈"指出：佛陀曾经说过："本际是根本不可能获得的。"人的出生与死亡是没有开始的，也是没有终结的。初立"圣教"为量，故下之论辩皆基于此也。

佛陀之语,依青目《释》出《无本际经》。按:东晋瞿昙僧伽提婆译《中阿含经》卷一〇《习相应品·本际经》:"尔时,世尊告诸比丘:'有爱者,其本际不可知。本无有爱,然今生有爱,便可得知。'"[1]南朝刘宋求那跋陀罗译《杂阿含经》卷六"第一三三经":"尔时,世尊告诸比丘:'何所有故?何所起?何所系著?何所见我?令众生无明所盖,爱系我首,长道驱驰,生死轮回,生死流转,不去本际。"[2]龙树造、后秦鸠摩罗什译《大智度论》卷三一《释初品·十八空义》:"问曰:'若尔者,佛何以说:众生往来生死,本际不可得?'答曰:'欲令众生知久远已来,往来生死为大苦,生厌患心。(中略)如是等无量劫中,受生死苦恼,初始不可得故。'"[3]可见,偈中"本际"乃就人之生死轮转有无始终而论,故《般若灯论》《大乘中观释论》命名此品为《观生死品》。

丙二、明毕竟无

【原文】

若无有始终,中当云何有?是故于此中,先后共亦无。

【述义】

"第二偈"指出:如果都没有"开始"与"终结",那"中间"又怎么会有呢?所以对于"中间",以及"先前"与"最后"共同也都是没有的。

就人轮转而言,生非始,死非终,无有始终,即无生死。无有生

---

[1] 《大正藏》第1卷,第487页中。
[2] 《大正藏》第2卷,第41页下。
[3] 《大正藏》第25卷,第291页上一中。

死,于生死之间,哪里还有承受轮回的主体存在呢?

乙二、明义 二
丙一、分破 二
丁一、破先后 二
戊一、先生后老死

【原文】
　　若使先有生,后有老死者,不老死有生,不生有老死。
【述义】
　　"第三偈"指出:如果假使先有"出生",然后才有"衰老"和"死亡",那没有"衰老"和"死亡"就可以有"出生",没有"出生"就可以有"衰老"和"死亡"。

　　也就是说,如果认为在"衰老"和"死亡"之前,先有一个"出生"存在,那这个"出生"是可以脱离"衰老"和"死亡"而单独存在的,而"衰老"和"死亡"也是可以脱离"出生"而单独存在的。但事实上,没有"出生"哪里会有"衰老"和"死亡",没有"衰老"和"死亡"哪里会有"出生"? 所以,认为先有"出生",后有"衰老"和"死亡"的观点是不正确的。

　　戊二、先老死后生

【原文】
　　若先有老死,而后有生者,是则为无因,不生有老死。

【述义】

"第四偈"指出：如果假使先有"衰老"和"死亡"，然后才有"出生"，那就成为没有原因的事物，因为没有"出生"就可以有"衰老"和"死亡"。

也就是说，如果认为在"出生"之前，先有一个"衰老"和"死亡"存在，那这个"衰老"和"死亡"岂不是凭空而来的？因为一般都是有"出生"，才有"衰老"和"死亡"的，"出生"为因，"衰老"和"死亡"为果。若是如此，"衰老"和"死亡"就可以脱离"出生"而单独存在的。但事实上，没有"出生"，哪里会有"衰老"和"死亡"？所以，认为先有"衰老"和"死亡"，后有"出生"的观点是不正确的。

丁二、破同时

【原文】

　生及于老死，不得一时共；生时则有死，是二俱无因。

【述义】

"出生"与"衰老"和"死亡"，孰先孰后均不正确，那是否可以同时存在呢？

"第五偈"指出："出生"以及"衰老"和"死亡"，不能在同一时刻共存；如果"出生"的同时就有"死亡"存在，那"出生"与"死亡"二者全都成为没有原因的事物。

也就是说，"出生"与"死亡"不可能同时存在，因为二者本身性质相对，有生才有死，有死才有生。如果"出生"与"死亡"同时出现，那就不可能形成互为因果的相待关系，不论"出生"，还是"死亡"，就都成为"无因"之事，这肯定是与事实不相符的。所以，认为

"出生"与"衰老"和"死亡"同时存在的观点是不正确的。

丙二、结破

【原文】

　　若使初后共,是皆不然者。何故而戏论,谓有生老死?

【述义】

　　"初"指先生后老、死,"后"指先老、死后生,"共"指生、老、死同时。

　　"第六偈"指出:如果假使"先""后""共同",这三种情况全都不正确;为何还秉持不正确之戏论,非要认为还有"出生""衰老""死亡"存在呢?

　　也就是说,通过对"先""后""同时"的讨论,发现"出生""衰老""死亡"在"三时"之中全都没有真实的存在,说明这三者根本就是"毕竟空"的。轮回的主体都不存在,又何来"生老死"的轮回呢?

乙三、作结 二
丙一、明一切法

【原文】

　　诸所有因果,相及可相法,受及受者等,所有一切法。

【述义】

　　"第七偈"指出:各种所有的"因果"之法,"相"以及"可相"之法,"受"及"受者"等法,所有一切有为诸法。

此言"因果"者,摄《观因缘品》义;"相、可相"者,摄《观六种品》义;"受、受者"者,摄《观作作者品》义。

丙二、本际皆无 二
丁一、生老死无

【原文】

非但于生死,本际不可得;

【述义】

"第八偈"前半指出:并非只是在"出生"与"死亡"中,"本际"不可以获得。

丁二、一切法无

【原文】

如是一切法,本际皆亦无。

【述义】

"第八偈"后半指出:像这样在一切有为诸法中,"本际"也全都是没有的。

观 苦 品

科 目

甲十二、观苦品 三

【述义】

《观苦品》是《中论》的第十二品，共有十偈。所谓"苦"，指身心所感受到的，与"乐"境相对的状态。作为人最大的痛苦无过于"生老死"，这在上一品已经破除了。本品则就"生"，也就是人在活着存续的这段时间内，所感受到的"苦"进行讨论，从而破除对身心苦受的执著。由于人是由"五阴"聚合而成的，包括物质存在的"色"，也包括非物质存在的"受""想""行""识"，所以本品所讨论的"苦"，既包括物质层面的"身苦"，也包括精神层面的"心苦"。本品虽就有情众生之苦受而论，然义赅"情""器"二界也。

乙一、标列

【原文】

自作及他作，共作、无因作，如是说诸苦，于果则不然。

【述义】

"第一偈"指出：对于人所感受到的"苦"，认为是自体造作的，或是依他造作的，要么是自他共同造作的，或是没有任何原因造作的，像这样来解说各种苦，于结果都是不正确的。

乙二、分释 三

丙一、破自他作 二

丁一、分破 二

戊一、破自作 三

己一、阴从缘生

【原文】

苦若自作者,则不从缘生;因有此阴故,而有彼阴生。

【述义】

"第二偈"指出:"苦"如果是自体造作的,那就不需要从"众缘"中产生;因为有了此世的"五阴"身,才会有彼世的"五阴"身。

也就是说,人的身体是由"五阴"聚合而成的,正因为有了"五阴"才有"苦"。如果说"苦"是由"五阴"自身造作出来,并由"五阴"自身感受到的话,这就相当于是说自身产生自身,不需要依赖其他条件。而这种自身产生自身,其实就等于没有产生,根本没有任何意义。如果说在现实生活中,确实是由自身造作了恶业,而使自身遭受到了"苦"报,这是混淆了时间先后差异,因为前一时刻的自身,与后一时刻的自身,二者肯定不是同一的。同理,在造作时的"五阴",与感受到苦的"五阴",肯定不是同一时刻的"五阴"。

己二、五阴非异

【原文】

若谓此五阴,异彼五阴者,如是则应言,从他而作苦。

【述义】

"第三偈"指出：如果要认为此世的"五阴"身，相异于彼世的"五阴"身，像这样就应该说，是从"依他"而造作的"苦"。

也就是说，前面是从"此五阴"不可能同于"彼五阴"来"破自作"。有人辩称，其所说"自作"的五阴，就是彼此不同的。如果真是这样，对于后来感受到苦的"五阴"而言，这个"苦"是由前面"五阴"造作的，并非是由自体造作的。这就等同于是"依他"造作，而不能说是"自体"造作了。

己三、离苦无人

【原文】

若人自作苦，离苦何有人？而谓于彼人，而能自作苦。

【述义】

"第四偈"指出：如果人能够自体造作苦，脱离了苦哪里还能有人呢？而非要认为在那里有个人，能够自体造作出苦来。

也就是说，抛开时间先后彼此的因素，就人自身能够造作苦而言，这种认识也不正确。人之所以有"苦"，就因为人是"五阴"的聚合体，有"五阴"就有"苦"，要想没有"苦"就必须没有"五阴"，不可能有脱离了"苦"的"五阴"存在。所以，要是说人能够造作苦，就必须有一个"无苦"的人，然后去把"苦"造作出来。可是哪里有"无苦"之人呢？有人就有苦。既然没有"无苦"之人，也就不可能有"造苦"之人。

戊二、破他作 三
己一、离苦无受

【原文】

　若苦他人作,而与此人者;若当离于苦,何有此人受?

【述义】

　　"第五偈"指出:"苦"如果是依他人造作的,而后给予此人来承受;可是脱离了苦,又如何还能有人来承受呢?

　　也就是说,既然"苦"非"自作",那就应该"他作"。但如果是依他而作,就好比彼"五阴"身造作出"苦",然后交给此"五阴"身来承受。这个来承受"苦"的"五阴"身,显然在之前是"无苦"的,不然又如何来承受"他作"的"苦"呢? 之前已经讲了,没有"离苦"之人存在,所以也就不可能有"无苦"之人来承受"苦"。

己二、离苦无授

【原文】

　苦若彼人作,持与此人者;离苦何有人,而能授于此?

【述义】

　　"第六偈"指出:"苦"如果是依他人造作的,拿来给予此人承受;脱离了苦怎么还能有人,而能将"苦"传授给此人呢?

　　也就是说,彼造苦之"五阴",将"苦"交给此"五阴"后,那本身就没有"苦"了。这造苦之"五阴",就成了"无苦"之人。之前已经讲了,没有"离苦"之人存在,所以也就不可能有将"苦"授与他人,而自己成为"无苦"之人存在。

己三、无自无他

【原文】

自作若不成，云何彼作苦？若彼人作苦，即亦名自作。

【述义】

"第七偈"指出："自作"如果不能成立，又如何能成立"他作"之苦呢？如果他人能够造作苦，就也应该称为"自作"。

也就是说，所谓"他作"，是相对于"自作"而言。"自五阴"造作"自苦"称为"自作"，"他五阴"造作"他苦"称为"他作"，其实二者没有本质区别，都等同于"自作"。"自作"既然不能成立，"他作"自然也不能成立，因为"自作"之外，别无"他作"存在。

丁二、结破 二
戊一、非自作

【原文】

苦不名自作，法不自作法；

【述义】

"第八偈"前半指出："苦"不能称为"自作"，"法"也不能自己造作"法"。

也就是说，包括"苦"在内的一切有为诸法，不可能不依赖"众缘"而自体产生自体，就如同"指不自指""刀不自割"一样，所以"自作"是不能成立的。

戊二、非他作

【原文】

彼无有自体，何有彼作苦？

【述义】

"第八偈"后半指出："彼五阴"是没有"自体"存在的，又如何能有"彼五阴"造作苦呢？

也就是说，离"苦"就无人，不可能有"无苦"之人去造苦授苦，所以"他作"是不能成立的。

丙二、破共作

【原文】

若此彼苦成，应有共作苦。

【述义】

"第九偈"前半指出：如果"此五阴"和"彼五阴"都能造作苦成立的话，那才应该有"共同"造作的苦。

也就是说，所谓"共作"，指"自""他"共同造作。"自"能作苦，"他"能作苦，"自""他"才能共同作苦。可"自作""他作"已然都不成立，所以"自他共作"是不能成立的。

丙三、破无因作

【原文】

此彼尚无作，何况无因作？

【述义】

"此",指自作。"彼",指他作。

"第九偈"前半指出:"自""他"尚且不能造作苦,更何况在没有任何原因的情况下造作苦呢?

也就是说,"有因"尚且不能作苦,更何况"无因"呢?而且"无因"有诸多过失,这在《观作作者品》中已有论述。

乙三、作结 二

丙一、有情界

【原文】

非但说于苦,四种义不成;

【述义】

此就有情世间而言。

"第十偈"前半指出:并非只是就人之五阴"苦受"而言,"自作""他作""共作""无因作"四种义不能成立。

丙二、器界

【原文】

一切外万物,四义亦不成。

【述义】

"外",指五阴苦受之外。

"第十偈"后半指出:一切五阴苦受之外的万事万物,"自作""他作""共作""无因作"四种义也都不能成立。

观 行 品

.

科　目

甲十三、观行品 三

【述义】

《观行品》是《中论》的第十三品,共有九偈。所谓"行",当有狭广两义。狭义者,指十二支之"行";广义者,指一切有为法。

就"狭义"而言,龙树造、后秦鸠摩罗什译《大智度论》卷六《初品·十喻释论》:"无明因缘诸行生,乃至众苦阴集。"①"苦"与"五阴"由"行支"生起,前《观苦品》中已破"苦阴"执,故于此品再破"行"执。

就"广义"而言,南朝刘宋求那跋陀罗译《杂阿含经》卷一〇"第二六二经":"一切诸行无常,一切法无我,涅槃寂灭。"②龙树造、后秦鸠摩罗什译《大智度论》卷二二《释初品·八念义》:"问曰:'何等是佛法印?'答曰:'佛法印有三种:一者,一切有为法念念生灭皆无常;二者,一切法无我;三者,寂灭涅槃。'"③可见,作为"三法印"之一的"诸行无常","诸行"即谓一切有为法。

本品观诸行"虚诳妄取相",义显"最上真实相",故有译本品名作《观真实性品》。佛护《释》:"诸行不真实,次问何为真实,乃举颂答,故此品名《真实》也。"④

乙一、标义 三
丙一、诸行虚妄

---

① 《大正藏》第25卷,第102页上。
② 《大正藏》第2卷,第66页中。
③ 《大正藏》第25卷,第222页上。
④ 《藏要》第一辑《中论》卷二《观行品》,钱培名校注。

【原文】

　　如佛经所说:"虚诳妄取相。"诸行妄取故,是名为虚诳。

【述义】

　　"佛经",指《阿含经》。清辨《释》:"《阿含》皆明诸行是虚妄法。"①

　　"虚诳"者,虚伪欺诳也。"妄取"者,妄见执取也。

　　"第一偈"指出:正如佛经中所说的,"诸行虚伪不实的,属于妄见执取的幻相"。由于诸行是"妄取"的幻相,所以才称之为"虚诳"。

　　"诸行"是具有欺骗性的,世人都被其所呈现的幻相误导,而认为一切有为法具有真实体性。龙树造、后秦鸠摩罗什译《大智度论》卷六《初品·十喻释论》:"一切诸行如幻,欺诳小儿。"②

　　又本品破"诸行"之虚妄,欲显"涅槃"之真实。故青目《释》:"虚诳者,即是妄取相。第一实者,所谓涅槃非妄取相。"③清辨《释》:"彼虚妄劫夺法者,谓一切有为法;最上实者,谓涅槃真法。"④

　　丙二、以示空义

【原文】

　　虚诳妄取者,是中何所取? 佛说如是事,欲以示空义。

【述义】

　　"第二偈"指出:之所以强调"诸行"是虚诳妄取的,这其中又是为了要说明什么问题呢? 佛说的这些事项,就是想以其来显示"空"的法义。

────────

① 《大正藏》第30卷,第90页中。
② 《大正藏》第25卷,第102页上。
③ 《大正藏》第30卷,第17页上—中。
④ 《大正藏》第30卷,第90页上。

南朝刘宋求那跋陀罗译《杂阿含经》卷一一"第二七三经"："比丘。诸行如幻如炎,刹那时顷尽朽,不实来实去。是故。比丘。于空诸行当知、当喜、当念:'空诸行常、恒、住、不变易法空,无我、我所。'"①

自此往后,"行"义由"狭"转"广",只论"诸法"空义,而不见"诸行"也。

丙三、无性法空

【原文】

诸法有异故,知皆是无性;无性法亦无,一切法空故。

【述义】

"异",指变异。"无性",指无自性。

"第三偈"指出:一切有为诸法各自都会发生"变异",由此可知它们全都是"无自性"的;无自性的法也是根本不存在的,所以一切法都是空的。

为什么会发生变异,就是没有自性呢?如果事物有自性,这个自性就是决定性的,一旦自性发生改变,那该事物就变质了,也就不是之前的事物了。由于世间没有永恒不变的事物,任何事物都在发生变化,这种无间断的变异现象,正好说明事物中间没有一个稳定不变的体性存在。事物没有各自的体性,就是"无自性"。

但说到此处,有人又会执著有一个"无自性"存在。佛说"无自性"是为了破除"有自性"的妄见,而不是说真有一个"无自性"存在。"无自性"就是没有自性,对于一个根本不存在的事物,又如何

---

① 《大正藏》第2卷,第72页下。

非要执著有个"无性法"存在呢？一旦有"无性法"存在，那还是"有自性"，而不能说是"无自性"。在破除了"有自性"的妄见，进而又破除了"无性法"的执著后，可以说一切有为诸法的"空"义就彻底显现出来了。

可见，由于一切有为诸法都是众缘和合产生的，故没有自性；而没有自性所呈现出来的，就是空性。龙树造、后秦鸠摩罗什译《大智度论》卷三七《释习相应品》："若从因缘和合生，是法无自性；若无自性，即是空。"①

乙二、破执 二
丙一、宾诘

【原文】

诸法若无性，云何说婴儿，乃至于老年，而有种种异？

【述义】

"第四偈"指出：有人就此提出质疑，一切有为诸法如果都是"无自性"的，为何说一个人从婴儿到了老年，这期间还有各种的变化差异呢？

也就是说，质疑人认为，如果真是一切法都无自性，那连"变异"也不应该存在。因为"变异"也是诸法中的一种，也应该是无自性的。可现实却不是这样，以人而言，就会出现从小孩到壮年，再从壮年到老年的各种差异。既然"变异"是存在的，那说明还是"有自性"的。

---

① 《大正藏》第25卷，第331页中。

丙二、主答 二

【述义】

以下论主就对"变异"实有之执,进行破除。

丁一、依性破异 二
戊一、有性无异

【原文】

若诸法有性,云何而得异?

【述义】

"第五偈"前半指出:如果一切有为诸法有自性的话,那如何能发生变异?

也就是说,如果诸法有自性,那这个自性就是恒常不变的,也就不可能有变异产生。

戊二、无性无异

【原文】

若诸法无性,云何而有异?

【述义】

"第五偈"后半指出:如果一切有为诸法没有自性的话,那又如何能发生变异?

也就是说,如果诸法没有自性,没有自性就是不存在,对于不存在的事物,就更不可能有变异产生。

丁二、依法破异 二
戊一、举异法破

【原文】

　　是法则无异,异法亦无异;如壮不作老,老亦不作壮。

【述义】

　　"第六偈"指出:如果一切有为诸法有自性的话,那这个法不会发生变异,另一个法也不会发生变异。就如同人在壮年的时候,不可能变成老年;人在老年的时候,也不可能再变成壮年。

　　也就是说,如果诸法都有自性,各自体性都是稳定的,不可能由一个法变化成另一个法。就如同所举之人由壮年变成老年一样,壮年有壮年的自性,人处在壮年的时刻是没有老的自性,是无法变异成老年的;老年有老年的自性,人处在老年的时刻是没有壮的自性,是无法变异成壮年的。可见,如果一切有为诸法有自性的话,是不可能从一个法变成另一个法的,也就不可能有"变异"产生。

　　按:此偈末句"老亦不作壮",《般若灯论》作"老亦不作少",《大乘中观释论》,青目、月称、佛护《释》,吉藏《中观论疏》等作"老亦不作老"。今为表义简明,正文从罗什译本;异译义略委曲,见下偈述后说明。

戊二、举一法破

【原文】

若是法即异，乳应即是酪；离乳有何法，而能作于酪？

【述义】

既然不同法之间不能发生变异，那是否在某一个法内就能产生变异呢？

"第七偈"指出：如果认为在某一个法内就能发生变异，那乳就应该是酪；可离开了乳又有什么办法能去制作出酪呢？

也就是说，如果认为事物自体之内就能发生变异，那牛乳就是奶酪，因为没有异化出其他事物来。但牛乳是牛乳，并不是奶酪；奶酪是奶酪，并不是牛乳。除去牛乳本身的自性，根本找不出任何奶酪的自性。牛乳和奶酪是两个不同的事物，牛乳变成奶酪的过程，其实还是依赖其他条件，从一个法变成了另一个法。所以，认为能在一法内变异，肯定是不正确的。可见，如果一切有为诸法有自性的话，在自体中是不可能有"变异"产生的。

需要说明的是，若"第六偈"末句从"老亦不作老"，那"第六、第七"二偈分别各自阐述"一法无异""异法无异"义，无非举喻不同，当科为"举老壮破""举乳酪破"。"是法则无异""老亦不作老"及"若是法即异，乳应即是酪"，明一法无有变异；"异法亦无异""如壮不作老"及"离乳有何法，而能作于酪"，明异法无有变异。"一法"无变异者，乃因是法若有自性，必自恒定无变。故"老"已为老，不会再变为老；"乳"即是乳，不会自变为酪。"异法"无变异者，乃因异法各有自性，亦各恒定无变。故"壮""老"性异，壮不会变为老；"乳""酪"性异，乳不会变为酪。离乳无有别法为酪，即明异法不得互变也。

乙三、作结 二

【述义】

诸行虚妄,诸法无性,空义已显。然有人又谓有"空法"可得,故再破"空执"。

丙一、破空法执

【原文】

若有不空法,则应有空法;实无不空法,何得有空法?

【述义】

"第八偈"指出:如果有"不空法"存在,就应该有"空法"存在;其实并没有"不空法"存在,又如何有"空法"可得呢?

也就是说,如果真有"空法"存在,那"空"是相对于"不空"说的,有"不空法"才能有"空法"。可一切有为诸法都是无自性的,没有任何一法是真实存在的,根本就不存在不是空性的法。既然没有"不空法",也就没有"空法"了。

丙二、斥执空人

【原文】

大圣说空法,为离诸见故;若复见有空,诸佛所不化。

【述义】

"第九偈"指出:佛陀之所以讲说"空法",目的就是为了让凡夫远离各种妄见；如果有人又执著于"空见"之中，那是一切诸佛所不能教化的了。青目《释》："大圣为破六十二诸见，及无明、爱等诸烦恼故说空。若人于空复生见者，是人不可化。"①

所谓"空见"，就是认为有一个"空法"存在的妄见。为什么执著"空见"，连诸佛都没办法教化了呢？《大宝积经》卷一一二《普明菩萨会》："'如是。迦叶。宁起我见积若须弥，非以空见起增上慢。所以者何？一切诸见以空得脱，若起空见则不可除。迦叶。譬如医师授药令病扰动，是药在内而不出者，于意云何？如是病人宁得差不？''不也。世尊。是药不出，其病转增。''如是。迦叶。一切诸见唯空能灭，若起空见则不可除。'"②也就是说，一切"妄见"都可以用"空"来破除，但如果执著于"空见"，就没办法来破除了。

---

① 《大正藏》第 30 卷，第 18 页下。
② 《大正藏》第 11 卷，第 634 页上。

观　合　品

科　　目

甲十四、观合品 二

【述义】

《观合品》是《中论》的第十四品，共有八偈。所谓"合"，是就两个或多个事物相合而言。虽然在《观行品》中已经明确，一切有为法都是空无自性的，但佛教又说一切有为诸法都是众缘和合产生的，那这个"合"总应该是存在的。由于前一品"行"义有狭广之分，故此品之"合"义亦有狭广之分。狭义者，指十二支中"无明""行"外，"识"等余支相互和合缘起。广义者，指一切有为法之相互和合。故于《观行品》后，再破"合"执。

乙一、分破 三
丙一、有异无合 二
丁一、分释 二
戊一、举眼入

【原文】

见可见见者，是三各异方；如是三法异，终无有合时。

【述义】

"第一偈"指出：能见之眼根、可见之色境、见者之心识，这三者都不在同一个地方；像这样三种不同的法，始终不可能有相合的时候。

此就"根""境""识"而言，一般言"眼根"见"色境"而生"眼识"，看似三者相合共生。但若仔细省察，"眼根"与"色境"并未接触，而有形之"根""境"也并未与无形之"识"相互接触。如此三法各自所在又相异，是根本无法真正相合的。

戊二、举烦恼

【原文】

染与于可染，染者亦复然。

【述义】

"第二偈"前半指出：能染之欲、可染之事、染欲之人也是一样，三者始终不可能有相合的时候。

以上举"见"，乃从《观六情品》义；举"染"，乃从《观染染者品》义。

丁二、作结

【原文】

余入余烦恼，皆亦复如是。

【述义】

"第二偈"后半指出：除"眼"之外，其余的"耳""鼻""舌""身""意"等入；除"染欲"之外的其余烦恼，也是像这样，始终不可能有相合的时候。

可见，有异之法是不能相合的。

丙二、无异无合　二

丁一、异相不成 二
戊一、见无异相

【原文】

异法当有合,见等无有异,异相不成故,见等云何合?

【述义】

"见等"者,指见、可见、见者。

"第三偈"指出:不同的法才应当有相合,而像见等法根本没有差异,由于异相不能够成立,所以见等法又怎么能相合呢?

戊二、法无异相

【原文】

非但见等法,异相不可得;所有一切法,皆亦无异相。

【述义】

"第四偈"指出:并非只有见等法是异相不可得的;所有一切有为诸法,也全都是没有异相可得的。

可见,无异之法是不能相合的。

丁二、明无异相 二

【述义】

世人皆以诸法"有异"方能相合,前文已破;诸法"无异"不能相合,世法自明。然世人执著不解者,乃诸法千差万别,为何"无异"?

故下再明法无异相之理。

戊一、因异无异

【原文】

异因异有异，异离异无异；若法从因出，是法不异因。

【述义】

"第五偈"指出：因为其他异物作为参照，才有了差异之相，脱离了其他异物作为参照就没有差异之相；如果诸法是因于他物而产生的，那这些法是不能够相异于所因之物而独立存在的。

也就是说，什么是"差异"？就是此物不同于彼物。那要建立彼此的差异之相，必须有两个不同事物相互参照。如果此物是由于与彼物的不同，而产生差异之相，那在没有彼物的情况下，光有此物是不可能产生差异之相的。由于一切有为诸法都是依赖因缘产生的，没有一种法是能够脱离所因之众缘而独立存在的。既然没有独立存在的法，也就不可能有真正的差异存在。

戊二、离异无异

【原文】

若离从异异，应余异有异；离从异无异，是故无有异。

【述义】

"余异"者，指其他构成差异的因素。

"第六偈"指出：如果脱离所依从参照的异物而有差异存在的

话,那应该还有其余能够构成差异的因素而使得有差异存在;可脱离了所依从参照的异物之外,就没有任何能够构成差异的因素了,所以没有真正独立的差异存在。

也就是说,"差异"肯定是由不同事物比较得来的,脱离了参照物就不可能有差异存在;如果说脱离了参照物还能有差异存在的话,必定还有其他能够构成差异的因素存在。可脱离了参照物,没有其他能够构成差异的因素存在,所以不可能有独立的差异存在。

丙三、根本无异

【原文】

异中无异相,不异中亦无;无有异相故,则无此彼异。

【述义】

"第七偈"指出:在"异法"中是没有异相可得的,在"非异法"中也是没有异相可得的;由于根本没有异相可得,也就没有彼此的差异存在了。

此即回应前说。之所以"有异无合",是因为在不同的异法中,没有真正的差异存在,所以不可能有合。之所以"无异无合",是因为在无差异的法中,更是没有差异存在,所以不可能有合。由于诸法均无自性,也就无法构成彼此之间真正的差异。既然根本没有独立的差异性存在,那事物彼此之间也就不存在真正的差异了。

乙二、结破 二
丙一、法本无合

【原文】

是法不自合，异法亦不合；

【述义】

"第八偈"前半指出：对于同一个法是不能自体相合的，对于不同的法也是不能够相合的。

也就是说，既然是独立的法，就无所谓相合；而不相同的法，各自相互独立，也是无法相合的。

丙二、合本无法

【原文】

合者及合时，合法亦皆无。

【述义】

"第八偈"后半指出：相合的事物以及相合的时间，诸如此类的相合之法也都是没有的。

也就是说，既然诸法无合，也就无有合法。没有相合之法，也就没有相合之事物与时间。

按：此句《般若灯论》作"合时及已合，合者亦皆无"，《大乘中观释论》作"合法及合时，合者悉皆无"，将"合法"作"已合"解，与"合时""合者"同举，此又一说也。

观 有 无 品

科 目

甲十五、观有无品 三

【述义】

《观有无品》是《中论》的第十五品，共有十一偈。所谓"有无"，并非泛指存在与不存在，而是就"性"来说"有无"。也就是说，"有"指有自性，"无"指无自性，故《大乘中观释论》命名此品为《观性品》。

诸法无自性，乃因众缘和合而生，前《观合品》中已破"合"执。众缘虽无"合"，然世间仍有万物，当知仍有众缘生起之作用。此作用应在众缘，故诸法之性亦在众缘，由此试图证明还是有"自性"存在。针对此执，本品观一切有为诸法自性之有无，进而双破之。

乙一、明性本无 三
丙一、无自性 二
丁一、性非缘生

【原文】

众缘中有性，是事则不然；性从众缘出，即名为作法。

【述义】

"作法"，指被造作出来的法。

"第一偈"指出：一切众缘之中如果有"自性"存在，这种事肯定是不正确的；"自性"如果能从众缘中产生，那就应该属于造作法。

按照佛教定义，"自性"是一种恒常不变的体性。如果"自性"是众缘和合产生的，那"自性"就属于被造作出来的；有产生就非永恒,这就与"自性"的定义相违背了。

丁二、性本无作

【原文】

性若是作者,云何有此义? 性名为无作,不待异法成。

【述义】

"第二偈"指出:"自性"如果是被造作产生的,怎么会有如此的认识呢?"自性"属于没有造作的法,是不需要相待于其他法而成立的。

按照佛教定义,"自性"是永恒存在的。作为一种永恒存在的法,是不需要依赖其他因素,而被重新造作出来的。

丙二、无他性

【原文】

法若无自性,云何有他性? 自性于他性,亦名为他性。

【述义】

"第三偈"指出:一切有为诸法如果没有"自性",又怎么能有"他性"呢?"自性"相对于"他性",也应该被叫作"他性"。

也就是说,"自""他"本来就是相对而言,"他"相对于"自"是"他","自"相对于"他"还是"他",所以没有真正孤立的"自性""他性"存在。既然一切有为诸法没有"自性",也就等同于没有"他性"。

丙三、无自他性

【原文】

　　离自性他性，何得更有法？若有自他性，诸法则得成。

【述义】

　　"第四偈"指出：脱离了"自性"与"他性"，又如何还能更有法存在呢？如果存在"自性"与"他性"，一切有为诸法才能够得以成立。

　　也就是说，世人执著一切事物都是真实存在的，但如果没有了"自性"和"他性"，哪里还能有事物得以存在呢？因为只有存在"自性"和"他性"，才能说该事物是真实存在的。既然诸法"无性"，诸法也就没有真实存在。

乙二、双破有无　三
丙一、离有无无

【原文】

　　有若不成者，无云何可成？因有有法故，有坏名为无。

【述义】

　　"第五偈"指出："有"如果不能成立，"无"又如何可以成立呢？因为是有了"有"法的缘故，"有"法坏灭掉了才称之为"无"。

　　也就是说，"有""无"也是相对而言。"有"没有了，就是"无"。如果根本就没有"有"，又到哪里去成立"无"呢？

丙二、凡执有无

【原文】

　　若人见有无,见自性他性,如是则不见,佛法真实义。

【述义】

　　"第六偈"指出:如果世人只见到"有"和"无",只见到"自性"和"他性",像这样是不能够见到佛法中所讲的真实义的。

丙三、圣灭有无

【原文】

　　佛能灭有无,如化迦旃延,经中之所说,离有亦离无。

【述义】

　　"第七偈"指出:佛陀能够灭出"有""无"的妄见,如同教化迦旃延时那样,经中所讲说的,是既要脱离"有",也要脱离"无"。

　　按:南朝刘宋求那跋陀罗译《杂阿含经》卷一二"第三〇一经":"如是我闻,一时佛住那梨聚落深林中待宾舍。尔时,尊者蹰陀迦旃延诣佛所,稽首佛足,退住一面,白佛言:'世尊。如世尊说正见。云何正见?云何世尊施设正见?'佛告蹰陀迦旃延:'世间有二种依:若有、若无。为取所触,取所触故,或依有、或依无;若无此取者,心境系著使不取、不住,不计我苦生而生、苦灭而灭,于彼不疑不惑,不由于他而自知,是名正见,是名如来所施设正见。所以者何? 世间集如实正知见,若世间无者不有;世间灭如实正知见,若世间有者无有,是名离于二边说于中道。所谓此有故彼有,此起故彼起;谓缘无明、行,乃至纯大苦聚集;无明灭故行灭,乃至纯大苦聚灭。'佛说此经已。尊者蹾陀迦旃延闻佛所说,不起诸漏,心得解脱,成阿罗汉。"①

乙三、别破有性 二
丙一、从变异破 二

【述义】

此即重申《观行品》中义。

丁一、性非变异

【原文】

若法实有性,后则不应异;性若有异相,是事终不然。

【述义】

"第八偈"指出:如果法确实有"自性",那后来就不应该发生变异;"自性"如果出现变异相,这种事终究是不正确的。

按照佛教定义,"自性"是恒定的,是不会发生任何变异的。如果一切有为诸法有"自性"的话,那就不会发生任何变异。但世间没有不发生变异的事物,可见一切有为诸法还是没有"自性"的。

---

① 《大正藏》第 2 卷,第 85 页下—86 页上。

丁二、性本无异

【原文】

若法实有性,云何而可异? 若法实无性,云何而可异?

【述义】

"第九偈"指出:如果法确实有"自性"存在,又怎么可能发生变异呢? 如果法确实没有"自性"存在,又怎么可能发生变异呢?

也就是说,既然"有自性"不能发生变异,那"无自性"更不可能发生变异。因为"无自性"就是根本不存在,对于一个根本不存在的事物,又如何来谈变异呢?

丙二、从断常破　二

丁一、标断常执

【原文】

定有则著常,定无则著断,是故有智者,不应著有无。

【述义】

"第十偈"指出:决定"有"就是执著于"常见",决定"无"就是执著于"断见",所以具有智慧的人,不应该执著于"有"与"无"。

此处即对"断""常"二边见,作出了界定。认为诸法有自性存在,就是"常见";认为诸法没有自性存在,就是"断见"。"常见"之所以不正确,就是因为世间事物都会产生和灭亡,不可能永恒存在;"断见"之所以不正确,就是因为世间永远存在着各种事物,不可能虚无真空。

丁二、明断常过

【原文】

　　若法有定性，非无则是常；先有而今无，是则为断灭。

【述义】

　　"第十一偈"指出：如果一切有为诸法有决定"自性"存在而不是没有，那这种认识就是"常见"；如果先前有"自性"而现今又没有了，那这种认识就是"断灭见"。

　　此处"先有而今无"是就"有定性"而言。"有"决定自性，那就是永恒，即"常见"。而世人看到事物灭亡，以为就是将"有"否定掉，从"有"到"无"的结果。那与"永恒存在"相反的就是"永恒不存在"，这种"无"就是"断灭见"。世人不解佛教所讲"缘起法"是既非常，又非断的。一切有为诸法缘起则有生，缘散则有灭，都是生灭相续的。有生有灭故非常，生灭相续故非断。

观缚解品

科 目

戊一、明无缠缚
戊二、明无解脱
戊三、执解即缚
乙二、作结

甲十六、观缚解品 二

【述义】

《观缚解品》是《中论》的第十六品,共有十偈。所谓"缚解",指缠缚与解脱。缠缚,即生死烦恼;解脱,即寂灭涅槃。前已尽破自性之有无,然有人仍谓:佛陀教人了生死缠缚,得涅槃解脱,此生死涅槃、缠缚解脱当有自性;若无自性,何入生死轮回,何得涅槃解脱? 为去此执,故于《观有无品》后再破"缚解"。

乙一、分释 二
丙一、破生死涅槃 二
丁一、无生死往来 二
戊一、从诸行破

【原文】

诸行往来者,常不应往来,无常亦不应;

【述义】

"诸行"者,有为诸法也。"往来"者,生死轮转也。

"第一偈"前三句指出:一切有为诸法往来于轮转之中,如果诸法为恒常就不应有往来轮转,如果诸法为无常也不应有往来轮转。

也就是说,如果一切有为诸法是恒常的,也就是永恒存在,故不可能再有往来轮转等种种生灭变化。如果一切有为诸法是无常的,也就是不永恒存在,不永恒存在就是生灭法;本来就是生灭无常,故不可能有一个固定的体性去往来轮转。

戊二、从众生破 二
己一、本不往来

【原文】

众生亦复然。

【述义】

"亦复然",指同诸行一样。

"第一偈"末句指出:众生也是同诸行一样。套用还原其义,即为:众生往来者,常不应往来,无常亦不应。也就是说,如果众生为恒常就不应有往来轮转,如果众生为无常也不应有往来轮转。

己二、无有主体 二
庚一、无我

【原文】

若众生往来,阴界诸入中,五种求尽无,谁有往来者?

【述义】

"第二偈"指出:如果众生往来于生死轮转,在阴、界及各种入之中,从五种方面寻求众生都没有真实我体,又有谁去往来生死轮转呢?

"阴""界""入"本为佛法"三科",然依《中论》前《观六情品》《观五阴品》《观六种品》义,"阴"指五阴,"界"指六大,"入"指六根。

"五种求"，指《观燃可燃品》中"可燃即非燃；离可燃无燃，燃无有可燃；燃中无可燃，可燃中无燃"五句义。本偈"众生"实指于"我"，即世人执著生死轮转之主体。套用"五句"还原其义，即为：阴、界、入即非我；离阴、界、入无我，离我无阴、界、入；我中无阴、界、入，阴、界、入中无我。

庚二、无身

【原文】

　　若从身至身，往来即无身；若其无有身，则无有往来。

【述义】

　　"第三偈"指出：如果是从前一世身体至后一世身体，真要能往来轮转就是没有身体；如果众生没有身体，也就不会有往来轮转。

　　众生乃五阴假合之体，故无我。有人谓：往来轮转非我，乃是五阴假合之身。然细推之，无身可为往来轮转。前身灭，后身生，名轮转。并无有一身能从前至后，前身与后身非一身，中阴亦同。若有身尚不能往来轮转，无身更谈何往来轮转。

丁二、无寂灭涅槃 二
戊一、从诸行破

【原文】

　　诸行若灭者，是事终不然；

【述义】

"灭"者,寂灭也。乃相对往来流转而言,永灭"生灭"之义。于诸法为寂灭,于众生为涅槃。

"第四偈"前半指出:一切有为诸法如果能寂灭,这事终究是不可能的。

戊二、从众生破

【原文】

众生若灭者,是事亦不然。

【述义】

"第四偈"后半指出:众生如果能入涅槃,这事终究是不可能的。

也就是说,"诸行"与"众生"生灭流转尚不可能,又如何能寂灭涅槃呢?

丙二、破缠缚解脱 二
丁一、不缚不解 二
戊一、从诸行破

【原文】

诸行生灭相,不缚亦不解;

【述义】

"第五偈"前半指出:一切有为诸法乃是生灭之相,所以没有缠缚也没有解脱。

　　戊二、从众生破 二
　　己一、无我

【原文】

　　众生如先说，不缚亦不解。

【述义】

　　"如先说"，指同诸行一样。

　　"第五偈"后半指出：众生如先前之所说，也同诸行一样是生灭之相，所以没有缠缚也没有解脱。

　　也就是说，"诸行"与"众生"乃生灭灭生之相，无有恒常自性，故无从缠缚，亦无从解脱。

　　己二、无身

【原文】

　　若身名为缚，有身则不缚，无身亦不缚，于何而有缚？

【述义】

　　"第六偈"指出：如果将五阴身称为缠缚，有身则不能缠缚，无身也不能缠缚，又于什么有缠缚呢？

　　也就是说，如果以五阴身作为缠缚的话，那众生有五阴身不会缠缚，因为已经缠缚，不需要再缠缚；众生没有五阴身不会缠缚，因为根本无身，也就无从缠缚。

丁二、别破缚解 三
戊一、明无缠缚

【原文】

　　若可缚先缚，则应缚可缚，而先实无缚；余如去来答。

【述义】

　　"第七偈"指出：如果可以缠缚先前已经存在的可被缠缚者，才应该能缠缚可以被缠缚者，而先前确实并没有一个可被缠缚者存在；其余的法义如同《观去来品》中所说。

　　也就是说，要想完成"缠缚"，必须有"被缠缚者"以及"可缠缚者"。按照世人思维，"被缠缚者"当先存在，然后再由"可缠缚者"去缠缚。但没有"可缠缚者"去缠缚，之前的存在又怎么能称为"被缠缚者"呢？所以，在脱离了"可缠缚者"，就不可能有"被缠缚者"存在，二者乃相待关系，故没有真实的缠缚存在。

　　"余如去来答"，即指《观去来品》中"已去无有去，未去亦无去；离已去未去，去时亦无去"义。套用还原其义，即为：已缚无有缚，未缚亦无缚；离已缚未缚，缚时亦无缚。

戊二、明无解脱

【原文】

　　缚者无有解，无缚亦无解；缚时有解者，缚解则一时。

【述义】

　　"第八偈"指出：已经被缠缚者是没有解脱的，没有被缠缚者也是没有解脱的；正在被缠缚者如果有解脱的话，那缠缚和解脱就一时并存了。

　　也就是说,已经被缠缚者,肯定是不解脱的;没有被缠缚者,也无从来谈解脱。如果说正在被缠缚者有解脱,那"缠缚"和"解脱"就要出现在同一时刻;可"缠缚"与"解脱"是完全相悖的一对概念,不可能并存,故也是不可能的。

戊三、执解即缚

【原文】

　　若不受诸法,我当得涅槃;若人如是者,还为受所缚。

【述义】

　　"受"谓执取。

　　"第九偈"指出:如果不执受一切有为诸法,我就应当得以证入涅槃;如果有人像这样认为的话,还是被执受所缠缚。

　　为何若作此想,还不得解脱? 此即以"有我生死"而望"涅槃解脱",执"生死"与"涅槃"为二法,虽谓不受生死而求涅槃,然亦为二边见所缚,故终不得解脱。

乙二、作结

【原文】

　　不离于生死,而别有涅槃,实相义如是,云何有分别?

【述义】

　　"第十偈"指出:不是脱离于生死而别有涅槃存在,实相深义就是这样，又怎能妄有分别呢？

　　世人皆谓了生死而证涅槃，离生死此岸，达涅槃彼岸。孰不知此皆二边分别，而非实相第一义。"生死"与"涅槃"本为接引众生，佛陀假设安立之说，并非于生死之外，别有涅槃之境；亦非于涅槃境下，别有生死轮回。

　　后秦鸠摩罗什译《思益梵天所问经》卷一《分别品》："佛告梵天：'我不得生死，不得涅槃。如来虽说生死，实无有人往来生死；虽说涅槃，实无有人得灭度者。'"①卷三《论寂品》："文殊师利言：'如是。诸佛世尊不得生死，不得涅槃。佛诸弟子得解脱者，亦不得生死，不得涅槃。所以者何？是涅槃，是生死，但假名字有言说耳，实无生死往来、灭尽得涅槃。'"②

---

① 《大正藏》第 15 卷，第 36 页下。
② 《大正藏》第 15 卷，第 50 页上。

观 业 品

科　　目

甲十七、观业品 二

【述义】

《观业品》是《中论》的第十七品,共有三十三偈。所谓"业",指人生死轮转之根本驱动力。关于"业"的问题,虽然在《观作作者品》中从"造作"的角度进行了讨论,但并没有就本体进行直接的辨析。有人谓:前面虽然已经破除了对世间各种法的执著,但人在没有解脱之前,还是会承受各种果报。南朝刘宋求那跋陀罗译《杂阿含经》卷四六"第一二二七经":"尔时,世尊复说偈言:一切众生类,有命终归死,各随业所趣,善恶果自受。恶业堕地狱,为善上升天,修习胜妙道,漏尽般涅槃。"①既然佛陀都如此教诲,可见"业"应该还是有的。针对此执,本品就从"业"及感招"果报"、"起业者"等方面进行破除,指出"业"只是一种虚幻的现相,并非为有体性的真实存在。

乙一、破邪 二
丙一、破业果报 二
丁一、总标

【原文】

人能降伏心,利益于众生,是名为慈善,二世果报种。

---

① 《大正藏》第 2 卷,第 335 页下。

【述义】

"第一偈"指出：世人能够降伏自己的妄心，从而去普遍利益广大众生，这类行为就叫作慈心善业，是现在、未来二世果报种子。

本偈是从"善业"的角度，先总标"业"及"果报"的概念。"善业"的作用有两方面，一个是降伏恶业，一个是利益众生，前两小句分别讲的就是这个内容。由于"过去世"已经过去不能改变，所以"二世"指"现在世"与"未来世"。而因第三小句明确为"慈善"，所以"果报种"是指由"善业"感招的"善果报种子"。

此"业果"说为小乘共识，亦为大乘俗谛所认可，然非胜义之见。

丁二、分释 三

戊一、破业种说 二

己一、标邪 二

庚一、引说二业

【原文】

大圣说二业，思与从思生，是业别相中，种种分别说。

【述义】

"第二偈"指出：大圣佛陀讲说有两种业，即"思业"与"从思所生业"，而要讨论这两种业的各种差别相状，在佛教经论中还有各种分别讲说。

东晋瞿昙僧伽提婆译《中阿含经》卷二七《达梵行经》："云何知业？谓有二业：思已、思业。"①也就是说，佛陀将业分成两种，即

---

① 《大正藏》第1卷，第600页上。

"思业"与"思已业"。偈中第二小句,"思"指思业,"从思生"指思已业。而"业别相",即指下文"三种""七种"业相。

　　庚二、分别业相　二
　　辛一、三种业相

【原文】

　　佛所说思者,所谓意业是;所从思生者,即是身口业。

【述义】

　　"第三偈"指出:佛所说的"思业",就是指心内所造作之意业;佛所说的"思已业",就是指由思业所引发心外所造作之身业、口业。

　　世亲造、唐玄奘译《阿毗达磨俱舍论》卷一三《分别业品》:"颂曰:世别由业生,思及思所作,思即是意业,所作谓身、语。""论曰:此所由业其体是何?谓心所思及思所作。故契经说:'有二种业:一者思业,二思已业。'思已业者,谓思所作。如是二业,分别为三,谓即有情身、语、意业。"①

　　辛二、七种业相

【原文】

　　身业及口业,作与无作业,如是四事中,亦善亦不善。

　　从用生福德,罪生亦如是,及思为七法,能了诸业相。

───────────

① 《大正藏》第 29 卷,第 67 页中。

【述义】

"第四偈"指出：身业以及口业，作业与无作业，像这四种事业当中，都可以分成善业或不善业。

"第五偈"指出：从善业中产生福德，从不善业中产生罪障，再加上"思业"总共合为"七法"，就能够了解各种业的差别之相。

所谓"七法"，指七种业相，即：身业、口业、作业、无作业、善业、不善业、思业。当然，"思业"就是"意业"。而"作业""无作业"指的就是"表业""无表业"。世亲造、唐玄奘译《阿毗达磨俱舍论》卷一三《分别业品》："身、语二业自性云何？颂曰：此身、语二业，俱表无表性。"①

"表"，指表现。所谓"表业"，指能够表现出来的业；所谓"无表业"，指不能够表现出来的业。所谓能够被表现出来的业，就是能够为人所觉察的业。比如人身体的行动，口中的言语，可以被人看见和听到。而人在行动或言语之前，会于内在有一种要付诸行动或言语的造作，但这种造作是没有被表现出来的。从外人看来，一个人的"表业"就是已经付诸行动，"无表业"就是还未付诸行动，故旧时将"表业"翻译为"作业"，"无表业"翻译为"无作业"。

本偈是依小乘之说，认为"身业""口业"依色法而住，故有"表业"与"无表业"；而"意业"非依色法，故无"表"与"无表"之区别。而大乘则认为"身""口""意"三业皆以"心"为体，故皆有"表业"与"无表业"。

己二、破执

【原文】

业住至受报，是业即为常；若灭即无业，云何生果报？

---

① 《大正藏》第29卷，第67页中。

【述义】

　　"第六偈"指出：如果"业"可以保持住乃至最终得以承受果报，那这个"业"就是恒常不变的；如果"业"是生灭无常，那就等于没有固定"业"存在，又如何还能产生果报呢？

　　也就是说，一个人造业受报，必须先有一个"业"存在，然后始终保持不变化，直到最终感招果报。如果"业"真能保持不变的话，那它就成为"恒常"的了，可佛说一切有为诸法是"无常"的。如果"业"是无常的，那它就是生灭之法，不可能有一个保持不变的"业"存在，也就不能感招相应的果报了。

　　戊二、破业相续说 二
　　己一、标邪 三
　　庚一、举喻

【原文】

　　如芽等相续，皆从种子生，从是而生果，离种无相续。

　　从种有相续，从相续有果，先种后有果，不断亦不常。

【述义】

　　"第七偈"指出：如同植物从苗芽等逐渐生长的相续过程一样，这些全都是从种子开始生长的，从种子进而生长最终结果，离开了种子就没有这样相续生长的过程。

　　"第八偈"指出：从种子才有了相续生长，从相续生长才有了最终结果，先有种子后有果实，这个过程是不间断也不恒常的。

　　由于"第六偈"指出：如果认为有"业"存在，就不可避免的堕入"断""常"两种过失。为了避免过失的出现，有人又提出了"相续"的观点,认为"业"犹如植物生长一般,从种子到苗芽再到结果,虽然各个阶段的表现都不同,但这个生长过程又是连续不断的,试图避免"断""常"两种过失。

庚二、明本

【原文】

　　如是从初心,心法相续生,从是而有果,离心无相续。

　　从心有相续,从相续有果,先业后有果,不断亦不常。

【述义】

　　"第九偈"指出:像这样从最初发心,心法相续不断产生,从中而有最终果报,离开心就没有相续。

　　"第十偈"指出:从心而有相续产生,从相续而有果报产生,先有业而后有果报,不间断也不恒常。

　　"业"是由人起心动念造作产生的,这是一个连续不断的过程,最终感招善恶果报。如果离开了最初之心,也就不可能有后来一系列相续过程。"初心"虽然是无常,但在它灭掉之时,又有新的"心法"相继产生,从而交替传递直至果报产生。由此可见,先有"业"后有"果报"的过程,并不是有一个"恒常"不变的主体在传递,也不是没有事物在传递,所以可以避免"断""常"两种过失。

庚三、结说

【原文】

　　能成福德者,是十白业道,二世五欲乐,即是白业报。

【述义】

　　"第十一偈"指出:能够成就福德的,就是十善业道,现在、未来二世的五欲快乐,就是善业感招的果报。

　　佛教把"善业"称为"白业",把"恶业"称为"黑业"。所谓"十白业道",就是指十善业道。后秦佛陀耶舍、竺佛念译《长阿含经》卷一○《三聚经》:"云何十法向善趣? 谓十善行:身不杀、盗、淫,口不两舌、恶骂、妄言、绮语,意不贪取、嫉妒、邪见。"①

　　所谓"五欲乐",指人五根所感之欲乐。东晋瞿昙僧伽提婆译《中阿含经》卷二五《苦阴经》第四:"有五欲功德,可爱、可念、欢喜、欲相应而使人乐。云何为五? 谓眼知色、耳知声、鼻知香、舌知味、身知触。"②

　　既然佛都说过十善业道可以感招现世及来世好的果报,可见"业"和"果报"是存在的。

　　　己二、破执

【原文】

　　若如汝分别,其过则甚多,是故汝所说,于义则不然。

【述义】

　　"第十二偈"指出:如果像你所分别解说的那样,其中的过失就太多了,因此你所说的道理,于法义上是不正确的。

① 《大正藏》第1卷,第60页上。
② 《大正藏》第1卷,第586页中。

　　这里并没有明确指出，上面"相续说"到底有哪些过失。但根据分析其所举的例子和想避免的过失来分析，主要的过失有两条：

　　其一，不符合实际。按照所举种子发芽结果的譬喻，这种相续是一种单线条的传递，犹如种瓜得瓜、种豆得豆，最初种子的性质决定了最后果实的性质，不可能出现种瓜得豆、种豆得瓜。依照此理，人最初发心无论善恶，所造作的业也不论黑白，这都是以人种为最初，所感招的果报也应该是人来承受。但世间人的生死轮转可不是这样，有可能来世就不做人，要么上升天界，要么堕入恶道。

　　其二，仍有断常过。按照所举种子发芽结果的譬喻，由种子到发芽，是种子灭掉以后才发芽呢？还是种子没灭时就发芽呢？如果是种子灭掉以后才发芽，那种子都已经没了，也就不能发芽。如果是种子还没灭掉，种子就是种子而不是芽，还是不能说有发芽。由初心造业感招果报也是一样，如果说是心法相续，是前心已灭后心产生呢？还是前心不灭后心产生呢？如果是前心已灭后心产生，前心都已经灭掉了，也就不能再产生后心。如果是前心不灭后心产生，前心还没有灭掉，也就不可能有后心产生。可见，先灭后生无法相续，仍堕"断见"；先不灭后生而相续，仍堕"常见"。

　　戊三、破业不失说 二
　　己一、标邪 四
　　庚一、自赞

【原文】

　　今当复更说，顺业果报义，诸佛、辟支佛、贤圣所称叹。

【述义】

"贤圣",指声闻。后秦佛陀耶舍、竺佛念译《长阿含经》卷二《游行经》:"向须陀洹,得须陀洹;向斯陀含,得斯陀含;向阿那含,得阿那含;向阿罗汉,得阿罗汉。四双八辈,是谓如来贤圣之众。"①

"第十三偈"指出:现在应当再次重新讲说随顺业以及果报的法义,这是诸位佛陀、辟支佛一切声闻所称扬赞叹的。

本品所破各种关于"业"之执见,均为佛教小乘各部派之观点,故其亦引佛说而为论据。"顺业果报义",《般若灯论》作"所共分别者"、《大乘中观释论》作"顺正理分别"。其自认为是随顺正理,而欲从新"分别"者,即下文之"不失"说。

庚二、举喻

【原文】

不失法如券,业如负财物,此性则无记,分别有四种。

【述义】

"第十四偈"指出:不失法如同债券一样,业如同债背负的财物,此不失法属性为无记,若细究当有四种分别。

这个譬喻是说,"业"像人们所欠下的债务。为什么借贷发生过后很久,债主还能前来讨债呢? 就是因为有凭据"债券"存在。由于有"债券"的存在,保证了债务可以不受时间影响而仍然存在。同样的道理,虽然"业"在过去被造作,为什么能够在未来感招果报呢? 就是因为有"不失法"存在,确保已经造作的"业",可以在未来

---

① 《大正藏》第1卷,第13页中。

仍然能感招果报。

　　一般判定"业"的属性,大都有三种差别,即:善、恶、无记。所谓"无记",指非善非恶。虽然"业"有三性,但此"不失法"是属于"无记性"的。又"分别有四种"者,世亲造、唐玄奘译《阿毗达磨俱舍论》卷四《分别根品》:"颂曰:善等唯善等,有系自界得,无系得通四","论曰:又善等法得唯善等,谓善、不善及无记法,如其次第有善、不善、无记三得。又有系法得唯自界,谓欲、色界、无色界法,如其次第唯有欲、色、无色三得。若无系法得通四种,谓无漏法。总而言之,得有四种,即三界得及无漏得"。① 故知"不失法"为"无记性",故通于四种,即:欲界、色界、无色界、无漏界。

庚三、明本 三
辛一、不失法有

【原文】

　　见谛所不断,但思惟所断,以是不失法,诸业有果报。

　　若见谛所断,而业至相似,则得破业等,如是之过咎。

【述义】

　　"第十五偈"指出:不失法是"见谛"所不能断除的,只能为"思惟道"所断除,正是由于有了这个"不失法",使得各种业还能感招各种果报。

　　"见谛",指见所断,即以观见四谛法而断除之惑。此"见道位"为由凡入圣之初阶,即声闻初果须陀洹所证。"思惟所断",指修所

---

① 《大正藏》第29卷,第22页下—23页上。

断，即以修行四谛法而断除之惑。此"修道位"为声闻二果斯陀含、三果阿那含所证。

"第十六偈"指出：如果"不失法"被"见谛"所断除了，而"业"还能在之后感招相似果报，这就破坏了"业"的作用，像这样就产生了过失错误。

如果"不失法"在"见道位"时就被断除，那"业"就不能在"修道位"时产生作用，这显然就破坏了"业"报理论。当然这也是不符合实际的，因为在经论中有很多声闻受报的记载，包括佛陀在证道之后也饱受病痛之苦。

本处讲的是"断"，"见断""修断"是对应前面讲的"三界"的；而"无漏界"无有三界烦恼，故无惑可断，属于"非断"，故于此不作讨论。

辛二、不失法生

【原文】

一切诸行业，相似不相似，一界初受身，尔时报独生。

如是二种业，现世受果报，或言受报已，而业犹故在。

【述义】

"第十七偈"指出：所有一切有诸行业，相似业与不相似业，于一界中最初受身，当时果报单独生起。

所谓"相似"，指同类之业，如同界之业、同性之业等。所谓"不相似"，指不同类之业，如异界之业、异性之业等。

"一界初受身，尔时报独生"，《般若灯论》作"现在未终时，一业一法起"、《大乘中观释论》作"诸界一法生，一业一法起"。以人为例,每造作一个"业"都会伴随产生一个"不失法",以保证这一个"业"在未来能感招果报。不论所造之业是否同类,这些千差万别的各种业,在人未来于某一界投生受身时,只有一个最为主要的"业"会产生作用,从而感招果报。这个起主导作用的"业",可以是单独的业,也可以是诸多业合成之新业。但无论是单独的,还是合成的,维系其感招果报的,只有一个"不失法"。而其他不相干业的"不失法",会伴随着人这期生命的结束而灭掉。

"第十八偈"指出:像这样二种业,现在世承受果报,或者说已经承受完果报,而业仍然会存在。

"二种业",指思业、思已业。为什么说受报完成后"业"还存在呢?这里的"业"其实指的还是"不失法"。正是由于有了"不失法",才使得在受完报以后,还会有"业"延续下去。

辛三、不失法灭

【原文】

　若度果已灭,若死已而灭,于是中分别,有漏及无漏。

【述义】

既然前面已经讲了"不失法"如何产生作用,而且在承受完果报以后还能够存在,那到底"不失法"在什么情况才能灭掉呢?

"第十九偈"指出:"不失法"要么是在圣人度果之后灭掉,要么是在凡人死亡之后灭掉,于这两种情况之中要作分别,应该区分"有漏"与"无漏"的差异。

所谓"度果",指声闻乘人,从初果到二果,二果到三果,三果到四果的度越过程。后一果声闻要灭掉前一果的"业",才能继续提升证道境界,直到断尽一切烦恼,证入"无漏"阿罗汉之"无学位"。所以,在逐渐"度果"的过程中,伴随业的"不失法"也就逐渐被灭掉。对于"人"之死亡,前面"第十七偈"已经提到,在轮回转生时,很多不导致未来受报业的"不失法"已经灭掉了。可见,只有在"圣人度果"与"凡人死亡"这两种情况下,"不失法"才会灭掉。

这里要注意分清两类"不失法",即:有漏的不失法、无漏的不失法。有漏的不失法就是"三界"系,无漏的不失法就是"无漏界"系。凡夫死亡所灭的是"有漏"不失法;圣人度果所灭的既有"有漏"不失法,还有"无漏"不失法,不然就不能最终趣入涅槃了。

庚四、结说

【原文】

**　虽空亦不断,虽有亦不常,业果报不失,是名佛所说。**

【述义】

"第二十偈"指出:虽然"业"空无自性,但因为有"不失法"存在,所以不会间断;虽然有"不失法",但"不失法"会灭掉,所以也不是恒常。避免了"断""常"的过失,"业"和"果报"又不会失坏,这就是佛陀所讲说的正理。

也就是说,为了论证"业"和"果报"还是存在,又避免"断""常"二种过失,便创造出"不失法"的概念。以"不失法"作为"业"感招"果报"的依托,进而又说明"不失法"也属生灭法,从而自认为很好地阐发了佛陀教义。当然,执此邪见人的根本错误,还是不愿意承认"业"没有真实体性存在。

己二、破执 二
庚一、标正

【原文】

诸业本不生，以无定性故；诸业亦不灭，以其不生故。

【述义】

"第二十一偈"指出：诸业本来就没有产生，因为它没有固定自性；诸业也是没有灭亡的，因为它本来没有产生。

"业"是缘起法，故无自性。由于"业"无有自性，所以没有实体性存在，也就不会有真实的"业"产生。因"业"无定性，故"非常"；因"业"不灭，故"非断"。这才是"业"非断非常的道理，而并不像前面邪执所谓有一个什么"不失法"存在。而真正使"业"不失坏的，也正是由于"业"本无自性。否则，"业"若有自性，正如"第六偈"所述，又会堕入到"断""常"两种过失当中。

庚二、分破 二
辛一、破有自性 四
壬一、明恒常过

【原文】

若业有性者，是则名为常，不作亦名业，常则不可作。

【述义】

"第二十二偈"指出：如果"业"有自性，这就称为"常"，那不造作也能称为"业"，"常"就不可以造作。

"业"是造作产生的，这是佛教各派的基本共识，也是对"业"的定义。如果"业"有自性的话,那对"自性"的定义就是恒常的,而"恒常"就是没有生灭的永恒存在。永恒存在就没有造作,因为有造作就有开始,也就有生,有生就有灭。可见,如果以"业"有自性为前提,经过推理得出的结论是"业"非造作,这就与"业"本身之定义前后矛盾了。可见,认为"业"有自性肯定是不正确的。

壬二、明不作过

【原文】

　　若有不作业,不作而有罪,不断于梵行,而有不净过。

【述义】

　　"第二十三偈"指出:如果有不造作就存在的"业",那不造作任何行为就会有"罪恶"产生,不间断修习清净梵行,也会有不清净的过失产生。

　　前一偈强调"业"必须造作才能产生,"业"如果有自性,就会导致"无作"的过失。有人就诘难:为何"业"非要有造作才能产生,怎么就不能有不造作的业呢?如果在没有任何造作的情况下就能产生"业",那也就没有善恶之分了。因为不作恶也可能承受罪报,行善法也不一定得善报,甚至不修行也可以证涅槃。

壬三、明违世过

【原文】

　　是则破一切,世间语言法,作罪及作福,亦无有差别。

【述义】

"第二十四偈"指出：如此就破坏了一切世间语言之法，作罪恶以及作福善也就没有任何差别了。

"世间语言法"，是指世人形成的普遍认知，不仅限于佛教。比如关于"善恶观"，佛教讲"诸恶莫作，众善奉行"，而俗世亦宣扬"勿以恶小而为之，勿以善小而不为"。可见，一旦"业"有自性，无需造作就能产生，那就违背了世间常理，使弃恶扬善变得没有意义，这肯定是不符合实际情况的。

壬四、明无穷过

【原文】

若言业决定，而自有性者，受于果报已，而应更复受。

【述义】

"第二十五偈"指出：如果说"业"是决定存在，而自有真实体性的话，那在感招承受果报以后，应该还继续再重复承受果报。

如果"业"有自性的话，那就是永恒存在，即便在受报以后，"业"还是存在的。这种永不灭失的"业"，应该无休止地感招果报，这就出现"无穷"的过失。这种"无穷"之所以为"过失"，就是因为一旦真的如此，那人就会不停地承受果报，而永远不可能获得解脱。

辛二、因果不实 二
壬一、从因破

【原文】

　　若诸世间业,从于烦恼生,是烦恼非实,业当何有实?

【述义】

　　"第二十六偈"指出:如果一切世间的"业",都是从"烦恼"中产生的,那"烦恼"本身并不是真实存在,"业"又怎么会有真实存在呢?

　　世间众生轮回生死,皆由"三道"作用。所谓"三道",即:烦恼道、业道、苦道。以"烦恼""业"为因,而感招"苦"果。而"业"又因"烦恼"积聚而生,故世亲造、唐玄奘译《阿毗达磨俱舍论》卷九《分别世品》有云:"复起烦恼,积集诸业。"[1]

　　　壬二、从果破

【原文】

　　诸烦恼及业,是说身因缘,烦恼诸业空,何况于诸身?

【述义】

　　"第二十七偈"指出:一切"烦恼"及"业"是产生身体的因缘,可"烦恼"以及各种"业"本就是空无自性的,更何况形成的各种身体呢?

　　　丙二、破造受者 二
　　　丁一、标邪

---

[1]　《大正藏》第29卷,第47页下。

【原文】

　　无明之所蔽，爱结之所缚，而于本作者，不即亦不异。

【述义】

　　"第二十八偈"指出：人被"无明"所障蔽，被"爱结"所缠缚，而对于本来造业之人来说，受报之人与其是既不相同也不相异的。

　　南朝刘宋求那跋陀罗译《杂阿含经》卷一〇"第二六七经"："尔时，世尊告诸比丘：'众生于无始生死，无明所盖，爱结所系，长夜轮回生死，不知苦际。'"①既然佛都说人被"无明"和"爱"蒙蔽缠缚后，会造下各种业，导致自身生死轮转，可见是有"造业者"与"受报者"的。这个"造业者"与"受报者"，肯定是既不相同，又无根本差异。

　　这里是想通过从"造业者"与"受报者"的角度，来证明"业"与"果报"的存在。因为一旦"造业者"与"受报者"存在，那"业"与"果报"也就存在了。之所以要强调"不即亦不异"，就是为了避免"断""常"二种过失。因为"造业者"与"受报者"一旦相同，那就是恒常，"业"也就不能感招"果报"；一旦相异，那就是间断，"业"也就无法导致"果报"。

　　丁二、破执 二
　　戊一、无造业者

【原文】

　　业不从缘生，不从非缘生，是故则无有，能起于业者。

────────

① 《大正藏》第2卷，第69页下。

【述义】

"第二十九偈"指出："业"不是从众缘中产生的,也不是从"非缘"中产生的,所以根本就没有能够生起"业"的造业者。

"缘生",就是有因生;"非缘生",就是无因生。前面已经讲了"诸业本不生,以无定性故",正因为"业"无自性,所以是"无生"的。《观因缘品》"第三偈":"诸法不自生,亦不从他生,不共、不无因,是故知无生。""业"也是一切有为诸法,所以不是从"自""他""共"的众缘中产生的,也不是从"无因"的"非缘"中产生的。既然"业"本无生,也就没有"造业者"。

戊二、无受果者

【原文】

无业无作者,何有业生果? 若其无有果,何有受果者?

【述义】

"第三十偈"指出:既然没有"业"也没有"造业者",又怎么能有由"业"产生的"果报"呢? 如果没有"果报"存在,又怎么能有承受果报的"受报者"呢?

乙二、显正 三

【述义】

"业"无论从自体上,还是从"果报"上;无论从"造业者",还是从"受报者",全都没有真实存在。既然都没有真实存在,就应该没有生死轮回了,可佛为什么又说众生因所造"业"而轮转于生死苦海呢?后秦鸠摩罗什译《维摩诘所说经》卷上《佛国品》:"无我无造无受者,善恶之业亦不亡。"①到底如何来正确观察"业"呢?

丙一、举喻

【原文】

如世尊神通,所作变化人,如是变化人,复变作化人。

【述义】

"第三十一偈"指出:如同世尊利用神通,所作变化出一个幻人,像这样变化出来的幻人,再次变化出一个幻人。

"变化人",依《般若灯论》《大乘中观释论》乃谓"化佛"。也就是佛利用神通,变出一尊化佛,由这尊化佛再变出一尊化佛。

丙二、明本

【原文】

如初变化人,是名为作者;变化人所作,是则名为业。

【述义】

"第三十一偈"指出:正如最初变化出的幻人,就称之为"造业者";而被最初变化人再次变化出来的幻人,就称之为"业"。

也就是说,"造业者"造"业",就如同"幻人"再变出"幻人"一

---

① 《大正藏》第14卷,第537页下。

样，"造业者"与"所造之业"全都是虚幻现相，并非真实存在。

丙三、结说

【原文】

　　诸烦恼及业，作者及果报，皆如幻与梦，如炎亦如响。

【述义】

　　"第三十一偈"指出：一切"烦恼"及"业"，"造业者"以及"果报"，全都如同"幻影"与"梦境"，如同"阳炎"和"空响"一样。

　　此处"果报"，既指"业"所感招之"果报"本身，又指承受果报之"受报者"。

　　"幻"，指虚幻影像。"梦"，指梦中境界。"炎"，指阳炎水气。"响"，指空谷回响。以上四喻，主要表示"似有实无"之义。"业"及相关诸法也同"四喻"一样，只是一种现相存在，而并非实体性存在。如果执著"业"等诸法真实存在，那就永远不可能出离业果生死轮回了。

观　法　品

科　目

甲十八、观法品 三

【述义】

《观法品》是《中论》的第十八品，共有十二偈。所谓"法"，当有二义：一为诸法，一为实相。言"诸法"者，本品前半先破"我""我所"执，后半以显"诸法"实相，相对于"我"而说"诸法"，故本品品名有译作《观我法品》。言"实相"者，本品旨在显示诸法"实相"，教导众生入于佛陀知见，故"观法"者即观"诸法实相"也。

乙一、诸法无我 二
丙一、无我我所 二
丁一、灭执 二
戊一、无我

【原文】

若我是五阴，我即为生灭；若我异五阴，则非五阴相。

【述义】

"第一偈"指出：如果"我"就是"五阴"，那"我"即为生灭法；如果"我"异于"五阴"，那"我"就不是"五阴"和合之相。

"我"即世人妄执自身之主宰，如同妄执一切有为诸法之有"自性"。人若真有"我"，此"我"当有恒常自性。按照佛教理论，人体是由"色""受""想""行""识"等五阴积聚而成的，而此五阴属有为法，是无常而有生灭的。那"我"与构成人体的"五阴"，到底是相同的,还是不同的呢? 如果是相同的,那"我"当属无常,应该也有生灭,这就与"我"之定义相悖。如果是不同的,脱离了"五阴",人就不复存在了,又何来"我"呢? 可见,根本就"无我"可得。

戊二、无我所

【原文】

若无有我者,何得有我所?

【述义】

"第二偈"前半指出:如果没有"我"存在,又怎么还能有"我所"存在呢?

所谓"我所",指我所有之事物。人以"我"为主体,相对于"我"之外的一切诸法,包括物质的、意识的,都是"我所"的范畴。既然"我"都没有,当然也就不可能有"我所"了。

丁二、得智

【原文】

灭我、我所故,名得无我智。

得无我智者,是则名实观;得无我智者,是人为希有。

【述义】

"第二偈"后半指出:在灭除了对"我"和"我所"的执著后,就获得了"无我智"。

"第三偈"指出:获得"无我智"的人,叫作"实观";而能获得

"无我智"的人,是甚为稀有的。

所谓"无我智",指证得两种无我的智慧,即:人无我、法无我。灭除"我"执,就是得人无我智;灭除"我所"执,就是得法无我智。

所谓"实观",指真实观察,即观察到诸法实相。只有破除了对"人""法"两种我执,才能真正观察到一切诸法的本来实相。

为何说证得二无我智的人是甚为"希有"的呢?此"希有"有两层含义。其一,圣人希有:能达此无我境界之人,已超凡入圣,圣人相对于凡夫,必为希有。其二,大乘希有:因为光破"我执",知道人乃五阴假合而有,并无真实自体存在,虽然可以断除烦恼,了脱生死证入涅槃,但此还为小乘道法。如果在破"我执"的基础之上,进而破除"法执",不仅断除烦恼障,又能断除所知障,这样就能发起菩提心,不住生死,亦不住涅槃,从而普度众生,此方为大乘道法。大乘相对于二乘,又为希有。

按:此偈诸译颇异。《般若灯论》作"得无我我所,不见法起灭;无我我所故,彼见亦非见",清辨《释》:"虽诸行聚等刹那刹那坏相续法起,得见无我、无我所而无实我。二乘之人得无我故,唯见有此法生、此法灭,起如是见。然我境界无故,缘我之心亦不起;我无体故,无有我所内外等法。以缘我之心不复起故,乃至得无我之念亦不起。唯除世俗名字,菩萨摩诃萨住无分别智,能见诸行本来无生……此谓唯有假施设我,其义如是,第一义中无有我与法。如翳眼人,以眼病故,不见实法。无实毛轮,妄见毛轮。汝亦如是,实无有我,妄见有我,以邪见故,起取著意。以是故,我为因义不成。若谓我得无我、我所,由见实我为因者。无我、我所自体不成,体不成故,即是因义不成。汝得如是过,故修行者欲得见内外入真实者,当勤观察内外法空。"[①]又《藏要》本转译梵本、藏本作"无我无

① 《大正藏》第 30 卷,第 105 页下—106 页上。

所执,彼亦无所有;见无执有依,此则为不见",无畏《释》:"如是见真实而无执者,即我我所。"①

此二异译旨在强调,"无我""我所"本无自性可得,若认为有"无我""我所"之境可见,或是认为有见"无我""我所"之人,均为妄想执著,不得证入诸法实相。

丙二、无人法我 二
丁一、人无我

【原文】

内外我我所,尽灭无有故,诸受即为灭,受灭则身灭。

【述义】

"第四偈"指出:对于身内之"我"、身外之"我所",全都灭除,没有任何执著,那各种"受"也就随之灭除,"受"灭除了则人的"身体"也就随之灭除。

"受灭则身灭",《般若灯论》作"取尽则生尽"。所谓"诸受",指苦受、乐受、不苦不乐的舍受。所谓"诸取",指欲取、见取、戒取、我语取。当知此句乃就"十二支"逆观还灭而言,"爱取"灭则"受"灭,"受"灭则"触"灭,"触"灭则"六入"灭,"六入"灭则"名色"灭。"六入""名色"即为人之出生有身。"人生身"灭,则破"人我"执著。

① 《藏要》第一辑《中论》卷三《观法品》校注。

丁二、法无我

【原文】

　　业、烦恼灭故，名之为解脱；业、烦恼非实，入空戏论灭。

【述义】

　　"第五偈"指出："业"和"烦恼"都灭除了，这就叫作"解脱"；"业"和"烦恼"并非真实存在，一旦契入"空性"之理，则一切戏论就全都灭除了。

　　此就"三道"而论，"业"和"烦恼"灭，前偈"身灭"则"苦"灭；人无生死轮转之苦，即为"解脱"。佛陀虽说有"业"和"烦恼"，然亦虚幻非实。此义《观业品》末偈已明。凡执著"业"及"烦恼"实有，或是执著"生死"之外别有"涅槃"境界存在，皆不得解脱。此义《观缚解品》已明。只有依"空性"而作真实观察，才能息灭一切戏论，而证得真正解脱。

　　按：此偈《般若灯论》作"解脱尽业、惑，彼苦尽解脱；分别起业、惑，见空灭分别"，《大乘中观释论》作"诸业、烦恼尽，即名为解脱，而彼业、烦恼，从分别中生"，《藏要》本转译梵本、藏本作"灭业惑则解，业惑依分别，分别依戏论，戏论因空灭"。三者皆谓"业""烦恼"乃从"分别"中生，此义为罗什译本所无。然青目《释》："是诸烦恼、业皆从忆想分别生无有实，诸忆想分别皆从戏论生，得诸法实相毕竟空诸戏论则灭。"[①] 故知当补。

乙二、诸法实相 五
丙一、无我非我

【原文】

　　诸佛或说我,或说于无我,诸法实相中,无我无非我。

【述义】

　　"第六偈"指出:一切诸佛或者说有"我",或者又说"无我",然于诸法实相之中,是没有我、也没有非我的分别。

　　之所以佛陀时而说"有我",时而说"无我",此乃就世俗谛而言,为破执"断见"者说"有我",为破执"常见"者说"无我"。

　　"无我无非我",其实就是指"四句"分别,即:有我、无我、既有我亦无我、非有我非无我。世间一切道理,不出"肯定""否定""双肯定""双否定"这四种表述,这在下面偈颂中还有专门论述。像《观因缘品》中"不自生""不他生""不共生""不无因生",亦为此类。就胜义谛而言,一切诸法的真实相状是不可能依世俗谛来描述的,所以必定不会落在"四句"之中。

　　丙二、无生无灭

【原文】

　　诸法实相者,心行言语断,无生亦无灭,寂灭如涅槃。

【述义】

　　"第七偈"指出:一切诸法的真实相状,心行处灭言语道断,无有产生也无有灭亡,根本寂灭犹如涅槃。

　　龙树造、后秦鸠摩罗什译《大智度论》卷二:"心行处灭,言语道断,过诸法如涅槃相不动。"①既然诸法实相是脱离"四句"分别的,

———————————

① 《大正藏》第25卷,第71页下。

那也就是世俗言语所无法表达，也非凡夫心思所能揣测。如果非要姑且形容的话，那就是一种没有生灭的"寂灭"状态，就好像"涅槃"一样。又《别译杂阿含经》卷一六"第三五〇经"："诸行无常，是生灭法，生灭灭已，寂灭为乐。"[①]卷六"第一一〇经"，此偈又作："诸行无常，是生灭法，生灭灭已，乃名涅槃。"[②]当知"寂灭"即"涅槃"也。

丙三、实非四句

【原文】

一切实、非实，亦实亦非实，非实非非实，是名诸佛法。

【述义】

"第八偈"指出：一切诸法既是真实的，又不是真实的，既是又真实又不真实的，又不是真实又不是不真实的，如此才可叫作一切诸佛之教法。

既然"诸法实相者，心行言语断"，那又如何让世人得以了知诸法实相呢？当知离"世俗谛"别无"胜义谛"，"实相"虽非"四句"，然亦不离"四句"。世人当可依之"四句"，次第观察，进而入于诸法实相之中。

世间凡夫谓自体及外部世界，均为真实存在，此即"一切实"；闻佛法知"缘起性空"之理，故知自体及外部世界，均"空无自性"没有真实存在，此即"一切非实"；然于进修之路，分别"生死烦恼"为虚妄执著，"涅槃解脱"为真实境界，此即"亦实亦非实"；破此根本

---

① 《大正藏》第 2 卷，第 489 页中。
② 《大正藏》第 2 卷，第 413 页下。

分别,了达"非实非非实",方入诸法实相,此即为一切诸佛所说无言胜义之教。

丙四、真实六相

【原文】

　　自知、不随他,寂灭、无戏论,无异、无分别,是则名实相。

【述义】

　　"第九偈"指出:那个可以为自己所证知的,不能随从他人那里获取的,处于没有生灭"寂灭"状态的,没有任何"戏论"可以描述的,没有任何差异的,也不能加以揣度分别的,这就叫作"实相"。

　　当知诸法实相,自体本觉明,故"自知";不以他为缘,故"不随他";无生亦无灭,故"寂灭";言语不可说,故"无戏论";平等无差别,故"无异";不可心意思,故"无分别"。此六义逆观,即为修行次第。"无分别"故"无异","无异"故"无戏论","无戏论"故"寂灭","寂灭"故"不随他","不随他"故"自知","自知"故证入诸法实相也。

丙五、不断不常

【原文】

　　若法从缘生,不即不异因,是故名实相,不断亦不常。

【述义】

　　"第十偈"指出:如果"诸法"是从"众缘"中产生的,"众缘"是因,"诸法"是果,那么"诸法"与"众缘"是既不相同,又不相异的,这就叫作"实相",是既不"断"也不"常"的。

一切诸法都是众缘和合产生的,那佛陀所揭示的一切诸法的真实相状,也应该蕴涵在缘起的诸法之中,不可能脱离了"诸法",而别有一个诸法的"实相"存在。所以诸法的"实相",与产生诸法的"众缘",应该是既不相同、又不相异的。相同,则众缘即成实相;相异,则缘外别无实相。故诸法缘聚则生非断,缘散则灭非常,当知此"诸法"之聚散生灭,即为"实相"非断非常之体现。

乙三、是诸佛教 二
丙一、正法

【原文】

　　不一亦不异,不常亦不断,是名诸世尊,教化甘露味。

【述义】

"第十一偈"指出:不同一也不相异,不永恒也不中断,这就是诸佛世尊教化的甘露法味。

"甘露味"者,《般若灯论》谓"无分别智"也。

此就"声闻乘"而言,于佛陀在世时,亲听教化而证入诸法实相。又此偈前半即为《中论》"八不"宗旨,通达"中道"法理,就能见诸法实相,亦为一切诸佛所讲说之终极法义。

按:此处《般若灯论》多一颂云:"诸修真实者,今虽未得果,将来决定得,如业不假勤。"清辩《释》:"诸修真实行者,若此世、若后世而不得果者,因熏习诸行,未来世中自然得真实智,亦无他为缘。"[①]

---

① 《大正藏》第30卷,第108页下。

又安慧《释》："若于诸佛正教法中,获得最上甘露法味,此修行者于现生中而获胜果。若或诸行未圆,于如是法未成办者,于后生中决定当得,若或于佛教中所作习熟,设值佛不出世,或声闻灭尽,而彼胜缘亦复不空,随诸生中正智常转。"①故知于正法时,虽亲听佛陀教化甘露法味,然未能于现世证入诸法实相之人,必当于未来世获得解脱胜果。

丙二、末法

【原文】

　　若佛不出世,佛法已灭尽,诸辟支佛智,从于远离生。

【述义】

　　"第十二偈"指出：如果佛陀不再出现于世间,佛法已经于世间灭失穷尽,诸位辟支佛证入实相智慧,都是从远离尘俗中生起的。

　　此就"缘觉乘"而言,于无佛在世时,独自远离喧闹,于寂静处独自观察诸法缘起缘灭,而证入诸法实相。

　　又"佛法已灭尽",《般若灯论》作"声闻已灭尽",《大乘中观释论》作"声闻复灭尽"。此意强调"末法"时,已无亲听佛陀声教之人存在,亦显前颂乃就"声闻乘"人说矣。

---

① 《高丽藏》第41卷,第147页下。

观　时　品

科　目

甲十九、观时品 二

【述义】

　　《观时品》是《中论》的第十九品，共有六偈。所谓"时"，指时间。由于世间的一切诸法，从生命的"生老病死"，事物的"生住异灭"，乃至整个宇宙的"成住坏空"，似乎都是在"时间"的洪流中进行的，故"时间"当有真实存在。为破此执，本品将"时间"分成"过去""现在""未来"三段，分段观察皆无自性，合而总论"时间"为没有真实存在的假法。

　　　　乙一、根本无时 二
　　　　丙一、三世无时 二
　　　　丁一、破时法 二
　　　　戊一、依过去破 二
　　　　己一、相待不成 二
　　　　庚一、过无二时

【原文】

　　若因过去时，有未来、现在；未来及现在，应在过去时。

【述义】

　　"第一偈"指出：如果因为有"过去时"，而有的"未来时"和"现在时"；那"未来时"和"现在时"，应该在"过去时"就已经存在了。

依照世人认知，"过去""现在""未来"是一个时间链条，有"过去"，才会有"现在"和"未来"。如果此"三时"真是"相待"成立的关系，"现在"和"未来"是依"过去"而有，那说明"现在"和"未来"产生在"过去"。如果"现在"和"未来"产生在"过去"，那就是处在"过去时"，又怎么能称为"现在"和"未来"呢？可见，"现在"和"未来"不存在于"过去"。

庚二、二时非过

【原文】

若过去时中，无未来、现在；未来、现在时，云何因过去？

【述义】

"第二偈"指出：如果在"过去时"中，没有"未来时"和"现在时"；那"未来时"和"现在时"，又是如何因为"过去时"而有呢？

既然"现在"和"未来"不可能存在于"过去"，那就说明在"过去"中没有"现在"和"未来"。既然"过去"中没有"现在"和"未来"，又怎么能说"现在"和"未来"是从"过去"中产生的呢？可见，"现在"和"未来"不从"过去"产生。

通过上述二偈归谬反证，破除了世人认为"时间"是相待成立的错误观点。

己二、非待不成

【原文】

不因过去时，则无未来时，亦无现在时，是故无二时。

【述义】

既然"时间"不是"相待"成立的,那是否就应该为"非相待"成立的呢?

"第三偈"指出:如果不因为有"过去时",那就没有"未来时",也没有"现在时",所以也就没有"现在""未来"这二时了。

可见,如果没有了"过去",哪里还会有"现在"和"未来"呢? 所以,认为"时间"不是相待成立的观点,也是不正确的。

之所以"相待"和"非相待"都不正确,就是因为预设的前提是"时间"有真实存在。既然认为"时间"有真实存在,无论是"相待"也好,"非相待"也罢,从哪个角度推理都得不出符合实际的正确结论,那只能说明预设的前提有问题,故知"时间"是没有真实存在的。

戊二、依二时破

【原文】

以如是义故,则知余二时。

【述义】

"第四偈"前半指出:以像上述讨论之理义,可知其余"现在""未来"二时也是一样。

前面是以"过去"而言"现在""未来",若以"现在"而言"过去""未来",以"未来"而言"过去""现在",也是同样道理。"三时"之间,既不是"相待",又不是"非相待",故知"时"本空无自性。

丁二、破余法

【原文】

上中下、一异，是等法皆无。

【述义】

"第四偈"后半指出：能分出"上中下""一异"等，像这样一切的相待诸法全都是没有真实存在的。

不光"过去""现在""未来"如此，凡是相待成立的法全都是空无自性的。比如"上中下"，什么是"上"？相对于"中下"才为"上"。什么是"中"？相对于"上上"才为"中"。什么是"下"？相对于"上中"才为"下"。什么是"一"？相对于"异"才为"一"。什么是"异"？相对于"一"才为"异"。

丙二、时不可得

【原文】

时住不可得，时去亦叵得；时若不可得，云何说时相？

【述义】

既然相待成立的时间是不存在的，那独立的时间是否就存在呢？

"第五偈"指出：时间"停住"是不可能得到的，时间"逝去"也是不可能得到的；时间如果不可能得到，又如何还能说有时间的相状存在呢？

这里讨论的是独立的时间概念，比如刹那、劫等，而不是像之前讨论的是相对的时间概念。而偈颂中的"去"，是相对于"住"而言,其实指的就是"不住"。如果有人认为还是存在独立的时间,那这个独立的时间是处于"停住"状态的,还是处于"流动"状态的?时间是不可能"停住"的,这是世人的共识。但时间如果处于"流动"状态中,没有丝毫的"停住",那这个时间又如何被人认知呢?换言之,停止的时间是不存在的,而流动的时间是不可把握的,除了"停止"和"流动"两种状态之外,不可能再有第三种状态的时间存在。既然"住""去"两种状态的时间都不可得,那也就没有时间可得了,可见独立的时间也是不存在的。

乙二、依物无时

【原文】

　　因物故有时,离物何有时? 物尚无所有,何况当有时?

【述义】

　　"第六偈"指出:由于有了"外物"才有了"时间",离开了"外物"又怎么会有"时间"? "外物"尚且没有真实体性存在,更何况会有真实存在的"时间"呢?

　　由于时间本身并非实法,人是无法直接感受时间的存在,只能够通过其他外在条件作为参照,进而推知确立各种时间。这些能够被人所感知的外部事物,本身就是缘起无自性的,那由之产生的各种时间,也就更不可能有真实体性存在了。

观因果品

科　　目

丙五、破因遍果

　　丁一、正破

　　丁二、例破

乙二、别破

丙一、依合不合破

　　丁一、论不和合

　　　戊一、分破

　　　　己一、依过去因

　　　　己二、依未来因

　　　　己三、依现在因

　　　戊二、结破

　　丁二、论和合

丙二、依空不空破

　　丁一、论因

　　　戊一、因空

　　　戊二、因不空

　　丁二、论果

　　　戊一、果不空

　　　戊二、果空

丙三、依一异破

　　丁一、标示

　　　戊一、因果是一

　　　戊二、因果是异

　　丁二、分破

　　　戊一、因果是一

　　　戊二、因果是异

乙三、结破

丙一、破有果

丙二、破有因

丙三、破和合

丙四、破缘生

甲二十、观因果品 三

【述义】

《观因果品》是《中论》的第二十品,共有二十四偈。所谓"因果",指原因与结果。本品所要观察的"因果",侧重于世间万物的生成,即以"众缘"为因,"和合"为果,而并非是就抽象的"因果"概念进行讨论。由于"因"与"果"都没有实体性存在,所以也就不可能生成真实存在的世间万物了。

乙一、正破 五
丙一、破因生果 二
丁一、论果 二
戊一、因中有果

【原文】

若众缘和合,而有果生者,和合中已有,何须和合生?

【述义】

"第一偈"指出:如果在众缘和合中,而有果产生的话,那说明在和合中已经有果了,又何必还须再从和合中产生呢?

世间诸法皆依众缘和合而有,此为佛陀圣教。此众缘即为"因",而和合所生诸法即为"果"。世人谓"果"从"因"中产生,"果"性已在"因"中,此即"因中有果"也。然若"因"中蕴涵"果"性,说明"果"已存在,不必再待由"因"而生。故知"因"中非有"果"性,"果"

不在"众缘"之中。

戊二、因中无果

【原文】

　　若众缘和合,是中无果者,云何从众缘,和合而果生?

【述义】

　　"第二偈"指出:如果在众缘和合时,其中没有果存在的话,那又如何说从众缘和合中有果产生呢?

　　有人又谓:既然已破"因中有果",那必是"因中无果"。然若"因"中不蕴涵"果"性,那此"因"就不为彼"果"之因,也就不能生"果"。又无"果"之"因",亦不能称之为"因",脱离"果"故。故知"因"中非无"果"性,"果"不离"众缘"而有。

丁二、论因 二
戊一、因中有果

【原文】

　　若众缘和合,是中有果者,和合中应有,而实不可得。

【述义】

　　"第三偈"指出:如果在众缘和合时,其中有果存在的话,那在众缘和合中就应该有果存在,而实际上是没有任何果可得的。

　　若"因中有果",在"因"中就应有"果"可得,属于物质的就可被感知,属于非物质的就可被测知。但实际上,在"果"没有被产生之前,于"因"中是不可能寻得任何"果"性的。

戊二、因中无果

【原文】

　　若众缘和合,是中无果者,是则众因缘,与非因缘同。

【述义】

　　"第四偈"指出:如果在众缘和合时,其中没有果存在的话,那这些"众因缘",就与"非因缘"相同了。

　　此"非因缘"当有二义:其一,能够产生"果"之众缘,就是"因"缘。若此缘不能产生"果",那就不是"因"缘,也就是"非因缘"。其二,若"众缘"中无"果","果"不从"因缘"中产生,那"果"就是从"非因缘"中产生。

　　若"因中无果",而"果"又得以生起,这就违背了"缘起"法则,因为佛教认为世间无有一法不是从众缘中产生的。如果有法可从"非缘"中产生,就等同于"无因生",为佛教认为的大过失。

丙二、破因与果　二
丁一、论与

【原文】

　　若因与果因,作因已而灭,是因有二体,一与一则灭。

【述义】

　　"与",指给予。既然"因"中"有果""无果"都不正确,便有人谓

"因果相生",是"因"将自身的内容信息,"给予"产生出来的"果";
而在"果"产生之后,"因"本身就灭掉了。

"第五偈"指出:如果"因"可以给予"果"作为产生之"因",那
在作为"果"的产生之"因"后,而"因"就会灭掉。如果真是这样的
话,那此"因"就会有两个"体性",一个给予了果,一个自行灭掉。

也就是说,依照世人认知,"因"在产生完"果"后,"因"也就不
存在了。而之所以"因"为"果"之因,"果"为"因"之果,就是因为
"因"与"果"之间必有联系。而前面已破"因中有果"与"因中无
果",既然不能倒"果"于"因",那就将"因"推之于"果",认为是"因"
将自身转化为"果"。这种"给予"的传导,"因"虽灭,但有"果"生,
故"非断";"因"虽转化为"果",但"果"非"因",故"非常",似乎还很
好地避免了"断常"的过失。

但如果真是这样,"因"就一分为二了,一分转化为果,一分
自己灭掉。可"因"就是因,不可能自体产生二性,如同人不可能
有两个"我"一样。就算能够二分,自行灭掉的"因",肯定是没有
"给予"到果的,那这个灭掉的"因"是不能产生"果"的,也就不
能称之为"因"。转化为"果"的"因",说明一分"因"是能够产生
"果"的,那相对于"果"而言,能够产生"果"的"因"还是一个,并
没有两个。所以,这种认为"因"转化为"果"而灭掉的观点,是不
正确的。

丁二、论不与

【原文】

　若因不与果,作因已而灭,因灭而果生,是果则无因。

【述义】

"第六偈"指出：如果"因"不给予"果"作为产生之"因"，那在作为"果"的产生之"因"后，而"因"就会灭掉。如果"因"灭掉以后"果"才产生的话，那这个"果"就是"无因"产生的。

既然"因与果"不对，那就"因不与果"。如果"因不与果"，"因"自身就没有任何因素被转化为"果"。而在"果"产生的时候，"因"肯定是已经灭掉了，不然"因"不灭，又怎么能说有"果"呢？可"因"灭掉后"果"才产生，"因"又没有被转化为"果"，那"因"和"果"之间就没有任何关系。此"果"就不是从"因"中产生的，"果"就等同于是从"无因"中产生，而又犯了"无因生"的过失。所以，这种认为"因"不转化为"果"而灭掉的观点，是不正确的。

丙三、破一时俱 二
丁一、论俱

【原文】

若众缘合时，而有果生者，生者及可生，则为一时俱。

【述义】

有人谓：并非是在"因"灭以后才生"果"，而是在"众缘"聚合之刻，同时有"果"生起。

"第七偈"指出：如果是在"众缘"和合之时，而有"果"同时产生的话，那"能生"之因与"可生"之果，就是一时并存了。

"生者"，指能产生者，即因；"可生"，指可以被产生者，即果。"众缘合时"就是有"因"之时，而同时有"果"产生，此就形成了"因果"同时共存的情况。可实际上，"因果"不可能同时并存，必定是先因而后果。不然"因果"同时,到底谁为谁因,谁为谁果呢? 这就又犯了"共生"的过失。

丁二、论非俱

【原文】

　　若先有果生,而后众缘合,此即离因缘,名为无因果。

【述义】

　　有人谓:既然"因"灭"果"生不对,"因果"同时不对,那难道是"果"在"因"前已经有了?

　　"第八偈"指出:如果先有"果"产生,而后"众缘"才和合的话,这个"果"就脱离了"因缘",属于"无因"之果。

　　也就是说,既然"果"都先于"因"而存在了,那此"果"就不是从"众缘"中产生的。脱离"因缘"就能有"果",这又犯了"无因生"的过失。而且"果"根本不可能先于"因"产生,那先生之"果"就应称为"因",而后合之"因"就应称为"果",这肯定是不符合实际的。

丙四、破因变果 二
丁一、总破

【原文】

　　若因变为果,因即至于果,是则前生因,生已而复生。

【述义】

　　有人谓:从"因"中生"果",是"因"灭掉以后,将自身转变为

"果";而不是"因"单纯灭掉,与后来的"果"没有任何关系。

"第九偈"指出:如果是"因"将自身转变为"果",那"因"就等于过渡到"果",这样的话前面生起的"因",产生之后又再次产生了。

为了避免"因"灭而与"果"断的过失,就认为"因"其实没有真灭,而是转换了一种形式变成了"果"。这里面就会出现两个理论过失:

其一,这种"因变为果","因"与"果"到底是一是异? 如果"因"与"果"是一,说明"因"就没有变,那"果"也就不能称为"果",因为"果"和"因"相同。如果"因"与"果"是异,说明"因"与"果"根本不同,那又怎么能说是"因"转变为"果"呢?

其二,这种"因灭变果","因"灭后再转变为"果",说明众缘和合形成之"因",即"前生因"灭掉之后,再次生起转变成"果"。也就是说,"因"被反复形成生起了两次,犯了重复生起的过失。

可见,在世人看来十分合理的"因果转变",其实是不正确的。

丁二、分破 二
戊一、论因灭

【原文】

云何因灭失,而能生于果?

【述义】

"第十偈"前半指出:为何"因"灭掉失去后,还能产生"果"呢? 也就是说,"因"都灭失了,是不可能再产生"果"的。

戊二、论因不灭

【原文】

又若因在果，云何因生果？

【述义】

"第十偈"后半指出：如果"因"没有灭，而转化于"果"中，那又怎么能是从"因"产生"果"呢？

也就是说，"因"没有灭失，而是变成了"果"，那"因"与"果"要么同一，要么共存，这在前面其实已经破除过了。但不论是同一，还是共存，都不能构成"因生果"。因为只要是"因生果"，"因"与"果"必定不能同一，也不可能共存。"同一"则因果无别，"共存"则无法相生。

丙五、破因遍果 二
丁一、正破

【原文】

若因遍有果，更生何等果？

【述义】

有人谓：前论皆以"因与果""因变果"而辩，故有诸多过失。实非"因"归入"果"中，而是"因"中遍及"果"性，故能生"果"。

"第十一偈"前半指出：如果"因"中普遍存在着"果"性，那又还要再生起什么样的"果"呢？

此"因遍有果"之失，同于"因中有果"之过。既然"因"中已遍布"果"性，那"果"早已存在，又何必还要再次产生呢？

丁二、例破

【原文】

　　因见不见果，是二俱不生。

【述义】

　　"第十一偈"后半指出："因"中不论见到还是不能见到"果"，这两种情况都是不能产生"果"的。

　　此处之"见"，其实就是"有"。"因"中无论是"有果"，还是"无果"，都构不成"因生果"。这在前面破"因中有果""因中无果"中，已经讲过了。

　　对于此半偈，在《般若灯论》和《大乘中观释论》中皆作注释文字，且为例证。《般若灯论》："若此眼识，以眼为因者。此眼为见已取境，为不见而取境，二俱不然。若眼见而取，然后识起者，识则无用；若眼不见而取者，色之境界则为无用。"①《大乘中观释论》："如眼根与眼识为因。若见色已，即眼识不生，谓已见色故；眼识若生，相违无用。若未见色，眼识不生，即堕过失耳。"②

　　此以眼为例，"眼根"生起"眼识"，那"眼根"为因，"眼识"为果。那"眼根"是在看见"色境"之后，才产生的"眼识"呢？还是在没看见"色境"时，就产生"眼识"了？所谓"眼识"，就是"眼根"缘取"色境"形成的人对外物形色的认识。如果说是"眼根"看见"色境"之后，才产生的"眼识"，那"眼根"都已经看见"色境"了，说明"眼识"已经存在，就没必要再次产生了。如果说是"眼根"没有看见"色境"时，"眼识"就已经产生，那就不需要有"色境"，人就能看见任何外物，这显然是不符合实际的。可见，无论"眼根"看见

---

① 《大正藏》第 30 卷，第 112 页下。
② 《高丽藏》第 41 卷，第 147 页下。

或是没看见"色境"，都不能产生"眼识"。从而以"因果"义，遮遣
"根境识"义。

乙二、别破 三
丙一、依合不合破 二
丁一、论不和合 二
戊一、分破 三

【述义】
　　佛教所谓之"因果"，都是放到时间范畴中讨论的，正所谓"三
世因果"。故以下从"过去""未来""现在"论"因果"无合。

己一、依过去因

【原文】
　　若言过去因，而于过去果，未来、现在果，是则终不合。
【述义】
　　"第十二偈"指出：如果说"过去"的"因"，而对于"过去"的
"果"，以及"未来"和"现在"的"果"，这些终究是不可能相合的。
　　之所以不合，"过去"不是"未来"和"现在"，故"过去因"不可
能与"未来果"和"现在果"相合；而"过去因"又不可能与"过去
果"相合，否则"因果"就同时存在了，而这显然是不正确的，前已
有述。

己二、依未来因

【原文】

　　若言未来因，而于未来果，现在、过去果，是则终不合。

【述义】

　　"第十三偈"指出：如果说"未来"的"因"，而对于"未来"的"果"，以及"现在"和"过去"的"果"，这些终究是不可能相合的。

　　之所以不合，"未来"不是"现在"和"过去"，故"未来因"不可能与"现在果"和"过去果"相合；而"未来因"又不可能与"未来果"相合，否则"因果"就同时存在了，而这显然是不正确的，前已有述。

己三、依现在因

【原文】

　　若言现在因，而于现在果，未来、过去果，是则终不合。

【述义】

　　"第十四偈"指出：如果说"现在"的"因"，而对于"现在"的"果"，以及"未来"和"过去"的"果"，这些终究是不可能相合的。

　　之所以不合，"现在"不是"未来"和"过去"，故"现在因"不可能与"未来果"和"过去果"相合；而"现在因"又不可能与"现在果"相合，否则"因果"就同时存在了，而这显然是不正确的，前已有述。

戊二、结破

【原文】

若不和合者,因何能生果?

【述义】

"第十五偈"前半指出:如果终究不能和合的话,"因"又如何能产生"果"呢?

通过对"因"与"果"在"三时"中的考察,可见无论在什么时间里,"因"与"果"都无法相合。既然"因"与"果"都不能相合,说明二者本身就是割裂的;既然二者没有任何交集,又如何能构成"因果"关系呢?

丁二、论和合

【原文】

若有和合者,因何能生果?

【述义】

有人谓:因果无合,因不能生果;那因果有合,因就能生果。

"第十五偈"后半指出:如果有和合的话,"因"又如何能产生"果"呢?

如果"因"与"果"真能和合,要么就是"果"已存在于"因",要么就是"果"与"因"同时共存,这两种情况前面均已破除,故知"因"还是不能生"果"的。

丙二、依空不空破 二
丁一、论因 二
戊一、因空

【原文】

若因空无果，因何能生果？

【述义】

"第十六偈"前半指出：如果"因"中空无"果"性，"因"又如何能够产生"果"？

此即就"因中无果"而言，义同前破。

戊二、因不空

【原文】

若因不空果，因何能生果？

【述义】

"第十六偈"后半指出：如果"因"中不空"果"性，"因"又如何能够产生"果"？

此即就"因中有果"而言，义同前破。

丁二、论果 二
戊一、果不空

【原文】

　　果不空不生，果不空不灭，以果不空故，不生亦不灭。

【述义】

　　"第十七偈"指出："果"如果不空就不会产生，"果"如果不空就不会灭亡，由于"果"不空的缘故，所以是不生又不灭的。

　　此还就"因中有果"而言。若"果"于"因"中是"不空"的，那"果"已存在，就不需要由"因"再产生，故属"不生"；"果"已存在，又不依"因"生，无生则无灭，故属"不灭"。"果"之界定，即为由"因"产生者称为"果"，当知"果"为"生灭法"。由于假定"果"之不空，推之结论"果"为不生不灭法，与"果"本来之界定相悖。故知"果"不空，不能构成"因果"关系。

戊二、果空

【原文】

　　果空故不生，果空故不灭，以果是空故，不生亦不灭。

【述义】

　　"第十八偈"指出："果"如果空就不会产生，"果"如果空就不会灭亡，由于"果"空的缘故，所以是不生又不灭的。

　　此还就"因中无果"而言。若"果"于"因"中是"空"的，"因"就不能产生出"果"。没有被产生的"果"，就是空无所有的，又何谈"生灭"？对于不存在的"果"，当然也是不生不灭的。故知"果"空，也不能构成"因果"关系。

丙三、依一异破 二
丁一、标示 二
戊一、因果是一

【原文】

　　因果是一者，是事终不然；

【述义】

　　"第十九偈"前半指出："因"与"果"是同一的，这事终究是不正确的。

戊二、因果是异

【原文】

　　因果若异者，是事亦不然。

【述义】

　　"第十九偈"后半指出："因"与"果"是相异的，这事终究也是不正确的。

丁二、分释 二
戊一、因果是一

【原文】

　　若因果是一，生及所生一；

【述义】

为什么"因"与"果"不是同一的呢？

"第二十偈"前半指出：如果"因"与"果"是同一的，那"能产生"和"所产生"就一样了。

"生"，指能生之因。"所生"，指所生之果。如果"能生之因"同于"所生之果"，那又如何判定孰为"因"，孰为"果"呢？可见，无法构成"因果"关系。

戊二、因果是异

【原文】

若因果是异，因则同非因。

【述义】

为什么"因"与"果"不是相异的呢？

"第二十偈"后半指出：如果"因"与"果"是相异的，那"因"就等同于"非因"了。

"因"与"果"截然相异，二者没有任何关系。此"因"就不能生此"果"，而此"果"亦非由此"因"生。不能生"果"之"因"，就不能称之为"因"，故为"非因"。不依"因"生之"果"，就不能称之为"果"，故为"非果"。可见，还是无法构成"因果"关系。

乙三、结破 四

丙一、破有果

【原文】

若果定有性，因为何所生？ 若果定无性，因为何所生？

【述义】

"第二十一偈"指出：如果"果"决定有"自性"存在的话，"因"为了什么而产生呢？ 如果"果"决定没有"自性"存在的话，"因"又为了什么而产生呢？

此就"果"是否有"自性"而言。若"果"有"自性"，即属"恒常"，不需"因"来产生；若"果"无"自性"，即属"空无"，无需"因"来产生。故无论"果"是否有"自性"，都无法构成"因果"关系。

　　丙二、破有因

【原文】

因不生果者，则无有因相。若无有因相，谁能有是果？

【述义】

"第二十二偈"指出：如果"因"不产生"果"的话，就构不成"因"的相状。如果没有"因"的相状，又依什么来成立"果"呢？

此就"因"是否有"自性"而言。若"因"有"自性"，即属"恒常"，则不能生"果"；若"因"无"自性"，即属"空无"，更无法生"果"。"因"是相待于"果"而言的，能生"果"为"因"的属性。若"因"不能生"果"，则丧失了"因"之属性；丧失了属性的"因"，就不能称之为"因"了。如果"因"丧失了能生"果"的属性，那"果"又从何而来呢？故无论"因"是否有"自性"，都无法构成"因果"关系。

丙三、破和合

【原文】

　　若从众因缘,而有和合生;和合自不生,云何能生果?

【述义】

　　有人谓:一切诸法都是从因缘和合中产生的,此"和合"总是有的。如果"和合"是存在的,那众缘和合所产生的"果"也就存在。

　　"第二十三偈"指出:如果从各种因缘中,而有和合产生;和合自体都不能产生,又如何能产生"果"呢?

　　所谓"和合",就是聚合之义。佛教强调众缘和合,就是为了说明诸法空无自性。"和合"作为一种聚合,本身就没有自性可言。既然"和合"空无自性,又怎么能产生出有"自性"的"果"来呢?

丙四、破缘生

【原文】

　　是故果不从,缘合不合生;若无有果者,何处有合法?

【述义】

　　"第二十四偈"指出:因此"果"是不从众缘和合中产生,也不从众缘不和合中产生;如果没有"果"产生,哪里还有众缘的和合作用呢?

　　"果"不从众缘和合中生,更不从非缘中产生。世人皆谓因"众缘和合"而有"果"生,然"果"体空无自性,又何来生"果"之"众缘和合"?故破"因果缘生"之法。

观成坏品

科　　目

甲二十一、观成坏品
　乙一、正观成坏
　　丙一、总标
　　丙二、分破
　　　丁一、离成无坏
　　　丁二、成坏不共
　　　丁三、离坏无成
　　丙三、作结
　　　丁一、无有成坏
　　　丁二、别明尽义
　乙二、别观成坏
　　丙一、依法性破
　　　丁一、离相待破
　　　丁二、空不空破
　　丙二、依一异破
　　丙三、依生灭破
　　　丁一、总标
　　　丁二、分破
　　　　戊一、依生法破
　　　　　己一、法不生法

己二、法本无生

戊二、依灭法破

己一、主明二过

己二、宾救相续

己三、主破相续

庚一、总标

庚二、分破

辛一、依涅槃破

辛二、依三世破

壬一、依初有破

壬二、依后有破

壬三、依一时破

庚三、作结

甲二十一、观成坏品 二

【述义】

　　《观成坏品》是《中论》的第二十一品,共有二十偈。所谓"成坏",指形成与坏灭。按照古代印度的观念,认为整个宇宙会经历"成""住""坏""空"四个变化周期,这个过程会周而复始地循环,故称为"四劫"。本品虽只讨论"成坏",而"住空"之理亦同。另"成坏"本为描述物质世界生灭之概念,然在本品亦兼涉人之"生死"也。

乙一、正观成坏 三
丙一、总标

【原文】

　　离成及共成,是中无有坏;离坏及共坏,是中亦无成。

【述义】

　　"第一偈"指出:脱离了"形成"以及"共同形成",这其中是没有"坏灭"的;脱离了"坏灭"以及"共同坏灭",这其中是没有"形成"的。

　　此总明"成"与"坏"乃相待成立。没有"形成",也就没有"坏灭";没有"坏灭",也就没有"形成"。

丙二、分破 三
丁一、离成无坏

【原文】
　　若离于成者，云何而有坏？如离生有死，是事则不然。
【述义】
　　"第二偈"指出：如果脱离了"形成"，又怎么还能有"坏灭"呢？如同说脱离了"生"还能有"死"一样，这种事情肯定是不正确的。

丁二、成坏不共

【原文】
　　成坏共有者，云何有成坏？如世间生死，一时俱不然。
【述义】
　　"第三偈"指出：如果"形成"和"坏灭"可以共同存在的话，那又怎么还能有"形成"和"坏灭"呢？如同世间人的"生"和"死"，肯定不可能于一时共同存在。

丁三、离坏无成

【原文】
　　若离于坏者，云何当有成？无常未曾有，不在诸法时。

【述义】

　　"第四偈"指出：如果脱离了"坏灭"，又怎么还能有"形成"呢？若是这样，"无常"反倒是从来没有，可实际上是"常"不存在于一切诸法时间之中。

　　也就是说，如果脱离了"坏灭"，还能够有"形成"，说明这个"形成"是永远不会"坏灭"的，那就是永恒的"常"态。可佛法认为，"无常"才是一切诸法的永恒状态，从来没有任何一个法可以永恒存在。所以，认为"离坏有成"的观点是不正确的。

　　　丙三、作结 二
　　丁一、无有成坏

【原文】

　　成坏共无成，离亦无有成，是二俱不可，云何当有成？
【述义】

　　"第五偈"指出："形成"与"坏灭"共同相待是无法成立的，相互脱离也是无法成立的，这两种情况全都不可能存在，又怎么会有"形成"与"坏灭"成立呢？

　　这里"共无成"就是"破相待"。按照相待成立的观点，是由于有了"形成"才会有"坏灭"，有了"坏灭"才会有"形成"，必须一个相待于另一个才能成立。可根本就没有事先存在的事物，又如何去相待成立其他事物呢？此义于《观燃可燃品》中已明。

　　　丁二、别明尽义

【原文】

　　尽则无有成，不尽亦无成；尽则无有坏，不尽亦不坏。

【述义】

　　有人谓：世间还是有"成坏"的。世法犹如心念刹那生灭，虽暂有停住，然最终归于"穷尽"。有"穷尽"就是有"坏灭"，无"穷尽"就是有"形成"。

　　"第六偈"指出："穷尽"就不会有"形成"，"不穷尽"也不会有"形成"；"穷尽"就不会有"坏灭"，"不穷尽"也不会有"坏灭"。

　　此"尽"乃就无常迁流而言。世人所谓"住相"，即生灭相续之相，而非真有"常住"之相。此相续相"尽"，即为"灭"相，"灭"故无"成"。此相续相"不尽"，还是"生灭"不断，故亦非"成"相。所以，"尽"与"不尽"都无有"成"。又"尽"即"灭"相，已灭无须再灭，故无"坏"。"不尽"即相续相，相续即"不灭"，故亦非"坏"相。所以，"尽"与"不尽"都无有"坏"。

　　乙二、别观成坏 三

　　丙一、依法性破 二

　　丁一、离相待破

【原文】

　　若离于成坏，是亦无有法；若当离于法，亦无有成坏。

【述义】

　　有人谓：言"成坏"者，乃就"诸法"生灭而言。姑且不论"成坏"，诸法本身总是有的。

　　"第七偈"指出：如果脱离了"形成"与"坏灭"，这样也就没有

"诸法"了；如果脱离了"诸法"，也就没有"形成"与"坏灭"了。

此"成坏"乃就"诸法"而言。无有"诸法"，即无从论及"成坏"。然若无"成坏"，则"诸法"又从何而来？故知"成坏"与"诸法"亦相待成立，不可脱离而独立存在。

丁二、空不空破

【原文】

若法性空者，谁当有成坏？若性不空者，亦无有成坏。

【述义】

"第八偈"指出：如果诸法本来性空，谁还应当会有"形成"与"坏灭"呢？如果诸法本性不空，也没有"形成"与"坏灭"。

也就是说，诸法空无自性，对于根本就不存在的事物，又何来"形成"与"坏灭"呢？如果诸法体性不空，也就是有恒常自性，对于永恒存在的事物，也是没有"形成"与"坏灭"的，因为永恒即"不生不灭"。

丙二、依一异破

【原文】

成坏若一者，是事则不然；成坏若异者，是事亦不然。

【述义】

"第九偈"指出："形成"与"坏灭"如果是同一的话，这种事肯定是不正确的；"形成"与"坏灭"如果是相异的话，这种事肯定也是不正确的。

由于"形成"与"坏灭"的性质是相反的,故二者不可能完全相同。但"形成"与"坏灭"的性质也不可能截然相异,因为这两种现相毕竟是要就同一个事物而言的。如果二者截然相异,没有任何共同点,那也不可能就某个事物来谈"形成"与"坏灭"了。

　　丙三、依生灭破 二
　　丁一、总标

【原文】

　　若谓以眼见,而有生灭者,则为是痴妄,而见有生灭。

【述义】

有人谓:世间上事物的"产生"和"灭亡",都是可以用肉眼实际看到的,这不就是有"形成"和"坏灭"吗?

"第十偈"指出:如果说以人眼所见,而认为事物有"产生"和"灭亡"的话,那是人以愚痴妄想,而看见事物有"产生"和"灭亡"。

此以"生灭"而论"成坏"。世人日常看到事物生灭,以为眼见为实,孰不知无我能看,色境非实,一切世间现相皆是由颠倒妄想执著而起,故并非诸法真实相状。作为第一义谛的诸法实相,本是不生不灭的。而对世间这种"生灭"现相,于《观三相品》中已经破除。

　　丁二、分破 二
　　戊一、依生法破 二
　　己一、法不生法

【原文】

　从法不生法,亦不生非法;从非法不生,法及于非法。

【述义】

　"第十一偈"指出:从"法"中不会产生出"法",也不会产生出"非法";从"非法"中不会产生出"法"以及"非法"。

　"法"就指世间一切事物。如果"法"是存在的,才可以讨论其是否有"生灭"。如果"法"是真实存在的,那就有恒常自性,属于不生不灭。"法"的体性如此稳定,本身就不需要依靠其他法来产生,那就更不会从自身再产生出其他法来。既然"法"不会产生"法",那就更不可能产生出不是法的"非法"了。"法"都不能产生"法"和"非法",那不是法的"非法"就更不能产生出"法"和"非法"了。

己二、法本无生

【原文】

　法不从自生,亦不从他生;不从自他生,云何而有生?

【述义】

　"第十二偈"指出:"法"不从自体产生,也不从他法产生;既然不从"自""他"产生,又怎么还能有产生呢?

　此即重申《观因缘品》中"诸法不自生,亦不从他生,不共、不无因,是故知无生"义,以明诸法无生。

戊二、依灭法破 三
己一、主明二过

【原文】

　若有所受法，即堕于断常；当知所受法，为常为无常。

【述义】

　"受法"，指对法的受取，也就是对法的执著。

　"第十三偈"指出：如果对诸法有所受取执著，就会堕入到"断见"和"常见"中；应当知道所受取执著的法，要么为"常"、要么为"无常"。

　"常"指常见，"无常"指断见。龙树造、后秦鸠摩罗什译《大智度论》卷一五："诸法不应是常。何以故？若常则无罪、无福，无所伤杀，亦无施命，亦无修行利益，亦无缚、无解，世间则是涅槃。如是等因缘故，诸法不应常。若诸法无常，则是断灭，亦无罪、无福，亦无增损功德业，因缘果报亦失。如是等因缘故，诸法不应无常。"[①]

　这里强调的是，只要认为世间诸法是真实存在的，那对诸法的认知必定会堕入"断、常"二边见。因为对于一种真实存在的事物，要么认为它永远存在，虽然外观看似灭掉，其实只是转化了一种存在形式而已，并没有真灭，好比唯物论者认为的物质不灭，这就堕入到"常见"之中；要么认为它不永远存在，就是会真正的灭掉，这就会堕入到"断见"之中。

　　己二、宾救相续

【原文】

　所有受法者，不堕于断常；因果相续故，不断亦不常。

---

① 《大正藏》第 25 卷，第 170 页中。

【述义】

"第十四偈"指出：所有执受诸法有真实存在，不会堕入到"断""常"二边见中；由于"因果"是相续的缘故，所以诸法是"不断灭"也"不恒常"的。

此为外人辩驳之辞，佛陀讲诸法因果生灭相续，故因灭果生故"非常"，因果相续故"非断"。想以"因果相续"来避免执受诸法实有而导致的"断常"过失。

己三、主破相续 三
庚一、总标

【原文】

若因果生灭，相续而不断，灭更不生故，因即为断灭。

【述义】

"第十五偈"指出：如果认为"因果生灭"这样的"相续"过程就是"不断"的话，那"灭掉"更不会再产生，"因"就是断灭。

也就是说，因果的生灭相续，是一个"因灭果生"的过程，而"因"灭掉以后，就不复存在，更不会再生，那对于这个"灭"掉的"因"来说，就是"断灭"。

庚二、分破 二
辛一、依涅槃破

【原文】

　　法住于自性,不应有有无;涅槃灭相续,则堕于断灭。

【述义】

　　"第十六偈"指出:如果"法"安住于"自性"之中,就不应该存在"有"或"无";进入"涅槃"境界所灭掉的相续生死,就又堕入到"断灭见"中。

　　如果因果相续的诸法确实有自己体性的话,那自性就应该是恒常的;对于永恒存在的事物,是无所谓"有"或"无"的。而在最终证入"涅槃"境界时,是要灭除一切生死烦恼,那此时被"涅槃"灭掉的这些"相续"法,不会再生起了,岂不又堕入到"断灭"之中。

　　　　辛二、依三世破 三
　　　　壬一、依初有破

【原文】

　　若初有灭者,则无有后有;初有若不灭,亦无有后有。

【述义】

　　"第十七偈"指出:如果"初有"灭掉的话,就不会再有"后有"产生;"初有"如果不灭掉的话,也不会再有"后有"产生。

　　"有"者,乃谓人之一期生命。佛教认为人之生死,乃由一期生命感召另一生命,此世死亡而于来世生起。故"初有"指先一期生命,"后有"指后一期生命。"初有"灭掉后,引发"后有"产生。如果"初有"真的灭掉,那就是不存在的事物,也就不会再引发"后有"产生;如果"初有"没有灭掉,那就说明人还没有死,更不会引发来世的"后有"。

壬二、依后有破

【原文】

　　若初有灭时，而后有生者，灭时是一有，生时是一有。

【述义】

　　"第十八偈"指出：如果"初有"灭掉的时候，而同时有"后有"产生，那"灭"的时候是一个有，"生"的时候是一个有。

　　如果认为"后有"是在"初有"灭的时候产生的，这就使得"灭"的"初有"和"生"的"后有"，二者同时存在了。这就好比两期生命相交并存，人是不可能同时具有两个"有"的。

壬三、依一时破

【原文】

　　若言于生灭，而谓一时者，则于此阴死，即于此阴生。

【述义】

　　有人谓：不是说"初有"和"后有"同时并存，而是说在人身上，"初有"灭掉，"后有"生起。

　　"第十九偈"指出：如果说"产生"与"灭亡"，而认为是在同一时刻发生的，那就好比在这个"五阴身"死亡，即刻又在这个"五阴身"产生。

　　也就是说，作为一个人，不可能这个身体同时又死又生，因为"生死"是完全相悖的。

庚三、作结

【原文】

　　三世中求有，相续不可得；若三世中无，何有有相续？

【述义】

　　"第二十偈"指出：在"三世"中寻求"有"，"相续"是不可以获得的；如果"三世"中都"无"，那还能有什么"有"能够"相续"呢？

　　"三世"者，依"初有"论乃"过去时"，依"后有"论乃"未来时"，依"一时"论乃"现在时"。而"有"即可谓人之生命，又可谓事物之存在。于"三世"一切时中，寻求真实存在而能因果相续，是终究不可能获得的；如果于"三世"一切时中，根本就没有真实存在，那也就没有事物去因果相续了。可见，执著诸法自性存在，"成坏"等不能成立；诸法自性本来空无，"成坏"等更无从成立。

观 如 来 品

科　目

丙一、明空假名

丙二、破诸邪见

　　丁一、破八邪见

　　丁二、破二邪见

　　　　戊一、破世间乐

　　　　戊二、破涅槃道

丙三、显如来性

　　丁一、超思惟

　　丁二、过戏论

　　丁三、体无性

　　　　戊一、与世无二

　　　　戊二、皆无自性

甲二十二、观如来品 二

【述义】

《观如来品》是《中论》的第二十二品,共有十六偈。所谓"如来",即指佛也。"佛"者,谓应身于人间觉悟真理;"如来"者,谓法身契真如似来非去。然人见"佛"应身,于世间有血肉之躯,故执著为有。本品观"如来"法,以出世间第一义谛,故破执显空。

乙一、破阴显空 二

丙一、分破 二

丁一、依受法破 二

戊一、非五种求

【原文】

非阴不离阴,此彼不相在,如来不有阴,何处有如来?

【述义】

有人谓:佛法乃佛陀降世亲口宣说,诸大声闻弟子亦亲见亲闻,诸法空无自性,佛陀则应是有。

"第一偈"指出:"如来"不是"五阴"又不离"五阴","如来"与"五阴"彼此不相互在其中,"如来"又不拥有"五阴",如此何处还能有"如来"存在呢?

又后偈有"五种求亦无"句,当知此即从五个方面,推求如来无有实体了不可得。"非阴",指如来不是五阴。五阴为生灭法,而如来为非生灭法,若如来为五阴,则如来亦会无常断灭。"不离阴",指如来不离五阴。若脱离五阴,如来无从安住其身,世间即无如来也。"此彼不相在",指如来不在五阴中,五阴不在如来中。因为二者性异,"生灭"中不能有"非生灭","非生灭"中亦不能有"生灭"。"如来不有阴",指如来不拥有五阴。如来与五阴虽不相在,然五阴亦不为如来附属拥有;若如来拥有五阴,则应有累赘可见,且"非生灭"法岂能有"生灭"乎? 如是"五种"推求,如来皆不可得,亦无别法可求如来,故知如来无有实体存在。

戊二、非自他性 三
己一、无自无他

【原文】

阴合有如来,则无有自性;若无有自性,云何因他有?

【述义】

有人谓:佛陀谓诸法众缘和合而有,虽于"五种"推求"如来"不可得,然"五阴"和合则有"如来"产生。

"第二偈"指出:如果是"五阴"和合而有"如来"的话,那"如来"就没有"自性";如果没有"自性",又如何能因"他性"而有呢?

"如来"若为"五阴"和合产生,即为缘起,缘起即空无自性,恰恰说明"如来"没有实体存在。有人谓:如来不是依"自性"而有,乃是依"他性"而有。"自性"和"他性"本来就是相待而言,"自性"都没有,又如何能有"他性"? 因无"自性",故无"他性"。"他性"亦无,又如何能依"他性"而有"如来"?

己二、依他非我

【原文】

法若因他生,是即为非我;若法非我者,云何是如来?

【述义】

"非我"即无我,指无有自体。

"第三偈"指出:"法"如果是因由"他法"而产生的,这就是"非我"无有自体;如果"法"都没有我体,又如何去确知哪个是"如来"呢?

此亦承前偈"因他有"而言。若"如来"因"他法"众缘和合产生,就说明没有自体存在。既然没有自体,就是"无我";既然"无我",又怎会有"如来"呢?

己三、性本空无

【原文】

若无有自性,云何有他性?离自性他性,何名为如来?

【述义】

"第四偈"指出:如果没有"自性",又如何能有"他性"?离开了"自性"与"他性",又有什么能够称为"如来"呢?

"自""他"本相待而言,"自性"无,则"他性"亦无。离此"自""他"二性,又别无第三性存在,故知"如来"空无自性。

丁二、依受者破 二
戊一、宾诘

【原文】

　　若不因五阴,先有如来者,以今受阴故,则说为如来。

【述义】

　　"第五偈"指出：如果"如来"不是因"五阴"而有,而是于"五阴"和合之前先有的"如来",然后以现在"受"取"五阴"的缘故,而说有"如来"存在。

　　此即世人妄执如来无始以来常住本有,如同不死之神。于世间应化,犹如灵魂投胎,择一"五阴"假合之身而成"如来"之体。

戊二、主破 二
己一、离受无受者

【原文】

　　今实不受阴,更无如来法。若以不受无,今当云何受?

【述义】

　　"第六偈"指出：现今确实是不"受"取"五阴",更没有"如来"法存在。如果以不"受"取"五阴"就没有"如来"存在的话,现今又当以什么来"受"取"五阴"呢?

　　此就"若不因五阴,先有如来者"而破。初偈已明"如来"与"五阴"是"非阴不离阴"的关系,离开了"五阴"不可能有"如来"存在。既然不"受"取"五阴",就不可能有"如来"存在,那又以什么来"受"取"五阴"呢?

己二、离受者无受

【原文】

若其未有受，所受不名受；无有无受法，而名为如来。

【述义】

"第七偈"指出：如果"如来"还没有"受"取"五阴"的时候，所能"受"取的"五阴"就不能称为"受"，没有哪个不能"受"取的法可以称为是"如来"的。

"如来"为能受，"五阴"为所受。无有"能受"，"所受"亦无。离"五阴"无有"如来"，离"如来"亦无"五阴"。故不可能于"五阴"之前，别有"如来"存在；亦不可能有"非五阴"法，可以名为"如来"。

丙二、作结　二

丁一、分结　二

戊一、受者空

【原文】

若于一异中，如来不可得；五种求亦无，云何受中有？

【述义】

"第八偈"指出：如果在"五阴"是"同一"还是"相异"中推求，"如来"都是不可能得到的；在"五种义"中推求也是没有"如来"存在的，又怎么能于"受"取的"五阴"中而有"如来"呢？

所谓"一异"，即"如来"与"五阴"非一非异。"非一"者，"五阴"不是"如来"，性异故；"非异"者，离"五阴"则无"如来"。"如来"与"五阴"于"五种"相互关系中，都不能求得"如来"之存在，又怎么能在"受"取的"五阴"中而存在呢？故知"如来"空无自性。

戊二、受法空

【原文】

又所受五阴,不从自性有;若无自性者,云何有他性?

【述义】

"第九偈"指出:又所"受"取的"五阴",不从"自性"而有;如果没有"自性",又怎么能有"他性"?

"如来"作为"受者","五阴"作为"受法"。此"如来"所受之"五阴",本身也是没有"自体"存在的。"自体"都没有,也就更不可能有"他体"了。故知"五阴"亦空无自性。

丁二、总结

【原文】

以如是义故,受空受者空,云何当以空,而说空如来?

【述义】

"第十偈"指出:以这样的法义,"受法"是空无自性的,"受者"也是空无自性的,又如何能够以"空五阴",来说有"空如来"存在呢?

乙二、性空真如 三
丙一、明空假名

【原文】

空则不可说,非空不可说,共不共叵说,但以假名说。

【述义】

有人谓：既然"受法"与"受者"皆空，那此"空"当为定有。

"第十一偈"指出："空"则是不可言说的，"非空"也是不可言说的，"空不空"与"非空非不空"更是叵测不可言说的，只能以"假名"来言说。

此偈前三小句，即"四句义"。"共"者，"空"与"非空"同时共有，即"空不空"；"不共"者，"空"与"非空"同时不共，即"非空非不空"。《观法品》："诸法实相者，心行言语断。"此诸法实相乃"离四句"，非心行言语可测知描述。"假名"者，虚假施设之名相。然诸佛为显诸法实相，故假设各种名相而姑且言说。此"假名"非有，故不可妄执为真实。

丙二、破诸邪见 二

丁一、破八邪见

【原文】

寂灭相中无，常无常等四；寂灭相中无，边无边等四。

【述义】

"寂灭相"者，如来涅槃之相，亦为诸法实相也。

"第十二偈"指出：于"寂灭相"中是没有"常""无常""常无常""非常非无常"等四种邪见的；于"寂灭相"中是没有"有边""无边""有边无边""非有边非无边"等四种邪见的。

此"常无常""边无边"等八种邪见，即为佛陀不予回答之"无记"问题。南朝刘宋求那跋陀罗译《杂阿含经》卷三四"第九六二经"："尔时，婆蹉种出家来诣佛所，与世尊而相问讯。问讯已，退坐一面，白佛言:'瞿昙。云何瞿昙作如是见、如是说? 世间常,此是真实,余则虚妄耶?'佛告婆蹉种出家:'我不作如是见、如是说:"世间常,是则真实,余则虚妄。"''云何瞿昙作如是见、如是说:"世间无常、常无常、非常非无常,有边、无边、边无边、非边非无边,命即是身、命异身异,如来有后死、无后死、有无后死、非有非无后死。"?'佛告婆蹉种出家:'我不作如是见、如是说,乃至非有非无后死。'尔时,婆蹉种出家白佛言:'瞿昙。于此见,见何等过患,而于此诸见一切不说?'佛告婆蹉种出家:'若作是见,世间常,此则真实,余则虚妄者。此是倒见,此是观察见,此是动摇见,此是垢污见,此是结见。是苦、是阂、是恼、是热,见结所系。愚痴无闻凡夫,于未来世,生、老、病、死、忧、悲、恼苦生。婆蹉种出家。若作是见,世间无常、常无常、非常非无常,有边、无边、边无边、非有边非无边,是命是身、命异身异,如来有后死、无后死、有无后死、非有非无后死,此是倒见,乃至忧、悲、恼苦生。'"①

　　佛陀之所以将外道的"十四种难问"悬置而不予回答,龙树的解释为"问题"本身就不正确。龙树造、后秦鸠摩罗什译《大智度论》卷二:"此事无实,故不答。诸法有常,无此理;诸法断,亦无此理。以是故,佛不答。譬如人问:'㧬牛角得几斗乳?'是为非问,不应答。"②

　　丁二、破二邪见 二

　　戊一、破世间乐

【原文】

　　邪见深厚者,则说无如来;

---

①　《大正藏》第 2 卷,第 245 页中—下。

②　《大正藏》第 25 卷,第 74 页下。

【述义】

有人谓：如此破除，岂不就把"如来"给否定掉了吗？

"第十三偈"前半指出：执著"邪见"深厚之人，就会认为说没有"如来"存在。

世人不能领会佛教所说"空"义，仍执于"断""常"二边见中。闻"空无自性"，即生断灭想，否定善恶罪福、否定圣贤如来，这就使人连世间乐报都丧失了，更何况再追求涅槃解脱。

戊二、破涅槃道

【原文】

如来寂灭相，分别有亦非。

【述义】

"第十三偈"后半指出：于"如来"寂灭相中，去妄自分别"如来"是有、是无、是亦有亦无、是非有非无，这都是不正确的。

"如来"寂灭之相，即涅槃相。此涅槃之相，非断非常，不生不灭，不能以"无有"进行分别。凡是如"十四无记"一般，妄自揣测如来涅槃之后，是"有""无""亦有亦无""非有非无"，如是种种分别亦皆为非。

丙三、显如来性 三
丁一、超思惟

【原文】

如是性空中，思惟亦不可，如来灭度后，分别于有无。

【述义】

　　"第十四偈"指出：像这样在诸法"空性"之中，连思维也是不可以的，更不能在如来"灭度"之后，去分别是有是无。

　　"如来"从无始以来毕竟空寂，更何况"灭度"之后？此"空性"非是凡俗可以思维，更不能以"有无"等二边加以分别。

丁二、过戏论

【原文】

　　如来过戏论，而人生戏论，戏论破慧眼，是皆不见佛。

【述义】

　　"第十五偈"指出："如来"超过一切戏论，而世人产生各种戏论，戏论会破坏智慧之眼，使得世人全都不能见到"佛"。

　　世人为何不得见佛，就是被各种戏论所障蔽。"如来"本寂，如如不动，离心行，断言语。然而世人邪见深厚，无端制造各种戏论，妄自胡乱揣测解说，使得本明而变无明，丧失清净智慧道眼。故后秦鸠摩罗什译《金刚般若波罗蜜经》："若以色见我，以音声求我，是人行邪道，不得见如来。"①

丁三、体无性 二
戊一、与世无二

---

① 《大正藏》第 8 卷，第 752 页上。

【原文】

如来所有性，即是世间性；

【述义】

"第十六偈"前半指出："如来"所有之体性，就是"世间"之体性。

"如来"之空性，与"世间"诸法之空性，无二无别。非是离于"世间"而别有"如来"。

　　戊二、皆无自性

【原文】

如来无有性，世间亦无性。

【述义】

"第十六偈"后半指出：但"如来"无有自性，"世间"也无有自性。

既然"如来"与"世间"诸法平等不二，那"如来"空无自性，则"世间"诸法亦空无自性。

观颠倒品

科　　目

甲二十三、观颠倒品 三

【述义】

《观颠倒品》是《中论》的第二十三品,共有二十四偈。所谓"颠倒",本指将正放的事物给颠倒过来,佛教借此来譬喻有违真实的错误认知。本品所观之"颠倒",指四种颠倒,即:常颠倒、乐颠倒、我颠倒、净颠倒。一切有为诸法本是"无常""苦""无我""不净",然世人因无明烦恼障蔽而执著为"常""乐""我""净",故为颠倒。于本品中,或就"净不净"论,或就"我无我"论,或就"常无常"论,然其义皆通于四也。

后秦鸠摩罗什译《维摩诘所说经》卷中《观众生品》:"又问:'善、不善孰为本?'答曰:'身为本。'又问:'身孰为本?'答曰:'欲贪为本。'又问:'欲贪孰为本?'答曰:'虚妄分别为本。'又问:'虚妄分别孰为本?'答曰:'颠倒想为本。'又问:'颠倒想孰为本?'答曰:'无住为本。'又问:'无住孰为本?'答曰:'无住则无本。文殊师利。从无住本,立一切法。'"①故知因"三毒"而有"身",因"忆想分别"而有"三毒",因"颠倒"而有"忆想分别"。然"颠倒"本来"无住","无住"则"无本","无本"则"无实","无实"则破颠倒执著也。

乙一、生无可生 二
丙一、内依无主 二

---

① 《大正藏》第14卷,第547页下。

丁一、宾诘

【原文】

　　从忆想分别，生于贪恚痴；净不净颠倒，皆从众缘生。

【述义】

　　"第一偈"指出：从"忆想分别"之中，产生"贪欲""嗔恚""愚痴"；都是以"净"与"不净"颠倒，为众缘而从中产生的。

　　像"三毒"等烦恼，皆以各种"颠倒"妄想分别为缘而产生。既然"烦恼"是存在的，那"颠倒"也是存在的。

　　丁二、主答 二
　　戊一、分破 三
　　己一、烦恼无实

【原文】

　　若因净不净，颠倒生三毒；三毒即无性，故烦恼无实。

【述义】

　　"三毒"者，贪欲、嗔恚、愚痴也。

　　"第二偈"指出：如果因为"净"与"不净"颠倒而产生出"三毒"，那"三毒"就是没有自性的，所以"烦恼"也没有真实存在。

　　此即针对诘问而破。"净不净颠倒"是从众缘中产生的，那"颠倒"即无自性；由无自性之"颠倒"产生"忆想分别"，从而生起"三毒"烦恼，那此"烦恼"肯定也是无自性的。因为"无自性"不可能生出"有自性"来，所以"烦恼"是没有真实存在的。

　　又"三毒"即"烦恼"也。龙树造、后秦鸠摩罗什译《大智度论》

卷二七："烦恼名，略说则三毒。"①

以上二偈，乃就"净不净颠倒"而论。

己二、我法不成 二
庚一、无作者

【原文】

我法有以无，是事终不成；无我诸烦恼，有无亦不成。

【述义】

"第三偈"指出："我法"是有是无，这事终究是不能成立的；既然诸法是"无我"的，那各种"烦恼"的是有是无也是不能够成立的。

此就"我无我颠倒"而言。一切有为诸法皆因众缘和合而产生，故皆无自性。诸法本无自性，是根本"无我"，那就无从再讨论"我"是否存在了。既然诸法都是"无我"的，"烦恼"也是诸法，故亦"无我"。"烦恼"无有自性，没有真实存在，也就同样无从再讨论"烦恼"是否存在了。

庚二、无受者

【原文】

谁有此烦恼，是即为不成；若离是而有，烦恼则无属。

---

① 《大正藏》第 25 卷，第 260 页中。

【述义】

"第四偈"指出：谁能有这样的烦恼，这就是不能成立的；如果脱离了这个拥有者，"烦恼"就没有所属了。

既然"无我"，也就没有"主体"能够承受"烦恼"。如果离开了承受的"主体"，而能有"烦恼"单独存在，那这个"烦恼"也就没有任何所属了。

龙树造、后秦鸠摩罗什译《大智度论》卷七："烦恼者，能令心烦，能作恼故，名为烦恼。"①可见，"烦恼"必须能够恼乱烦心，而此"心"即人身心也。而人毕竟无有"我"体，故无"心"能为"烦恼"所乱。若离人我之心，则无"烦恼"能乱之主体，"烦恼"就不可能再存在了。"烦恼"与"我"相待成立，有"烦恼"故有"我执"，有"我执"故起"烦恼"；"无我"则"烦恼"不成，"无烦恼"则"我执"破矣。

己三、垢心无得

【原文】

如身见五种，求之不可得；烦恼于垢心，五求亦不得。

【述义】

"第五偈"指出：如同"身见"，从"五种"义中推求是不可能得到的；"烦恼"对于"垢心"，从"五种"义中推求也是不可能得到的。

"身见"即"我执"。身见之五种求，即同《观如来品》之初偈义。"我"与"五阴"之间，既非同一，又非相异；"我"不在于"五阴"，"五阴"不在于"我"；"我"又不拥有"五阴"。"烦恼"与"垢心"同理，既

---

① 《大正藏》第 25 卷，第 110 页上。

非同一,又非相异;"烦恼"不在于"垢心","垢心"不在于"烦恼";"烦恼"又不属于"垢心"。"身见"于"五阴"中求不可得,"垢心"于"烦恼"中亦求不可得。故知"身见"无我,"垢心"无体,无我无体,"烦恼"又从何所属呢?

所谓"垢心",指染污不净之心。龙树造、后秦鸠摩罗什译《大智度论》卷五:"过去世一切烦恼,是名无明。从无明生业,能作世界果,故名为行。从行生垢心。"[①]可见,此"烦恼"与"垢心"乃依"十二支"而言,后文亦显此义。

以上三偈,乃就"我无我颠倒"而论。

戊二、作结

【原文】

净不净颠倒,是则无自性。云何因此二,而生诸烦恼?

【述义】

"第六偈"指出:"净"与"不净"颠倒,都是没有自性的。又如何能够由此二种,而产生出各种烦恼来呢?

此偈就"净不净颠倒"而论。"此二",指"净"与"不净"。此二种皆无自性,自身都没有真实存在,就更不可能产生出真实存在的各种烦恼了。

"宾"谓"烦恼"生"颠倒","烦恼"有故"颠倒"有,以诘之。"主"以"烦恼"无自性,"烦恼"无故"颠倒"无,以破之。

---

① 《大正藏》第25卷,第100页中。

丙二、外缘无实 二
丁一、宾诘

【原文】

色声香味触,及法为六种,如是之六种,是三毒根本。

【述义】

"第七偈"指出:色、声、香、味、触,以及法等六种,像这样的六种外境,是"三毒"产生之根本。

当知"六尘"本不生烦恼,乃必合人之"根""识",而对"六尘"产生执取方可产生烦恼,当知此依"十二支"而言。凡三支属"烦恼",执内为"无明",执外为"爱""取"。前虽已明"内无所依",然人依"六根"缘取"六尘","根尘"相合产生"触""受",从而产生"爱""取"烦恼。"六尘"境界是存在的,那"烦恼"也是存在的;既然"烦恼"是存在的,那"颠倒"也是存在的。

丁二、主答 二
戊一、辩六尘体 二
己一、六尘如幻

【原文】

色声香味触,及法体六种,皆空如炎梦,如乾闼婆城。

【述义】

"乾闼婆城"者,海市蜃楼也。

"第八偈"指出:色、声、香、味、触,以及法等六种,体性都是空的,如同阳炎、梦境,如同乾闼婆城一样。

"六尘"自体空无自性,虽有其相,但根本无实。

己二、相如幻人

【原文】

　　如是六种中,何有净不净? 犹如幻化人,亦如镜中像。

【述义】

　　"第九偈"指出:像这样六种外境中,怎么能有"净"或"不净"呢? 犹如幻化之人,也如同镜中影像,都是没有真实存在的。

　　"六尘"境界本来缘起无实,对于没有自体、不存在的事物,就无从来讨论其"净"或是"不净"了。虽然"六尘"似乎有相状存在,但这种能被人感知的相状,就如同"幻化人""镜中像"一样,实际上根本就是不存在的。

　　"宾"谓"六尘"生"烦恼","六尘"有故"烦恼"有,以诘之。"主"以"六尘"无自性,"六尘"无故"烦恼"无,以破之。

戊二、明相待无 二

【述义】

　　此明相待而成"颠倒",故"颠倒"自体不成。先就"净"与"不净"相待论,后就"净不净"与"三毒"相待论。

己一、无净不净 二

庚一、无净无不净

【原文】

不因于净相，则无有不净；因净有不净，是故无不净。

【述义】

"第十偈"指出：不因于"净"相，则就不会有"不净"；因于"净"才有"不净"，所以没有"不净"存在。

此明"不净"相待于"净"而有。没有"净"则无"不净"，有"净"才有"不净"，故"不净"并非真实存在。

庚二、无不净无净

【原文】

不因于不净，则亦无有净；因不净有净，是故无有净。

【述义】

"第十一偈"指出：不因于"不净"，则也不会有"净"；因于"不净"才有"净"，所以没有"净"存在。

此明"净"相待于"不净"而有。没有"不净"则无"净"，有"不净"才有"净"，故"净"并非真实存在。

己二、无三毒生

【原文】

若无有净者，何由而有贪？若无有不净，何由而有恚？

【述义】

　　"第十二偈"指出：如果没有"净"，怎么还会有"贪欲"？如果没有"不净"，怎么还会有"嗔恚"？

　　此明"净不净颠倒"与"三毒"相待而有。既然"净"与"不净"均无实体存在，那也就不会有"贪欲"与"嗔恚"产生。因为人对于"净"的事物，会产生"贪欲"；对"不净"的事物，会产生"嗔恚"。"贪欲"与"嗔恚"没有真实存在，那"愚痴"也不可能别有真实存在。"三毒"无实，则"烦恼"无实；"烦恼"无实，则"颠倒"无实。

　　以上六偈，就"净不净颠倒"而论。

　　乙二、性空无实　三
　　丙一、无著无倒　二
　　丁一、分破　二
　　戊一、根本无倒　二

【述义】

　　"颠倒"者，二法相悖而成也。然于二法分别皆不成颠倒，故知颠倒根本无有也。

　　己一、无有颠倒

【原文】

　　于无常著常，是则名颠倒；空中无有常，何处有常倒？

【述义】

"第十三偈"指出：于"无常"执著有"常"，这就称为"颠倒"；"空性"之中没有"常"，又到何处去有"常"的颠倒呢？

世人执"无常"诸法为"常"，故成"颠倒"。然诸法皆空无自性，于"空性"之中，根本没有"常"存在。既然没有了执著的对象，也就不可能再形成"颠倒"。此破"常"执。

己二、无非颠倒

【原文】

若于无常中，著无常非倒；空中无无常，何有非颠倒？

【述义】

"非倒"，即"非颠倒"，指不是颠倒。

"第十四偈"指出：如果于"无常"中，执著"无常"就"不是颠倒"；"空性"之中没有"无常"，又怎么能有"不是颠倒"呢？

既然把"无常"执著为"常"是"颠倒"，那认为有"无常"存在就是"非颠倒"。然诸法皆空无自性，于"空性"之中，本就没有"无常"存在，也就不可能形成"非颠倒"。此破"无常"执。

以上二偈，就"常无常颠倒"而论。

戊二、根本无著

【原文】

可著、著者、著，及所用著法，是皆寂灭相，云何而有著？

【述义】

有人谓：虽执著于"常"或"无常"均构不成"颠倒"，然此"执著"总是有的。

"第十五偈"指出：可著之物、能著之人、执著之相，以及所用执著方法，这些全都是"寂灭相"，又如何能够产生执著呢？

"可著"，指执著之对象；"著者"，指执著之人；"著"，指人执取对象生起之著相；"所用著法"，指执取对象时所用之媒介方法。一个人通过运用某种方法，去执取某个事物，进而对该事物产生执著。在这整个过程中，四个必要关键因素都没有实体存在，又如何能生起真实存在的"执著"呢？"寂灭相"义，《观如来品》中已明。

丁二、作结

【原文】

若无有著法，言邪是颠倒，言正不颠倒，谁有如是事？

【述义】

"第十六偈"指出：如果没有各种"执著"法，称"邪"的是颠倒，称"正"的是不颠倒，哪里会有这样的事呢？

"执著"即"忆想分别"，如果没有"执著"，也就没有"分别"。既然没有"分别"，又怎么还会区分"正邪"？既然没有"正邪"之分，也就不能再说"邪"的是颠倒，"正"的不是颠倒了。

丙二、颠倒不生　二
丁一、三时无倒

【原文】

有倒不生倒，无倒不生倒，倒者不生倒，不倒亦不生。

若于颠倒时，亦不生颠倒，汝可自观察，谁生于颠倒？

【述义】

"第十七偈"指出：有颠倒的不会产生颠倒，没颠倒的不会产生颠倒，因为已经颠倒了就不会再产生颠倒，还没颠倒的也不会产生颠倒。

"第十八偈"指出：如果对于正在颠倒的，也不会产生颠倒，你可以自己进行观察，还能有谁产生颠倒呢？

已颠倒者，不应再生颠倒；未颠倒者，无法产生颠倒；离于"已颠倒""未颠倒"，更无正颠倒者存在。于"三时"之中无颠倒可得，于"三时"之外又别无颠倒可得，故知颠倒无实也。

丁二、无有倒者

【原文】

诸颠倒不生，云何有此义？无有颠倒故，何有颠倒者？

【述义】

"第十九偈"指出：各种颠倒不能产生，又如何能有真正的"不生"义呢？根本没有颠倒的缘故，又怎么还会有能颠倒之人呢？

前依"三时"而明颠倒"不生"之义，恐人又执"颠倒不生"为真实相，故进而破之。所谓"颠倒者"，执著颠倒之人也。既无颠倒之法，故无颠倒之人。

以上五偈，就"颠倒"本身而论。

丙三、颠倒非实 二

丁一、实非颠倒

【原文】

若常我乐净，而是实有者，是常我乐净，则非是颠倒。

【述义】

"第二十偈"指出：如果认为"常""我""乐""净"是真实存在的话，那这"常""我""乐""净"就不是颠倒了。

"颠倒"者，不实之妄见也。"常""我""乐""净"乃世人妄执，本无真实存在，故称为"颠倒"。若认为真有"颠倒"存在，"常""我""乐""净"则便成"实有"，"实有"就非妄执，也就不是"颠倒"了。

丁二、不实无倒

【原文】

若常我乐净，而实无有者，无常苦不净，是则亦应无。

【述义】

"第二十一偈"指出：如果认为"常""我""乐""净"确实是不存在的话，那"无常""无我""苦""不净"这些就也应该是不存在的。

此重申"颠倒"乃相待成立。无有"倒见"，何来"正见"？若真无"常""我""乐""净"之妄执，也就无有"无常""无我""苦""不净"之谛观。

以上二偈，就"四颠倒"而论。

乙三、灭无可灭 二
丙一、结显正灭

【原文】

　　如是颠倒灭，无明则亦灭；以无明灭故，诸行等亦灭。

【述义】

　　"第二十二偈"指出：像这样对"颠倒"的各种执见灭除了，"无明"也就灭除了；由于"无明"灭除的缘故，"诸行"等各支也随之灭除了。

　　"颠倒"灭，则"烦恼"灭；"烦恼"灭，即"无明"灭。"无明"乃"十二支"之根本，根本"无明"一灭，则缘起各支皆依次灭除。南朝刘宋求那跋陀罗译《杂阿含经》卷一○"第二六二经"："所谓'此无故彼无，此灭故彼灭'，谓'无明灭'则'行灭'，乃至生、老、病、死、忧、悲、恼、苦灭。"①

丙二、破执邪断 二
丁一、执实不断

【原文】

　　若烦恼性实，而有所属者，云何当可断，谁能断其性？

【述义】

　　"第二十三偈"指出：如果"烦恼"是体性真实的，而且是有所属的话，又怎么可以被断除，谁又能断除掉它的实性呢？

────────

① 《大正藏》第2卷，第67页上。

也就是说，如果"烦恼"有真实自性存在，那就不可能被断除，也没有人能够断除。因为"自性"就是恒常的，而且"真实"是不能被破坏的。佛教追求的就是真实，而"诸法实相"是不生不灭的"寂灭相"，"寂灭相"就是"涅槃相"。如果"烦恼"也是真实存在，那"烦恼"就是"涅槃"，如此不生不灭之"寂灭相"，又如何能断除之？

丁二、执虚无断

【原文】

　若烦恼虚妄，无性无属者，云何当可断，谁能断无性？

【述义】

　"第二十四偈"指出：如果"烦恼"是虚妄不实的，没有自性、没有所属的话，又怎么可以被断除，谁又能断除掉它的"无性"呢？

　如果"烦恼"虚妄无性，那就没有真实存在。对于不存在之"烦恼"，也就无所谓"断除"或"不断除"了。

　以上二偈之"属者"，即指人。世人皆谓"断烦恼"得解脱，若有真实"烦恼"在于人身，则人永不得断除之；若无真实"烦恼"在于人身，又何来"断除"之说呢？故见"颠倒"无实，则破"无明烦恼"，此方为解脱之正道也。

观四谛品

科　　目

子一、破苦谛

子二、破集谛

子三、破灭谛

子四、破道谛

癸二、破无定性

壬二、破四谛行

癸一、破苦谛

癸二、破余谛

庚二、破四果

庚三、破三宝

辛一、正说三宝

壬一、破僧宝

壬二、破法宝

壬三、破佛宝

辛二、别说佛宝

壬一、举过

壬二、归谬

己二、破世俗法

庚一、标示

庚二、分破

辛一、性定无生

辛二、性空有生

庚三、结破

戊三、作结

己一、破空邪见

庚一、破世俗法

辛一、明无作过

　　　　　辛二、明常住过

　　　　庚二、破出世法

　　　己二、显空正见

甲二十四、观四谛品 二

【述义】

　　《观四谛品》是《中论》的第二十四品，共有四十偈。所谓"四谛"，指四种真谛，即：苦谛、集谛、灭谛、道谛。此为佛教之根本教义，为圣人方能见到，故又称为"四圣谛"。本品虽名为"观四谛"，然实以"四谛"为由，总赅世出世间一切法。佛教主张诸法空无自性，外道不明中道空理，以为空无所有，执于"恶取空"见。故以"空"破坏世出世法，不合实际而诘难，以求证诸法"不空"。论主以"不空"才会破坏世出世法，以"空"诸法方得成立而反驳，并指斥外道谬解"空"义，从而正显佛法"缘起性空"之理。

　　乙一、宾诘 二
　　丙一、破出世法 三
　　丁一、破四谛 二
　　戊一、空无谛法

【原文】

　　若一切皆空，无生亦无灭，如是则无有，四圣谛之法。

【述义】

　　"第一偈"指出：如果一切都是"空"的，没有"产生"也没有"灭亡"，像这样就不会存在有"四圣谛"的教法。

南朝刘宋求那跋陀罗译《杂阿含经》卷一五"第三八〇经"："尔时,世尊告诸比丘:'有四圣谛。何等为四? 谓: 苦圣谛、苦集圣谛、苦灭圣谛、苦灭道迹圣谛。"[①]可见,佛陀是依"苦"而说"四谛"。因"集"之作用,才有"苦"产生;因"灭"苦之作用,才有"道"产生。故知"四谛"之中,"集谛""苦谛"为世法因果,"道谛""灭谛"为出世法因果。

有因有果之法,即有生有灭。如果一切诸法全都空无所有,那也就没有"产生"和"灭亡"。既然没有了"生灭",又怎么还能有"因果"? 没有了"因果",又如何还能有"四谛法"?

戊二、无法无行

【原文】

以无四谛故,见苦与断集,证灭及修道,如是事皆无。

【述义】

"第二偈"指出: 由于没有"四谛"法的缘故,那"见苦"与"断集","证灭"以及"修道",像这些事全都没有了。

南朝刘宋求那跋陀罗译《杂阿含经》卷一五"第三八二经"："尔时,世尊告诸比丘:'有四圣谛。何等为四? 谓: 苦圣谛、苦集圣谛、苦灭圣谛、苦灭道迹圣谛。若比丘于苦圣谛当知、当解,于集圣谛当知、当断,于苦灭圣谛当知、当证,于苦灭道迹圣谛当知、当修。'"[②]

佛陀教法全依解脱道而施设,没有空泛无用之理。"四谛"亦然,乃践行之法,故须观见一切皆苦,断除集苦之因,修习解脱之

---

① 《大正藏》第2卷,第104页中。
② 《大正藏》第2卷,第104页中。

道,证入寂灭涅槃。如果没有了"四谛"之法,此"见""断""修""证"等诸行也就没有了。

丁二、破四果

【原文】

　以是事无故,则无四道果;无有四果故,得向者亦无。

【述义】

　"第三偈"指出:由于这些事都没有了的缘故,就没有了四种道果;由于没有了"四果",获得"四向"的人也没有了。

　"是事无"者,指四谛法行无。"四道果"者,指声闻四果。声闻乘人,乃闻佛声教而悟四谛法理,最终证入涅槃。因其修行境界浅深,而分四个阶段,即:初须陀洹,二斯陀含,三阿那含,四阿罗汉。又于每一阶段,分"向"和"果"两个层次。所谓"向",指向于该阶段圣道,处在修行过程之中,但还未最终证得;所谓"果",指完全证得该阶段果位。故"四向"即:须陀洹向,斯陀含向,阿那含向,阿罗汉向;"四果"即:须陀洹果,斯陀含果,阿那含果,阿罗汉果。

　既然"声闻乘"人是依"四谛"而悟道证果,那没有了"四谛"的"法"和"行",也就没有了"四果",没有了"四果"也就没有了"四向"。

丁三、破三宝 二

戊一、分破 三

己一、破僧宝

【原文】

　　若无八贤圣,则无有僧宝;

【述义】

　　"八贤圣"者,指"四向"和"四果",因声闻乘人已入贤圣之道,故称。

　　"第四偈"前半指出:如果没有了八种贤圣,也就没有了"僧宝"。

　　"僧",为梵文音译"僧伽"之略称,指僧团。佛陀在世之时,其弟子皆能亲听佛陀说法,故僧团组成皆为"声闻"。故无有"八贤圣",即无"声闻乘"人;无有"声闻乘"人,也就没有住持"僧团"之大众。"僧团"无人组建,故无"僧宝"。

　　　己二、破法宝

【原文】

　　以无四谛故,亦无有法宝;

【述义】

　　"第四偈"后半指出:由于没有"四谛"的缘故,也就没有了"法宝"。

　　"四谛"法理,为佛陀成道之后,于鹿野苑为五比丘"初转法轮"时所说,可以视为佛教根本教义。如果没有"四谛"法理,可以说也就没有佛法,故无"法宝"。

　　　己三、破佛宝

【原文】

　　以无法、僧宝,亦无有佛宝。

【述义】

"第五偈"前半指出：由于没有了"法宝""僧宝"，也就没有了"佛宝"。

解脱之道名"法"，修法之人名"僧"，证道之人名"佛"。若无有可修之法，也无修法之人，岂能有证道之佛？故无"佛宝"。

戊二、作结

【原文】

如是说空者，是则破三宝。

【述义】

"第五偈"后半指出：像这样讲说"空"义，就会破坏"三宝"。

释尊在世之时，其自身证道故为"佛"，其讲说之理故为"法"，其领众共修故为"僧"。释尊去世之后，以解脱之人为"佛"，以解脱之道为"法"，以修法大众为"僧"。故"佛""法""僧"于佛教具有至高无上之地位，犹如世间珍宝，故称"三宝"。

丙二、破世俗法

【原文】

空法坏因果，亦坏于罪福，亦复悉毁坏，一切世俗法。

【述义】

"第六偈"指出："空法"破坏了"因果"关系，也破坏了"罪福"果报，也就更全都毁坏了，一切世俗之法。

一切诸法皆"空",则无有"生灭";无有"生灭",则无有"因果";无有"因果",则无"罪福"善恶报应。如此推演下去,一切世俗法理全都被破坏了。

以上就是外道不解佛教中道"空"义,执"恶取空"见,认为"空"即否定一切存在,犹如龟毛、兔角,子虚乌有。如此宣扬"空"义,就会破坏"四谛""四道果""三宝"等出世法,也同时会破坏"因果""罪福"等世俗法。从而试图说明,一切有为诸法不可能是"空"的。

乙二、主答 二
丙一、正显空义 二
丁一、斥非

【原文】

　　汝今实不能,知空、空因缘,及知于空义,是故自生恼。

【述义】

"第七偈"指出:你现今确实不能了知"空相""空因缘",以及了知"空义",所以才会自己生起烦恼。

所谓"空相",指寂灭相也。所谓"空因缘",指佛说空之因缘,即为破众生执有之妄见。所谓"空义",指缘起性空之义,即缘起幻有而空无自性。外道之人不能如实了知佛陀所说"空义",以"空"作"无"解,既否定实体存在,又否定现相存在,故觉破坏世出世间一切诸法,从自谬见生起无穷疑难烦恼。

丁二、显正 二

戊一、明二谛 二
己一、标列

【原文】

诸佛依二谛,为众生说法:一以世俗谛,二第一义谛。

【述义】

"第八偈"指出:一切诸佛都依"二谛",为众生讲说法义:其一为世俗谛,其二为第一义谛。

"世俗谛"者,即世间真理。"第一义谛"者,即出世间真理。依佛教观点,世间真理为世人以妄见达成之共识,并非真理实相。若谓"二谛"根本之差异,就在于"世俗谛"认为诸法实有,而"第一义谛"认为诸法性空。故龙树造、后秦鸠摩罗什译《大智度论》卷三八:"佛法中有二谛:一者世谛,二者第一义谛。为世谛故,说有众生;为第一义谛故,说众生无所有。"①

己二、分释 二
庚一、明分别过

【原文】

若人不能知,分别于二谛,则于深佛法,不知真实义。

【述义】

"第九偈"指出:如果世人不能了知,分别于"二谛",对于甚深佛法,就不能知晓其中的真实要义。

―――――――――

① 《大正藏》第 25 卷,第 336 页中—下。

世人不能如实了知"二谛"法理,以"世俗谛"说"有",以"第一义谛"说"空",视"空"为"无",谓一无所有即为"空",故否定"世俗谛",而认为别有"第一义谛"之存在。如此即著"有无"二边之见,不能解了佛陀依"二谛"说法之深义,从而不能得见诸法实相。

庚二、显不二义

【原文】

　　若不依俗谛,不得第一义;不得第一义,则不得涅槃。

【述义】

　　"第十偈"指出:如果不依靠"世俗谛",就不可能获得"第一义谛";不能获得"第一义谛",就不能获得"涅槃"。

　　佛陀之所以"依二谛",其目的就是要"为众生说法"。众生还未解脱,当然都是世俗之人。为世俗人说法,自然要依世俗言语,循循善诱,进而使其逐渐通达诸法实相。如果脱离"世俗谛",不依赖任何世俗言语道理,那"第一义谛"是无从讲说的;既然"第一义谛"成为不可说法,那又如何能让世人知晓其义呢? 不能全面了知"第一义谛",世人又如何能够证入涅槃,获得解脱呢? 可见,"第一义谛"不离"世俗谛",以"世俗谛"而显"第一义谛"。故龙树造、后秦鸠摩罗什译《大智度论》卷二二有云:"二谛不相违故,所谓世谛、第一义谛是,智者不能坏、愚者不起诤故,是法亦离二边。"①

戊二、正观空 二

---

① 《大正藏》第 25 卷,第 221 页中。

己一、钝根不知

【原文】

不能正观空，钝根则自害；如不善咒术，不善捉毒蛇。

【述义】

"钝根"者，指根机愚钝之人。

"第十一偈"指出：不能正确地观察"空"法，"钝根"之人就会自我伤害。如同不善于咒术之人，欲施咒术反被咒术所害；如同不善于捉毒蛇之人，欲捉毒蛇反被毒蛇咬伤。

己二、世尊不说

【原文】

世尊知是法，甚深微妙相，非钝根所及，是故不欲说。

【述义】

"第十二偈"指出：世尊知道这个"空"法，其有甚深微妙之相，不是"钝根"之人所能理解，因此最初并不想讲说。

后秦鸠摩罗什译《摩诃般若波罗蜜经》卷一六《大如品》："佛告欲、色界诸天子：'如是。如是。诸天子。色即是萨婆若，萨婆若即是色；乃至一切种智即是萨婆若，萨婆若即是一切种智。色如相乃至一切种智如相，一如无二无别。诸天子。以是义故，佛初成道时，心乐默然，不乐说法。何以故？是诸佛阿耨多罗三藐三菩提法甚深，难见难解，不可思惟知。微妙寂灭智者能知，一切世间所不能信。"[1]

---

[1]　《大正藏》第 8 卷，第 334 页下。

龙树造、后秦鸠摩罗什译《大智度论》卷七二:"知甚深法,凡夫人难悟故。复次,是法无二故甚深,如虚空故甚深,如法性等甚深故甚深。"①

丙二、别破诘难 二
丁一、明是非 二
戊一、主无过 二
己一、标

【原文】

汝谓我著空,而为我生过;汝今所说过,于空则无有。

【述义】

"第十三偈"指出:你说我执著于"空",而认为我产生了"过失";你如今所说的"过失",在"空"中是根本没有的。

此处外道认为"空"可以产生否定"世出世法"的"过失",但其实这是没有理解佛陀所说"空"义。因为在佛陀所说的"空"义之中,是没有上述各种"过失"的。

己二、释

【原文】

以有空义故,一切法得成;若无空义者,一切则不成。

---

① 《大正藏》第 25 卷,第 563 页下。

【述义】

　　"第十四偈"指出：正是因为有了"空"义的缘故，一切诸法才能够成立；如果没有"空"义的话，一切诸法就不能够成立。

　　《中论》诸品各种破除，无非以"空"破"有"。如果诸法"不空"而有"自性"存在，则皆为恒常，一切诸法都孤立永恒存在，如此则没有"生灭""缘起""因果"等各种关系，一切诸法也就都不能够建立。如果诸法"空"无"自性"，"生灭""缘起""因果"等各种关系反而得以能够建立。

　　　戊二、宾有过　二
　　　己一、标

【原文】

　　汝今自有过，而以回向我；如人乘马者，自忘于所乘。

【述义】

　　"第十五偈"指出：你如今自己有"过失"，反而以此来指责我，如同有人骑在马上，却忘记自己骑在马上一样。

　　此"马"喻"过"也。外道自有破坏世出世法之过失，反而指责佛法有相同过失；犹如骑马之人忘记自己正在骑马，而谓别人骑马一样。

　　　己二、释　二
　　　庚一、举过

【原文】

若汝见诸法，决定有性者，即为见诸法，无因亦无缘。

【述义】

"第十六偈"指出：如果你见到"诸法"，决定有"自性"存在的话，这就是见到"诸法"，没有"因"也没有"缘"。

如果诸法有"自性"，那就是永恒存在，没有生也没有灭，无须依赖"众缘"作为生起之"因"了。

庚二、归谬

【原文】

即为破因果，作、作者、作法，亦复坏一切，万物之生灭。

【述义】

"第十七偈"指出：这就破坏了"因果"关系，没有"作""作者""作法"之别，从而也破坏了一切万物的生灭变化。

"作"，指所作之业；"作者"，指造业之人；"作法"，指造作之法。以上二偈，即《观作作者品》第三、第四偈义，可参看。

丁二、显正义 三
戊一、总标 二
己一、中道无实

【原文】

众因缘生法，我说即是空，亦为是假名，亦是中道义。

【述义】

"第十八偈"指出：各种"因缘"产生法，我说就是"无"自性，也就是有个"假名"，这就是"中道"正义。

此偈历来被视为《中论》之核心，因鸠摩罗什译本后三小句各有一个"是"字，故称为"三是偈"。又龙树造、后秦鸠摩罗什译《大智度论》卷六："因缘生法，是名空相，亦名假名，亦名中道。"①又以四字为句。

此偈表义，乃依佛说。唐玄奘译《大般若波罗蜜多经》卷五三六《宣化品》："佛告善现：'若菩萨摩诃萨行深般若波罗蜜多，遍观十方殑伽沙等诸佛世界及诸佛众并所说法自性皆空，但有世俗施设名字说为世界、佛众及法，如是世俗施设名字自性亦空。'"②《般若灯论》："如经偈言：'从缘不名生，生法无自体。若有属缘者，是即名为空。世间出世间，但是假施设。其有解空者，名为不放逸。'如《楞伽经》说：'自体无起，体无起者。'如佛告大慧：'我说一切法空。若言从缘生者，亦是空之异名。何以故？因施设故。世间出世间法并是世谛所作，如是施设名字即是中道。'"③青目《释》："离有无二边，故名为中道。是法无性故不得言有，亦无空故不得言无。"④

可见，一切依众缘和合而产生的诸法，都是空无自性的，它们只是有一个虚假的名相，并没有实体性存在。这种远离二边见，既看到诸法"性空"，又不否定其现相存在，即为符合"中道"之正确观察。

---

①　《大正藏》第 25 卷，第 107 页上。
②　《大正藏》第 7 卷，第 752 页下。
③　《大正藏》第 30 卷，第 126 页中。
④　《大正藏》第 30 卷，第 33 页中。

己二、一切法空

【原文】

　　未曾有一法，不从因缘生，是故一切法，无不是空者。

【述义】

　　"第十九偈"指出：未曾有过任何一法不是从因缘中产生，因此一切有为诸法无不是空无自性。

　　龙树造、后秦鸠摩罗什译《大智度论》卷七四："离是二边说中道，所谓诸法因缘和合生，是和合法无有一定法故空。何以故？因缘生法无自性，无自性故即是毕竟空。"①此"毕竟空"即"诸法实相"也。

　　戊二、分破 二
　　己一、破出世法 三
　　庚一、破四谛 二
　　辛一、总标

【原文】

　　若一切不空，则无有生灭；如是则无有，四圣谛之法。

【述义】

　　"第二十偈"指出：如果一切法不空，就不会有"生灭"；像这样就不会再有"四圣谛"等法。

　　此即回应"第一偈"诘难。外道谓"诸法性空而无生灭"，实为

---

① 《大正藏》第25卷，第581页中一下。

"诸法性不空而无生灭"。如果一切有为诸法自性实有,则为永恒存在,那也就没有"产生"和"灭亡"。既然没有了"生灭",又怎么还能有"因果"? 没有了"因果",又如何还能有"四谛法"?

辛二、分破 二
壬一、破四谛法 二
癸一、破有定性 四
子一、破苦谛

【原文】

苦不从缘生,云何当有苦? 无常是苦义,定性无无常。

【述义】

"第二十一偈"指出:如果"苦"不从众缘中产生,又如何应当还会有"苦"呢?"无常"就是"苦"的意义,如果决定有自性存在就没有"无常"了。

龙树造、后秦鸠摩罗什译《大智度论》卷三:"因缘生故无常,无常故苦。"[①]一切有为诸法皆从"因缘"中产生,故有"生灭";有"生灭"故"无常","无常"故"苦"。若"苦"决定有"自性"存在,就不会从"因缘"中产生,故无有"生灭";无"生灭"即为"常","常"非"无常",故无"苦"。

子二、破集谛

① 《大正藏》第25卷,第78页下。

【原文】

若苦有定性,何故从集生? 是故无有集,以破空义故。

【述义】

"第二十二偈"指出:如果"苦"有决定自性存在,又怎么还会从"集"中产生呢? 所以就没有"集",这是由于破坏了"空"义而导致的。

"集谛"为"苦谛"产生之"因",因诸业烦恼"集"起而有"苦"产生。如果"苦"有决定自性存在,就不需要依赖"集"来生起。如此作为"苦"因之"集",也就没有存在的必要了。正是由于外道破坏了真正的"空"义,才导致"集谛"也不存在了。

子三、破灭谛

【原文】

苦若有定性,则不应有灭。汝著定性故,即破于灭谛。

【述义】

"第二十三偈"指出:"苦"如果有决定自性存在,就不应该会有"灭亡"。你执著有决定自性存在,就破坏了"灭谛"。

如果"苦"有决定自性存在,就不会从"集"中产生,没有产生就没有灭亡,如此"灭谛"也不复存在。

子四、破道谛

【原文】

苦若有定性,则无有修道;若道可修习,即无有定性。

【述义】

　　"第二十四偈"指出："苦"如果有决定自性存在,就没有"修道"了;如果还有"道"可以修习,就说明没有决定自性存在。

　　人有苦说明还未得道,故须修道方能离苦。道未得,通过修习而得。此未得而得,即为道生。道亦有生,道即无常,故知"道谛"亦无决定自性。

　　以上四偈,即破外道执有定性。如果"四谛"有决定自性存在,则"四谛"尽皆破坏;故知"四谛"没有决定自性存在,"四谛"方能施设成立。

癸二、破无定性

【原文】

　　若无有苦谛,及无集灭谛,所可灭苦道,竟为何所至?

【述义】

　　"第二十五偈"指出:如果没有"苦谛",也没有"集谛""灭谛",那所可以灭除苦的"道谛",最终怎样能达到呢?

　　此执"有无"二边。前破"四谛"决定有自性,然外道不解"空无自性"之义,意谓非有即无,转计"四谛"虚无所有。如此"恶取空"见,根本否定"四谛"之存在,则"四谛"亦尽皆破坏。

壬二、破四谛行 二
癸一、破苦谛

【原文】

　　若苦定有性，先来所不见，于今云何见？其性不异故。

【述义】

　　"第二十六偈"指出：如果"苦"决定有自性存在，先前从来所不能观见，于现今为何又能被观见呢？因其自性是没有任何变异的缘故。

　　世人感受之苦，都是先无而后有的。如果"苦"有决定自性存在，此恒常自性就不会有任何变异发生，那先前感受不到"苦"，后来应该还是感受不到才对。可实际情况并非如此，当知"苦"是有生灭变异的，说明"苦"没有决定自性存在。

癸二、破余谛

【原文】

　　如见苦不然，断集及证灭，修道及四果，是亦皆不然。

【述义】

　　"第二十七偈"指出：如同上面"见苦"不正确一样，那"断集"以及"证灭"，"修道"以及"四果"，这些也全都不正确。

　　如果"苦"有决定自性存在，则"苦"不可"见"；如果"集""灭""道"有决定自性存在，则"集"不可断、"灭"不可证、"道"不可修，因皆恒常不异，由此也就没有声闻"四果"可得。可见，"四谛"及"四果"皆无决定自性存在。

　　以上二偈，即回应"第二偈"诘难。外道谓"诸法性空而无四谛法行"，实为"诸法性不空而无四谛法行"。

庚二、破四果

【原文】

是四道果性，先来不可得。诸法性若定，今云何可得？

若无有四果，则无得向者。

【述义】

　　"第二十八偈"指出：这四种道果的自性，先前从来是不可以获得的。一切诸法自性如果决定存在，现今又如何可以获得呢？

　　"第二十九偈"前半指出：如果没有"四果"，也就没有获得"四向"之人。

　　此即回应"第三偈"诘难。外道谓"诸法性空而无四果四向"，实为"诸法性不空而无四果四向"。四种道果乃证得境界，无修之人无得，修道之人可得。此"可得"之果，即有生灭，故其性无常。若诸法皆有决定自性，"四果"亦体性恒常，则凡夫永远无法修得证果。既然无人能证"四果"，也就无有向于圣道之人。

庚三、破三宝 二
辛一、正说三宝 三
壬一、破僧宝

【原文】

以无八圣故，则无有僧宝。

【述义】

　　"第二十九偈"后半指出：由于没有"八贤圣"的缘故，也就没有"僧宝"。

壬二、破法宝

【原文】

　　无四圣谛故,亦无有法宝;

【述义】

　　"第三十偈"前半指出：由于没有"四圣谛"的缘故,也就没有了"法宝"。

壬三、破佛宝

【原文】

　　无法宝、僧宝,云何有佛宝?

【述义】

　　"第三十偈"后半指出：由于没有了"法宝""僧宝",又怎么能有"佛宝"呢?

　　以上三个半偈,即回应"第四、第五偈"诘难。外道谓"诸法性空而无三宝",实为"诸法性不空而无三宝"。

辛二、别说佛宝 二
壬一、举过

【原文】

汝说则不因,菩提而有佛;亦复不因佛,而有于菩提。

【述义】

"第三十一偈"指出:按照你的说法,就不会因"菩提"而有"佛",也又不会因"佛"而有"菩提"。

"菩提"为觉,"佛"为觉者。无有"觉悟之法",便无"觉悟之人";无有"觉悟之人",亦无"觉悟之法"。可见,因"菩提之道"而有"佛",因"佛"而有"菩提之道","佛"与"菩提"亦因果相待也。如果"菩提"与"佛"皆有决定自性存在,那二者均永恒常存,故不需相待而成也。

壬二、归谬

【原文】

虽复勤精进,修行菩提道,若先非佛性,不应得成佛。

【述义】

"第三十二偈"指出:虽然再如何勤奋精进,修行菩提道法,如果先天没有佛性存在,那就不应该得以成就佛果。

如果"佛"与"菩提之道"不是相待而成,各自独立永恒存在,那除非某人已经具有"佛性",否则不论其如何"修行菩提道",也不可能"成佛"。换言之,如果某人已经具有"佛性",那也就不用再"修行菩提道",因为已经"成佛"了。

可见,外道谓"诸法性空而破出世法",实为"诸法性不空而破出世法"。

己二、破世俗法 三
庚一、标示

【原文】

若诸法不空,无作罪福者。不空何所作? 以其性定故。

【述义】

"第三十三偈"指出:如果诸法自性不空,那就没有造作罪福之人。诸法自性不空又如何能有所造作呢? 因为诸法自性决定存在。

"罪福"者,乃人造业所感招之果报,造善业得福报,造恶业得罪报。然此"罪福"能为人造业感招产生,说明其性"无常"。如果一切诸法自性不空,"罪福"等也有恒常自性,那不需人去造作,则"罪福"应当永恒存在。可实际情况并不是这样,显然"罪福"没有决定自性存在。

庚二、分破 二
辛一、性定无生

【原文】

汝于罪福中,不生果报者,是则离罪福,而有诸果报。

【述义】

"第三十四偈"指出:你在"罪福"之中,不能够产生果报的话,这就是脱离了"罪福",而有各种"果报"存在。

如果承认"罪福"和"果报"都有各自决定自性存在,那"果报"就不是依靠"罪福"而产生的,这就割裂了"罪福"与"果报"的相生关系。

辛二、性空有生

【原文】

若谓从罪福，而生果报者，果从罪福生，云何言不空？

【述义】

"第三十五偈"指出：如果认为从"罪福"中而能够产生出"果报"的话，"果报"从"罪福"中产生，又怎么能说其体性是"不空"的呢？

如果承认"果报"是从"罪福"中产生的，那"果报"就是"无常"。此"无常"就没有恒常自性，而"无自性"就是"空性"。

以上三偈，即回应"第六偈"前半诘难。外道谓"诸法性空而无罪福"，实为"诸法性不空而无罪福"。

庚三、结破

【原文】

汝破一切法，诸因缘空义，则破于世俗，诸余所有法。

【述义】

"第三十六偈"指出：你破除了一切诸法，从各种因缘产生之无自性"空义"，这就破坏了世俗谛中各种其余一切所有诸法。

此即回应"第六偈"后半诘难。外道谓"诸法性空而破世俗法"，实为"诸法性不空而破世俗法"。

戊三、作结 二
己一、破空邪见 二

庚一、破世俗法 二
辛一、明无作过

【原文】

　　若破于空义,即应无所作,无作而有作,不作名作者。

【述义】

　　"第三十七偈"指出:如果破坏了"空义",就应该一无所作,无所作而说有所作,那岂不是将"不作"称为"作"了嘛。

　　如果破坏了诸法"空无自性",认为诸法"决定有性",那世间一切事物都应该是永恒存在。既然是永恒存在,就不需要有人来造作。可实际情况并不是这样,世间事物的产生还是有所造作的。有决定自性无须造作,而又说诸法有所造作,这不就是将"不造作"等同于"造作"了嘛。可见,诸法是没有自性存在的。

辛二、明常住过

【原文】

　　若有决定性,世间种种相,则不生不灭,常住而不坏。

【述义】

　　"第三十八偈"指出:如果有决定自性存在,世间事物的各种相状,就应该是不生不灭,"常住"而不坏灭的。

　　如果诸法实有自性,自性就是恒常,故世间一切事物乃至所有生命,都应该是永恒存在,永远不会坏灭死亡,这就是佛教所批判的"常见"。可事实并非如此,世间没有一法可以永恒存在。

　　可见,如果承认诸法有"决定自性",世间一切事物都无法成立,反而破坏了诸法的存在。

庚二、破出世法

【原文】

　　若无有空者,未得不应得,亦无断烦恼,亦无苦尽事。

【述义】

　　"第三十九偈"指出:如果没有"空性",那"未得"之道果就不应该能够得到,也没有断除烦恼,也没有将"苦"灭尽等事了。

　　如果诸法不是"空无自性",而"实有自性"的话,那各种出世道果体性也是恒常,无有生灭。如此世人就无法可修、无果可得,也就无从去断除烦恼、离苦解脱了。因为一切诸法皆永恒存在,"烦恼""苦"等不可断灭,各种"道果"等不可修证。

　　可见,如果承认诸法有"决定自性",出世间法也不能成立,反而破坏了解脱之道。

己二、显空正见

【原文】

　　是故经中说:若见因缘法,则为能见佛,见苦、集、灭、道。

【述义】

　　"第四十偈"指出:因此佛在经中说,如果见到因缘所生法,就是能够见到佛陀,见到苦、集、灭、道。

北凉昙无谶译《大般涅槃经》卷二七《师子吼菩萨品》："是故我于诸经中说：'若有人见十二缘者，即是见法。见法者，即是见佛。'"①龙树造、后秦鸠摩罗什译《大智度论》卷五〇："此中佛自说：'见法身者，是为见佛。'法身者，不可得法空；不可得法空者，诸因缘边生法，无有自性。"②

后秦鸠摩罗什译《思益梵天所问经》卷一《解诸法品》："苦不名为圣谛，苦集不名为圣谛，苦灭不名为圣谛，苦灭道不名为圣谛。所以者何？若苦是圣谛者，一切牛、驴畜生等，皆应有苦圣谛。若集是圣谛者，一切在所生处众生，皆应有集圣谛。所以者何？以集故生诸趣中。若苦灭是圣谛者，观灭者、说断灭者，皆应有灭圣谛。若道是圣谛者，缘一切有为道者皆应有道圣谛。梵天！以是因缘故，当知圣谛非苦、非集、非灭、非道。圣谛者，知苦无生，是名苦圣谛；知集无和合，是名集圣谛；于毕竟灭法中，知无生无灭，是名灭圣谛；于一切法平等，以不二法得道，是名道圣谛。"③

如果能够见到"因缘"所生之法，知晓其体"空无自性"，那么见到"远离有无二边"之"空性"，就能见到诸"佛"之法身，就能见到真正的"四圣谛"。

---

① 《大正藏》第 12 卷，第 524 页上。
② 《大正藏》第 25 卷，第 418 页中。
③ 《大正藏》第 15 卷，第 38 页下—39 页上。

观涅槃品

科　　目

甲二十五、观涅槃品 二

【述义】

《观涅槃品》是《中论》的第二十五品，共有二十四偈。所谓"涅槃"，为梵语音译，意译为灭，指一切烦恼灭尽之状态。"灭"其实是一种比喻，就是火燃烧殆尽之状态。佛教将"火"比喻为"烦恼"，烦恼之火灭尽就是"涅槃"。本品虽观涅槃，但义承上品，仍旨在破除外道"恶取空"见，指出诸法性空方成涅槃，诸法性不空而无涅槃。此涅槃"离四句""绝百非"，非凡俗心行言语可及，然又不离世间而别有。"真俗"不二，故"涅槃"与"世间"亦无分别。又"涅槃"为佛教终极之境，故以本品结《中论》"大乘"法义。

乙一、正观涅槃 二
丙一、破邪见 二
丁一、宾诘

【原文】

若一切法空，无生无灭者，何断何所灭，而称为涅槃？

【述义】

"第一偈"指出：如果一切诸法都是空的，没有产生也没有灭亡的话，那什么被断除、什么被灭掉后，而被称为涅槃呢？

此即外道不解"空"义，还以"恶取空"见，认为如果一切诸法体性皆空，那就没有烦恼可断、生死可灭，更不会有相应的"涅槃"可证。

丁二、主答 二
戊一、反诘

【原文】

若诸法不空，则无生无灭，何断何所灭，而称为涅槃？

【述义】

"第二偈"指出：如果一切诸法都是不空的，便没有产生也没有灭亡，那什么被断除、什么被灭掉后，而被称为涅槃呢？

此就前诘直接反驳外道所难之问题，恰恰是"不空"造成的。如果一切诸法体性不空，都具有真实存在，那所有事物都是永恒存在，生死烦恼反而倒不能被断灭。如此生死烦恼也是永恒存在，又怎么还能有"涅槃"可证呢？因为"涅槃"需要断灭生死烦恼以后，才能获得。

戊二、标正

【原文】

无得亦无至，不断亦不常，不生亦不灭，是说名涅槃。

【述义】

"第三偈"指出：没有获得也没有所至，不断灭也不恒常，不产生也不灭亡，这就可以称为"涅槃"。

"无得"者，无所得也。龙树造、后秦鸠摩罗什译《大智度论》卷一八："诸法实相中，受决定相不可得，故名无所得。"①卷九九："一

---

① 《大正藏》第 25 卷，第 197 页中。

切应智般若中,说是寂灭相、无戏论。若得是法,则名无所得。无所得故名为佛,佛即是空。"①

"无至"者,无所至也。龙树造、后秦鸠摩罗什译《大智度论》卷九〇:"性空无实住处,无所从来、去无所至,是名常住法相。常住法相是性空之异名,亦名诸法实相。是相中无生无灭、无增无减、无垢无净。"②

当知"涅槃"即诸法实相,无独立别有之"涅槃"境界可得可至,更不能以"断常""生灭"等二边分别。《观缚解品》:"不离于生死,而别有涅槃,实相义如是,云何有分别?"故"无得亦无至"。《观法品》:"若法从缘生,不即不异因,是故名实相,不断亦不常。""诸法实相者,心行言语断,无生亦无灭,寂灭如涅槃。"故"不断亦不常,不生亦不灭"。

又"无得"非是别有"无所得"之境界存在,乃消除"有得""无得"之分别,即为"无所得"。后秦鸠摩罗什译《摩诃般若波罗蜜经》卷二〇一《三慧品》:"须菩提白佛言:'世尊。云何名有所得? 云何名无所得?'佛告须菩提:'诸有二者,是有所得;无有二者,是无所得。'"③

丙二、显正见 二

丁一、离四句义 二

戊一、分破 三

己一、破有无 二

庚一、分破 二

---

① 《大正藏》第 25 卷,第 746 页下。
② 《大正藏》第 25 卷,第 697 页下。
③ 《大正藏》第 8 卷,第 373 页下。

辛一、破有 三
壬一、从老死破

【原文】

涅槃不名有，有则老死相，终无有有法，离于老死相。

【述义】

"第四偈"指出："涅槃"不能称为是"有"，"有"就是"老死"之相，始终没有"有"法，可以脱离于"老死"之相。

"有"即存在。"涅槃"不能被视为一种存在，凡是存在的事物都会衰变、坏灭。"涅槃"是不生不灭的，所以没有这种"老死相"。

壬二、从有为破

【原文】

若涅槃是有，涅槃即有为，终无有一法，而是无为者。

【述义】

"第五偈"指出：如果"涅槃"是"有"，那"涅槃"就是有为法，终究没有一个法，而能是无为法了。

"涅槃"属无为法。龙树造、后秦鸠摩罗什译《大智度论》卷一六："若诸法实相，无为无作，如涅槃相。"①凡是存在都是依众缘产生的，缘起法属于有为法。如果"涅槃"是一种存在，那同样应该属于有为法。可一旦"涅槃"也是有为法了，那就再没有什么法属于无为法了。当然，"涅槃"是不离"生死"的，"生死"之外别无独立

——————

① 《大正藏》第 25 卷，第 175 页上。

"涅槃"境界存在;"无为"也是相对"有为"而假名言之,并无独立之"无为法"存在。故《观三相品》:"有为法无故,何得有无为?"

壬三、从执受破

【原文】

　　若涅槃是有,云何名无受? 无有不从受,而名为有法。

【述义】

　　"第六偈"指出:如果"涅槃"是"有",如何能称为是"无受"呢? 没有任何法不是从"受取",而被称为是"有"法。

　　涅槃者,为诸法实相。实相者,为毕竟空相,故无所受取。龙树造、后秦鸠摩罗什译《大智度论》卷五五:"诸法实相,亦名无受,亦名如。诸法中不可著,故名无受。"① 凡世间存在之法,皆可为人所受取。"涅槃"若为存在,亦应"有受",而非"无受"。

辛二、破无 二
壬一、从有无破

【原文】

　　有尚非涅槃,何况于无耶? 涅槃无有有,何处当有无?

【述义】

　　"第七偈"指出:"有"尚且非是"涅槃",更何况于"无"呢? 如果

---

① 《大正藏》第 25 卷,第 454 页中。

"涅槃"没有"存在",又于何处应当有"不存在"呢?

"涅槃"乃不生不灭、非断非常,不能以"有无"来分别。"有无"本相待成立,前论"涅槃"是"有"尚且不能成立,此论"涅槃"是"无"更是不能成立。

壬二、从执受破

【原文】

若无是涅槃,云何名不受?未曾有不受,而名为无法。

【述义】

"第八偈"指出:如果根本没有"涅槃",如何能称为是"不受"呢?还未曾有"不受"法,而被称为"无"法。

如果"涅槃"根本不存在,就不会说有"不受"法名为"涅槃"了。"不受"者,不受取有,也不受取无。既然"不受",既非有法,又非无法。故不可以"不受",而名为"无法"也。

庚二、结破 二
辛一、明正观

【原文】

受诸因缘故,轮转生死中;不受诸因缘,是名为涅槃。

【述义】

"第九偈"指出:由于"受取"各种"因缘"的缘故,才会轮转于生死之中;"不受取"各种"因缘",这就称为"涅槃"。

"受诸因缘"者,执诸法实有。"不受诸因缘"者,见诸法空性。故"有受"不见空性,即堕生死轮转;"不受"见于空性,即得涅槃解脱。

辛二、引佛说

【原文】

如佛经中说:"断有断非有。"是故知涅槃,非有亦非无。

【述义】

"非有"者,即无也。

"第十偈"指出:正如佛经中所说,"既要断除有,又要断除非有"。因此知道"涅槃"是非有非无的。

此偈所引佛经,可参《观有无品》"第七偈"述义。

己二、破亦有亦无 四
庚一、从解脱破

【原文】

若谓于有无,合为涅槃者,有无即解脱,是事则不然。

【述义】

"有无合"者,指亦有亦无也。

"第十一偈"指出:如果认为将"有无",合起来作为"涅槃"的话,那"有无"就是解脱,这事肯定是不正确的。

"有"非涅槃,"无"非涅槃,"有无"相合更非涅槃。

庚二、从执受破

【原文】

　　若谓于有无，合为涅槃者，涅槃非无受，是二从受生。

【述义】

　　"第十二偈"指出：如果认为将"有无"，合起来作为"涅槃"的话，"涅槃"并非是"无受"的，这二者都是从"受"中产生的。

　　有者，执常；无者，执断。《观成坏品》："若有所受法，即堕于断常。"可见"有无"皆从"受取"中产生，故皆"有受"，非是"涅槃"。

庚三、从有为破

【原文】

　　有无共合成，云何名涅槃？涅槃名无为，有无是有为。

【述义】

　　"第十三偈"指出："有无"共同合成，如何称为"涅槃"呢？"涅槃"是无为法，而"有无"是有为法。

　　"有"为有为，"无"为有为，"有无"相合仍为有为。"涅槃"非有为，故"有为合"非是"涅槃"。

庚四、从时处破

【原文】

　　有无二事共，云何是涅槃？是二不同处，如明暗不俱。

【述义】

"第十四偈"指出："有无"二事共同,如何能是"涅槃"呢? 这二者不相同处,犹如明暗不能俱有。

"有无"性异,不能一时共有,又岂能相合焉?

己三、破非有非无 二
庚一、设问

【原文】

若非有非无,名之为涅槃,此非有非无,以何而分别?

【述义】

"第十五偈"指出: 如果认为"非有非无",可以称之为"涅槃"的话,这个"非有非无"又以什么来分别呢?

庚二、作答

【原文】

分别非有无,如是名涅槃,若有无成者,非有非无成。

【述义】

"第十六偈"指出: 如果分别"非有非无",这样就可称为"涅槃"的话,必须以"有无"成立的情况下,"非有非无"才能得以成立。

"非有非无"是对"亦有亦无"的否定,而"亦有亦无"必须以"有无"为前提。"有无"成立,"亦有亦无"才能成立;"亦有亦无"成立,"非有非无"才能成立。然前已明"有""无""亦有亦无"皆非涅槃,故知"非有非无"亦非涅槃。

戊二、结破 二
己一、灭度后离

【原文】

　　如来灭度后，不言有与无，亦不言有无，非有及非无。

【述义】

　　"第十七偈"指出：如来灭度以后，不能说是"有"或是"无"，也不能说是"亦有亦无""非有非无"。

　　此如来灭后"离四句"义，亦为"无记"问题。南朝刘宋求那跋陀罗译《杂阿含经》卷三四"第九五八经"："若有来问如来有后死、无后死、有无后死、非有非无后死，不为记说。"①

己二、现在时离

【原文】

　　如来现在时，不言有与无，亦不言有无，非有及非无。

【述义】

　　"第十八偈"指出：如来于现在时，不能说是"有"或"无"，也不能说是"亦有亦无""非有非无"。

　　如来乃证涅槃者，故于当下亦"离四句"。然如来未降世时，世

①　《大正藏》第2卷，第244页下。

间无佛,无从言及"四句",故只论"灭度""现在"二时也。

丁二、与世不二 三
戊一、无分别

【原文】

　涅槃与世间,无有少分别;世间与涅槃,亦无少分别。
【述义】

　"第十九偈"指出:"涅槃"与"世间"诸法,无有少许分别;"世间"诸法与"涅槃",也无少许分别。

　"涅槃"虽为"出世法",然"出世法"不离"世间法"。见"世间法"空性,即见诸法实相;见诸法实相,即见"涅槃"寂灭相。于空性实相,"涅槃"与"世间"二者无有差别。故《观如来品》:"如来所有性,即是世间性。"

戊二、际无差

【原文】

　涅槃之实际,及与世间际,如是二际者,无毫厘差别。
【述义】

　"第二十偈"指出:"涅槃"之实际,以及与"世间"之实际,像这样二种实际,没有丝毫差别。

　此"实际"即就"无自性"而言。"涅槃"无自性,"世间"亦无自性,二者平等无差。故《观如来品》:"如来无有性,世间亦无性。"

戊三、离诸见

【原文】

　　灭后有无等，有边等、常等，诸见依涅槃，未来、过去世。

【述义】

　　"第二十一偈"指出：如来灭度后"有""无""有无""非有非无"，世间"有边""无边""边无边""非边非无边"及"常""无常""常无常""非常非无常"，各种邪见都是依"涅槃"，以及依"未来世""过去世"生起的。

　　"灭后有无等"义同前"第十七偈"，是就如来"涅槃"而言；"有边等"是就"未来世"而言，妄测世间有无边际；"常等"是就"过去世"而言，妄测世间存在与否。此均属"无记"之问题，故皆不可得。又"未来""过去"义，可参《观邪见品》。

　　乙二、正显法空 三
　　丙一、标示

【原文】

　　一切法空故，

【述义】

　　"第二十二偈"第一小句指出：一切法体性皆空。

　　丙二、破邪 三
　　丁一、离边四句

【原文】

　　何有边、无边,亦边亦无边,非有非无边?

【述义】

　　"第二十二偈"后三小句指出:怎么还会有"有边""无边""亦边亦无边""非有非无边"的分别呢?

　　　　丁二、离一异别

【原文】

　　何者为一异?

【述义】

　　"第二十三偈"第一小句指出:怎么还会有"同一""相异"的分别呢?

　　　　丁三、离常四句

【原文】

　　何有常、无常,亦常亦无常,非常非无常?

【述义】

　　"第二十三偈"后三小句指出:怎么还会有"常""无常""亦常亦无常""非常非无常"的分别呢?

　　　　丙三、显正

【原文】

诸法不可得,灭一切戏论,无人亦无处,佛亦无所说。

【述义】

"第二十四偈"指出:诸法自性皆不可得,灭除一切戏论,没有人也没有处所,佛陀也没有任何所说。

此偈结于本品,亦为前二十五品之总结。从本论开端立"八不"至此,详释诸法空无自性之理,以显大乘胜义中观之道。然此理"无我"可学,故"无人";此道"无法"可证,故"无处"。此"人法"二空之"理道",是"心行言语断""空则不可说"的,然佛为方便教化,"但以假名说",故实"无所说"也。后秦鸠摩罗什译《金刚般若波罗蜜经》:"须菩提。汝勿谓如来作是念:'我当有所说法。'莫作是念,何以故?若人言:'如来有所说法',即为谤佛,不能解我所说故。须菩提。说法者,无法可说,是名说法。"①

---

① 《大正藏》第 8 卷,第 751 页下。

观十二因缘品

科　目

甲二十六、观十二因缘品 二

【述义】

　　《观十二因缘品》是《中论》的第二十六品,共有九偈。所谓"十二因缘",即"十二支",在《观六情品》中已述其义。后秦佛陀耶舍、竺佛念译《长阿含经》卷一〇《大缘方便经》:"如是缘痴有行,缘行有识,缘识有名色,缘名色有六入,缘六入有触,缘触有受,缘受有爱,缘爱有取,缘取有有,缘有有生,缘生有老、死、忧、悲、苦恼大患所集,是为此大苦阴缘。"①当知此品次第依之施设。《般若灯论》命名此品为《观世谛缘起品》,《大乘中观释论》命名此品为《观梦幻品》,意在强调世法皆是缘生无实,犹如"梦幻""乾闼婆城"也。又此品为"声闻法入第一义道"②,故发"小乘"义端。

　　乙一、分说 十一
　　丙一、缘痴有行

【原文】

　　　众生痴所覆,为后起三行,以起是行故,随行堕六趣;

【述义】

　　"痴",指无明。"三行",指"身业""口业""意业"或"福行""罪行""不动行"。"六趣",指六道。

---

① 《大正藏》第 1 卷,第 60 页中。
② 《大正藏》第 30 卷,第 36 页中。

"第一偈"指出：众生为"无明愚痴"所覆藏，为"后有"引发生起三种"行"业，由于生起这样的"行"，随着"行"堕入"六道"生死轮转之中。

丙二、缘行有识

【原文】

以诸行因缘，识受六道身；

【述义】

"第二偈"前半指出：由于各种"行"为因缘，引发生起"识"承受形成"六道"中的身体。

丙二、缘识有名色

【原文】

以有识著故，增长于名色；

【述义】

"名"，指心识，即无形意识。"色"，指肉身，即有形物质。"名色"，指最初形成之人体。

"第二偈"后半指出：由于有了对"识"的执著，增长产生形成"名色"。

丙三、缘名色有六入

【原文】

　　名色增长故,因而生六入;

【述义】

　　"六入",指眼、耳、鼻、舌、身、意等六根。

　　"第三偈"前半指出:由于"名色"的增长,因而产生形成"六入"。

　　　丙四、缘六入有触

【原文】

　　情、尘、识和合,而生于六触;

【述义】

　　"情",指六情,即六根。"尘",指六尘,即:色、声、香、味、触、法。"识",指六识,即:眼识、耳识、鼻识、舌识、身识、意识。"六触",指眼触、耳触、鼻触、舌触、身触、意触。

　　"第三偈"后半指出:"六情"缘取"六尘"产生"六识"的和合过程中,从而产生出"六触"。

　　　丙五、缘触有受

【原文】

　　因于六触故,即生于三受;

【述义】

　　"三受"者,指苦受、乐受、不苦不乐受。

　　"第四偈"前半指出:由于有了"六触",就产生出"三受"。

此"三受"为"根""境""识"相互和合,引发"触"之作用后产生的,而"六触"各具"三受",总计当有十八种感受。

丙六、缘受有爱

【原文】

以因三受故,而生于渴爱;

【述义】

"渴爱",指众生爱著之欲,犹如口渴求水般强烈。

"第四偈"后半指出:由于有了"三受",从而产生形成"渴爱"。

丙七、缘爱有取

【原文】

因爱有四取;

【述义】

"第五偈"第一小句指出:由于"渴爱"而有"欲""见""戒""我语"等"四取"。

丙八、缘取有有

【原文】

因取故有有,若取者不取,则解脱无有;

【述义】

"有",指形成三界中之生命存在,即:欲有、色有、无色有。

"第五偈"后三小句指出:由于"取"而有了"有",如果"取"不去执取的话,就能得以"解脱"而不再感招"三有"。

丙九、缘有有生

【原文】

从有而有生;

【述义】

"生",指于六道轮转中受生。

"第六偈"第一小句指出:从"有"而有"生"。

丙十、缘生有老死

【原文】

从生有老死;

【述义】

"老死",指衰老和死亡。

"第六偈"第二小句指出:从"生"而有"老死"。

丙十一、缘老死有诸苦恼

【原文】

　　从老死故有，忧悲诸苦恼。

【述义】

　　"第六偈"后半指出：从"老死"而有"忧愁""悲痛"等各种"苦恼"产生。

乙二、结说 二
丙一、凡夫流转

【原文】

　　如是等诸事，皆从生而有，但以是因缘，而集大苦阴。

　　是谓为生死，诸行之根本，无明者所造。

【述义】

　　"苦阴"，指人身。

　　"第七偈"指出：像这等各种事，全都从生而存在，就是以这十二种因缘，而集聚形成极大"苦阴"。

　　"第八偈"前三小句指出：这就称为"生死"，是各种"行"业之根本，为"无明"愚痴者所造作。

　　此就"十二因缘"顺观而言。由"无明"依次为缘，次第生起，故有"生死"轮转也。后秦佛陀耶舍、竺佛念译《长阿含经》卷一《大本经》："复作是念：'生死何从？何缘而有？'即以智慧观察所由，从生有老死，生是老死缘；生从有起，有是生缘；有从取起，取是有缘；取从爱起，爱是取缘；爱从受起，受是爱缘；受从触起，触是受缘；触从六入起，六入是触缘；六入从名色起，名色是六入缘；名色从识起，识是名色缘；识从行起，行是识缘；行从痴起,痴是行缘。是为缘痴有行,缘行有识,缘识有名色,缘名色有六入,缘六入有触,缘触有受,缘受有爱,缘爱有取,缘取有有,缘有有生,缘生有老、病、死、忧、悲、苦恼,此苦盛阴,缘生而有,是为苦集。"①

丙二、智者还灭

【原文】

智者所不为。

以是事灭故,是事则不生,但是苦阴聚,如是而正灭。

【述义】

"是事",指十二因缘。

"第八偈"第四小句指出:有智慧的人是不会造作的。

"第九偈"指出:由于各因缘次第还灭,各因缘就不会再产生,依从形成的"苦阴"聚集,像这样而得以正确灭除。

此就"十二因缘"逆观而言。由"老死"依次为缘,次第还灭,故有"涅槃"解脱也。后秦佛陀耶舍、竺佛念译《长阿含经》卷一《大本经》:"菩萨复自思惟:'何等无故老死无?何等灭故老死灭?'即以智慧观察所由,生无故老死无,生灭故老死灭;有无故生无,有灭故生灭;取无故有无,取灭故有灭;爱无故取无,爱灭故取灭;受无故爱无,受灭故爱灭;触无故受无,触灭故受灭;六入无故触无,六入灭故触灭;名色无故六入无,名色灭故六入灭;识无故名色无,识灭故名色灭;行无故识无,行灭故识灭;痴无故行无,痴灭故行灭。是

---

① 《大正藏》第1卷,第7页中。

为痴灭故行灭，行灭故识灭，识灭故名色灭，名色灭故六入灭，六入灭故触灭，触灭故受灭，受灭故爱灭，爱灭故取灭，取灭故有灭，有灭故生灭，生灭故老、死、忧、悲、苦恼灭。"①

---

① 《大正藏》第1卷，第7页中—下。

观邪见品

科　目

甲二十七、观邪见品

乙一、标示

丙一、过去世邪见

丁一、执我四见

丁二、执世间四见

丙二、未来世邪见

丁一、执我四见

丁二、执世间四见

乙二、分破

丙一、过去世邪见

丁一、破有我

戊一、标示

戊二、分破

己一、依身破

庚一、破身异我

庚二、破身即我

己二、依受破

庚一、标

庚二、释

庚三、结

丁二、破无我

戊一、依相异破

己一、标

己二、释

己三、结

戊二、依有无破

丁三、破余二

丙二、未来世邪见

丁一、依作不作破

丁二、依常不常破

戊一、分破

己一、破常

己二、破无常

己三、破常无常

己四、破非常非无常

戊二、作结

己一、破常

己二、破余三

丁三、依边无边破

戊一、破有边无边

己一、标示

己二、分破

庚一、标

庚二、破

辛一、破有边

辛二、破无边

己三、作结

甲二十七、观邪见品 三

【述义】

《观邪见品》是《中论》的第二十七品,共有三十一偈。所谓"邪见",指不正确之见解。就本品而言,主要是依"过去世"和"未来世",各立八种邪见。此八种邪见,又以"我"与"世间"大分为二。故依"过去世",有我"有无"等四种邪见,及世间"常无常"等四种邪见;依"未来世",有我"作不作"等四种邪见,及世间"边无边"等四种邪见。然于具体讨论中,开合详略有所差别。又此品为"声闻法破邪见"①,故结"小乘"法义。

乙一、标示 二

丙一、过去世邪见 二

丁一、执我四见

【原文】

我于过去世,为有为是无;

【述义】

"第一偈"前半指出:"我"在"过去世"之中,是有、无、亦有亦无、非有非无。

---

① 《大正藏》第30卷,第36页下。

丁二、执世间四见

【原文】

世间常等见，皆依过去世。

【述义】

"第一偈"后半指出："世间"是常、无常、常无常、非常非无常等八种邪见，都是依"过去世"而生起的。

《观涅槃品》第二十一偈，青目《释》："世间有边无边等四见，依未来世起。世间常无常等四见，依过去世起。"[①]

丙二、未来世邪见　二

丁一、执我四见

【原文】

我于未来世，为作为不作；

【述义】

"第二偈"前半指出："我"在"未来世"之中，是有作、无作、亦有作亦无作、非有作非无作。

丁二、执世间四见

---

① 　《大正藏》第 30 卷，第 36 页上。

【原文】

有边等诸见，皆依未来世。

【述义】

"第二偈"后半指出："世间"是有边、无边、边无边、非有边非无边等八种邪见，都是依"未来世"而生起的。

后秦佛陀耶舍、竺佛念译《长阿含经》卷一四《梵动经》："于本劫本见、末劫末见，种种无数，各随意说，尽入此六十二见中。"①"于本劫本见，种种无数，各随意说，尽入十八见中。"②"于末劫末见，无数种种，随意所说，彼尽入四十四见中。"③"于本劫本见，计我及世间是常。"④"于本劫本见起论：我及世间有边无边。"⑤此将"六十二见"依时间分为两大类，于"本劫本见"有十八见，于"末劫末见"有四十四见。"本劫本见"即"前际"，指过去世；"末劫末见"即"后际"，指未来世世。然于"常""边"等八种见皆为"本劫本见"，并非将"边"等四见归为"未来世"。

弥勒造、唐玄奘译《瑜伽师地论》卷八七："有六十二诸恶见趣，谓：四常见论、四一分常见论、二无因论、四有边无边想论、四不死矫乱论，如是十八诸恶见趣，是计前际说我论者。又有十六有见想论、八无想论、八非有想非无想论、七断见论、五现法涅槃论，此四十四诸恶见趣，是计后际说我论者。"⑥亦将"四边无边想论"归为"前际"。

当知，将"边无边"等四见归于"未来世"，乃龙树中观学派之判定也。

---

① 《大正藏》第 1 卷，第 89 页下。
② 《大正藏》第 1 卷，第 89 页下。
③ 《大正藏》第 1 卷，第 92 页中。
④ 《大正藏》第 1 卷，第 90 页上。
⑤ 《大正藏》第 1 卷，第 91 页上。
⑥ 《大正藏》第 30 卷，第 785 页下。

乙二、分破 二
丙一、过去世邪见 三
丁一、破有我 二
戊一、标示

【原文】

过去世有我，是事不可得，过去世中我，不作今世我。

【述义】

"第三偈"指出：于"过去世"中认为有"我"存在，这种事是不可能得到的，因为"过去世"中的"我"，不能作为"现在世"的"我"。

"我"就是指人的生命体。如果"我"有真实自性存在，那就应该恒常没有变化。但人是处于不停的生死轮转当中的，"前世"与"后世"生命肯定存在变化。比如，"我"于"过去世"可能为"天人"，于"现在世"可能为"畜生"，这是"六道"差别；只就人道而言，"我"于"过去世"可能为贵族，于"现在世"可能为奴隶。所以，过去、现在乃至未来，"我"都不可能是同一没有变化的。

戊二、分破 二
己一、依身破 二
庚一、破身异我

【原文】

若谓我即是，而身有异相，若当离于身，何处别有我？

【述义】

有人谓：这种三世轮转只是身体发生变化，而"我"还是一个"我"。

"第四偈"指出：如果认为"我"就是一个"我"，只是"身体"存在差异之相；如果脱离了"身体"，哪里还能别有一个"我"存在呢？

所谓"身"，指五阴假合之体。所谓"我"，指五阴身之主宰。世人以五阴身为真实，妄执身内有一主宰，故成"我执"。此"我"乃依"五阴"假合而产生，属缘起相待之法。《观如来品》："非阴不离阴，此彼不相在，如来不有阴，何处有如来。"同理当知，从"五种义"中推求"五阴"与"我"的关系，"我"都是无有实体了不可得。那脱离了"五阴身"，更不可能有"我"存在了。

庚二、破身即我

【原文】

离身无有我，是事为已成，若谓身即我，若都无有我。

【述义】

既然脱离了"身体"是没有"我"存在的，说明"身我相离"不能成立，那是否"身我相即"就能成立呢？

"第五偈"指出：脱离了"身体"就没有"我"存在，这种事是已经成立的，如果还认为"身体"就是"我"的话，那根本就是没有"我"存在。

"身我相离"不能成立，"谓身即我"也不能成立。因为"身体"肯定不是"我"，这在下偈还有说明。

己二、依受破 三
庚一、标

【原文】

　但身不为我,身相生灭故,云何当以受,而作于受者?

【述义】

　"受",指所受之"五阴身"。"受者",指能受之"我"。

　"第六偈"指出:只是"身体"肯定不是"我",因为"身相"是有生灭的,怎么能够以"受",而等同于"受者"呢?

　五阴假合之"身",乃缘起之法,故有生有灭。"我"依佛教定义,乃为恒常自性,故无有生灭。"有生灭"非"不生灭",故"身"不是"我"。

庚二、释

【原文】

　若离身有我,是事则不然,无受而有我,而实不可得。

【述义】

　"第七偈"指出:如果脱离了"身体"还能有"我"存在,这种事肯定是不正确的,没有"所受"之五阴身而有能受之"我",实际上是不可以得到的。

庚三、结

【原文】

今我不离受，亦不即是受，非无受非无，此即决定义。

【述义】

"第八偈"指出：现今"我"不能脱离"所受"，也不就是"所受"，非是根本没有"所受"、也非是根本没有存在，这就是决定法义。

此重申"我"与"身"之相待关系。"我"不能脱离"身"而存在，"我"也不是"身"；"我"不是"无身"的存在，也不是一种"虚无"的存在。

丁二、破无我 二

戊一、依相异破 三

己一、标

【原文】

过去我不作，是事则不然，过去世中我，异今亦不然。

【述义】

既然"过去世有我"不正确，那就应该是"过去世无我"了。

"第九偈"指出：在"过去世"中的"我"不作现今我，这种事肯定是不正确的，在"过去世"中的"我"，"相异"于"现今"我也是不正确的。

如果"过去我"与"现在我"截然相异，那就是两个不同的生命主体，又怎么能说是"我"呢？就好比两个不同的人，不能说他们具有一个生命主体。

己二、释

【原文】

　　若谓有异者，离彼应有今，我住过去世，而今我自生。

【述义】

　　"第十偈"指出：如果认为是有"相异"的，脱离那个应该有现今这个，"我"安住于"过去世"，而"现今"的"我"是自行产生的。

　　如果截然将"过去我"与"现在我"割裂开来，"现在我"不需要"过去我"而存在，"过去我"就存在于"过去"，与"现在"没有任何关系，那"现在我"就是独立产生的。就如同说人没有"前世"也能有"今世"，这显然是不正确的。

己三、结

【原文】

　　如是则断灭，失于业果报，彼作而此受，有如是等过。

【述义】

　　"第十一偈"指出：像这样就堕入"断灭"，丧失了"业"力、"果报"，彼人作业而此人受报，存在有像这样诸等过失。

　　如果"过去我"与"现在我"毫无关系，这种延续的割裂就是"断灭"，那就无所谓一个人前世"造业"而后世感招"果报"了，要么还可能这个人造业、那个人承受果报，出现诸如此类的各种过失。

　　戊二、依有无破

【原文】

　　先无而今有,此中亦有过:我则是作法,亦为是无因。

【述义】

　　既然"过去我"与"现在我"相异不正确,那"过去"就没有"我","现在我"是新产生了。

　　"第十二偈"指出:先前没有"我"而现今有"我"了,这其中也是有过失的:"我"就是有"造作"之法,也成为"无因"产生了。

　　如果过去没"我",而现今有"我",这个"我"就是有产生的。有产生就是有生灭,有生灭就不是"我","我"应该是恒常的。就算"现在我"是新产生的,由于没有"过去我",那这个"我"属于"无因生",还是构成了极大过失。

　　丁三、破余二

【原文】

　　如过去世中,有我无我见,若共若不共,是事皆不然。

【述义】

　　"第十三偈"指出:如同"过去世"中,"有我""无我"的执见都不正确一样,像"有我""无我"共有或不共有,这种事全都是不正确的。

　　前面已破于"过去世"中"有我""无我"二种执见,那么"共"就是"亦有我亦无我","不共"就是"非有我非无我"也都是不正确的。因为"有我"不正确,"无我"不正确,那两个不正确合起来还是不正确，所以"亦有我亦无我"不正确。既然"亦有我亦无我"不正确，那"非有我非无我"就更不可能正确了。

丙二、未来世邪见 三
丁一、依作不作破

【原文】

我于未来世，为作为不作，如是之见者，皆同过去世。

【述义】

"第十四偈"指出："我"在于"未来世"，为"有造作"还是为"无造作"，像这样的执见，全都同于"过去世"一样。

既然认为于"过去世"中"有我""无我"都不正确，那同理认为于"未来世"中"有作""无作"也都不正确。当然，此处亦包括"共""不共"，即认为于"未来世"中"亦有作亦无作""非有作非无作"同样都是不正确的。

丁二、依常不常破 二
戊一、分破 四
己一、破常

【原文】

若天即是人，则堕于常边；天则为无生，常法不生故。

【述义】

"第十五偈"指出：如果"天人"就是"人"，就堕入到"常"的边见中,"天人"就成为"无生"了,因为"常"法是没有产生的。

　　此举"天人"为例。"人"前世造善业,死后便会往生"天道"成为"天人"。如果说这个"天人"就是"人",没有任何区别,那就属于"常见"。既然"天人"是恒常的,也就应该没有产生,这显然是不符合事实的。

己二、破无常

【原文】

　　若天异于人,是即为无常;若天异人者,是则无相续。

【述义】

　　既然"天人"与"人"相同不正确,那"天人"与"人"就是不同了。

　　"第十六偈"指出:如果"天人"相异于"人",这就成为"无常";如果"天人"相异于"人",这就是没有"相续"的断见。

　　此"无常"即谓"断"。如果"天人"与"人"截然相异,没有任何关系,那也就无所谓"人"往生"天道"而成为"天人"了。"人"死后没有轮转延续,那就彻底断除灭绝,这显然也是不符合事实的。

己三、破常无常

【原文】

　　若半天半人,则堕于二边,常及于无常,是事则不然。

【述义】

　　既然"天人"与"人"相同不正确,相异不正确,那是否为一个人同时具备了"天人"与"人"两种不同的属性呢？

　　"第十七偈"指出：如果半"天人"半"人"，就堕入到"二边见"中，"常"以及"无常"同时共存，这事肯定是不正确的。

　　这里的"半"其实就是"部分"的意思，并非是量词"一半"。由于前面已经讲明，"人"往生到"天道"称为"天人"，"人"与"天人"同异均非，那有人就认为是一个生命体，其中既包括"人"的属性，又包括"天人"的属性，在"人道"就显示出"人"的属性，在"天道"就显示出"天"的属性。此种邪见恰恰堕入"断""常"二边之中，如果一个生命体中具有"人"和"天人"两种属性，随着所处"道"的不同而显现，那说明这两种属性总是存在的，这就是"常见"；如果在"人道"有"人"的属性而无"天人"的属性，在"天道"有"天"的属性而无"人"的属性，那说明这两种属性不能异道存在，这就是"断见"。由于"常"与"断"性质相悖，所以"亦常亦无常"是不可能成立的。

己四、破非常非无常

【原文】

　　若常及无常，是二俱成者，如是则应成，非常非无常。

【述义】

　　"第十八偈"指出：如果"常"以及"无常"，这二者能够同时成立的话，像这样才应该能够成立，非常非无常。

　　"非常非无常"是在"亦常亦无常"的基础上成立的。既然"断""常"不能并存，所以"亦常亦无常"不能成立。既然"亦常亦无常"不能成立，那"非常非无常"也就不能成立。

戊二、作结 二
己一、破常

【原文】

法若定有来,及定有去者,生死则无始,而实无此事。

【述义】

"第十九偈"指出:"法"如果决定"有来",以及决定"有去"的话,"生死"反而就是"无始"的,而实际上没有这种事存在。

此"定有来去"之执见,《观去来品》中已破,故"八不"谓"不来亦不出"。"来去"就人而言,就是"生死"。世人大都认为,不论是事物的成坏,还是人的生死,都应该"有来有去"。似乎佛法也是这么讲,从众缘中生起就是"有来",众缘分散就是"有去"。但如果真有"来去"的话,此"来"也必有来处,此"去"也必有去处,"来"来无尽,"去"去无穷,这就构成"无穷"的极大过失。所谓"无穷",就是永远无有穷尽的"来"和"去",那此"来去"岂不就成"恒常"了吗?就"生死"而言,"生"无始,"死"无终。作为"生灭法"的"生死",反倒变为"恒常"了,这肯定是不可能的。

己二、破余三

【原文】

今若无有常,云何有无常、亦常亦无常、非常非无常?

【述义】

"第二十偈"指出:现今如果没有"常",又怎么能有"无常""亦常亦无常"和"非常非无常"呢?

"常"既然不能成立,"无常"也就不能成立。"常""无常"都不能成立,"亦常亦无常"也就不能成立。"亦常亦无常"不能成立,"非常非无常"也就不能成立。

丁三、依边无边破 三
戊一、破有边无边 三
己一、标示

【原文】

若世间有边,云何有后世?若世间无边,云何有后世?

【述义】

"第二十一偈"指出:如果世间是"有边"的,如何还能有"后世"存在呢?如果世间是"无边"的,如何还能有"后世"存在呢?

"边"就是边际界限,"有边"就是有限,"无边"就是无限。如果世间诸法都是"有限"的,那就不应该再有"后世",因为"有限"就不可能继续延续,即堕入"断见"。如果世间诸法都是"无限"的,那就不应该再有"后世",因为"无限"就不可能生灭转世,即堕入"常见"。

己二、分破 二
庚一、标

【原文】

五阴常相续,犹如灯火炎,以是故世间,不应边无边。

【述义】

　　"第二十二偈"指出:"五阴"恒常相续,犹如"灯火炎"一样,因此"世间"诸法,不应是"有边"或是"无边"的。

　　"灯火炎"指灯发出的光。这个"光"是由"灯"和"火"共同为缘而产生的,犹如人是由"五阴"假合而成的一样。世间诸法之所以有生生不息之存在,就是因为"众缘"不停地"聚合生起"和"分散坏灭","众缘"不可能"永远生起"或"永远坏灭",所以世间诸法不能说是"有限"的,也不能说是"无限"的。

庚二、破　二
辛一、破有边

【原文】

　　若先五阴坏,不因是五阴,更生后五阴,世间则有边。

【述义】

　　"第二十三偈"指出:如果先前"五阴"坏灭了,不是因为这个"五阴",更再产生后来的"五阴",那"世间"诸法就是"有边"的。

　　此举"人"轮转为例。如果"人"在轮转过程中,"前世"之"五阴身"死去,"后世"产生之新的"五阴身",不是由"前世"之"五阴身"感招的,那就可以说"世间"诸法是"有限"的。可事实并非如此,"后世"肯定是由"前世"感招的,所以"世间"诸法肯定不是"有限"的。

辛二、破无边

【原文】

　　若先阴不坏,亦不因是阴,而生后五阴,世间则无边。

【述义】

　　"第二十四偈"指出:如果先前"五阴"不坏灭,也不是因为这个"五阴"而产生后来的"五阴",那"世间"诸法就是"无边"的。

　　如果"人"在轮转过程中,"前世"之"五阴身"永远不死,也不由此"前世"之"五阴身",而感招"后世"之"五阴身"产生,那就可以说"世间"诸法是"无限"的。可事实并非如此,如果"前世"不坏灭,"后世"就不可能生起,所以"世间"诸法肯定不是"无限"的。

　　己三、作结

【原文】

　　真法及说者,听者难得故,如是则生死,非有边无边。

【述义】

　　"第二十五偈"指出:真正的法义及讲说的人,能够听到的人是十分难得的,像这样对于"生死"而言,既不能说是"有边",也不能说是"无边"。

　　按:此偈《般若灯论》和《大乘中观释论》皆无,又青目《释》谓此偈为"四百观中说",恐为"释文"窜入"论本"。罗什译本于本品题后标"三十一偈",故今从之。

　　戊二、破边无边 二
　　己一、标示

【原文】

　　若世半有边,世间半无边,是则亦有边,亦无边不然。

【述义】

　　"第二十六偈"指出:如果"世间"诸法半"有边","世间"诸法半"无边",这样而说"世间"诸法"亦有边亦无边",这肯定是不正确的。

　　如果"世间"诸法,既是"有限"的,又是"无限"的,这样才可以说两种性质同时存在。但"有限"和"无限"是性质截然不同的,不可能同时并存,所以说"又有限又无限"肯定是不正确的。

　　己二、分破 二
　　庚一、依受者破

【原文】

　　彼受五阴者,云何一分破,一分而不破? 是事则不然。

【述义】

　　"第二十七偈"指出:那个能"受"取"五阴身"的"我",如何能一部分破坏,一部分不破坏呢? 这事肯定是不正确的。

　　此举"人"轮转为例。如果"人"在轮转过程中,能够执取"五阴"之"我",从"前世"到"后世"是一个"灭后而生"的过程,不是说"我"中的一部分在"前世"灭掉,另一部分不灭保持到"后世"。"灭掉"的是"有限","不灭"的是"无限",一个"我"不可能"生灭"同时并存,那"世间"诸法也不可能"有限""无限"同时并存。

　　庚二、依受破

【原文】

受亦复如是,云何一分破,一分而不破? 是事亦不然。

【述义】

"第二十八偈"指出:作为"所受"之"五阴身"也是像这样,如何能一部分破坏,一部分不破坏呢? 这事肯定也是不正确的。

如果"人"在轮转过程中,"五阴身"从"前世"到"后世"也是一个"灭后而生"的过程,不是说"五阴身"中的一部分在"前世"灭掉,另一部分不灭保持到"后世"。"灭掉"的是"有限","不灭"的是"无限",一个"五阴身"不可能"生灭"同时并存,那"世间"诸法也不可能"有限""无限"同时并存。

戊三、破非有边非无边

【原文】

若亦有无边,是二得成者,非有非无边,是则亦应成。

【述义】

"第二十九偈"指出:如果"亦有边亦无边"这二者得以成立的话,"非有边非无边"这就也应该成立。

"非有边非无边"是在"亦有边亦无边"的基础上成立的。既然"有边""无边"不能并存,所以"亦有边亦无边"不能成立。既然"亦有边亦无边"不能成立,那"非有边非无边"也就不能成立。

乙三、作结 二
丙一、一切法空

【原文】

　　一切法空故，世间常等见，何处、于何时、谁起是诸见？

【述义】

　　"第三十偈"指出：一切诸法皆空无自性，所以"世间"是"常"
"无常""常无常""非常非无常"等邪见，于什么处所、什么时间、什
么人能够生起这些邪见呢？

　　此"世间常等见"，包括上述一切邪见。基于诸法空性之实相
真理，针对"过去世""未来世"中的各种邪见，无论何地、何时、何人
都无从生起了，因为没有实体可以作为邪见成立的依托。

　　　丙二、赞说法人

【原文】

　　瞿昙大圣主，怜愍说是法，悉断一切见，我今稽首礼。

【述义】

　　"第三十一偈"指出：瞿昙作为大圣之主，怜悯众生讲说此法，
全部断除一切邪见，是故我今稽首顶礼。

　　"瞿昙"为释迦牟尼佛族姓之旧音译，新音译作"乔达摩"。因
释迦族为"瞿昙仙人"后裔，故以之为姓。此偈既结本品法义，又结
全论法义，且与《观因缘品》"第二偈"遥相呼应。前"能说是因缘，
善灭诸戏论"，以开"大乘"破邪显空；后"怜愍说是法，悉断一切
见"，以终"小乘"破邪显空。此诸法实相甚深法义，乃佛陀开示讲
说，故"我"龙树前后稽首顶礼，恭敬造论以为阐释。

附录　余论九种

十二门论述义

【述义】

此论相传为印度龙树所造,后秦鸠摩罗什译,实为后人择取龙树诸论偈杂糅而成。今依《中论》及《七十空性论》义,重定各偈次第,以利后学。

甲一、标示 二
乙一、正标

【原文】

众缘所生法,是即无自性。若无自性者,云何有是法?

【述义】

"第一偈"指出:依众缘和合所产生出的法,这就是无自性的。如果法都是无自性的,如何还能有这个法呢?

坚意造、北凉道泰译《入大乘论》卷上:"如尊者龙树所说偈:因缘所生法,是即无自性。若无自性者,云何有体相?"一切诸法依因缘和合而产生,故皆空无自性。一切诸法皆空无自性,也就没有法有真实存在了。《中论·观四谛品》"第十八、十九偈":"众因缘生法,我说即是无,亦为是假名,亦是中道义。未曾有一法,不从因缘生,是故一切法,无不是空者。"

乙二、别标

【原文】

　　缘法实无生,若谓为有生,为在一心中,为在多心中?

【述义】

　　"第二偈"指出:"十二因缘法"实在是"无生"的,如果认为其"有生",那是在"一心"中产生,还是在"多心"中产生?

　　此偈出《七十空性论》,其"第八偈":"缘起十二支,有苦即不生,于一心多心,是皆不应理。"故知别说"十二因缘"。"有情"赖以生起之"十二因缘",其实是根本"无生"的。如果认为"十二因缘"确实有所生起,那是于一个心识体中共同生起的,还是于多个心识体中分别生起? 由于"十二因缘"各支都是互为因果、次第生起,前支为因生起后支之果,后支再作为下一支生起之因。如果"十二因缘"于"一心"中共同生起,那"因果"就"一时"共有了,这显然是不可能的。如果"十二因缘"于"多心"中分别生起,那"此心"非"他心",且"多心"并存,诸支各住一心,彼此毫无关联,无有"因果"相生还灭,这显然也是不可能的。

甲二、正释 二

乙一、观众因缘 二

丙一、标列

【原文】

　　四缘生诸法,更无第五缘。因缘、次第缘、缘缘、增上缘。

【述义】

"第五偈"指出："四缘"产生出一切诸法，更没有第五种缘存在。这四种为：因缘、次第缘、缘缘、增上缘。

此偈出《中论·观因缘品》，其"第五偈"："因缘、次第缘、缘缘、增上缘，四缘生诸法，更无第五缘。"既然"因缘"中"无果"，同理其余"三缘"中亦"无果"。而于"四缘"之外，别无"第五缘"存在，故"果"不从"四缘"中产生。

　　丙二、分释 二
　　丁一、宾诘 二
　　戊一、从众缘生

【原文】

广略众缘法，是中无有果。缘中若无果，云何从缘生？

【述义】

"第四偈"指出："广""略"各种因缘法，于其中都没有"果"存在。"众缘"中如果没有"果"，又如何能从"众缘"中产生呢？

此偈出《中论·观因缘品》，其"第十三偈"："略广因缘中，求果不可得。因缘中若无，云何从缘出？""广缘"者，谓一切诸法。"略缘"者，谓和合作用。如果按你所说，在"果"产生之前，于"众缘"中是没有"果"存在的，于"众因缘"和合中也是没有"果"存在的。如果于"广略众缘"中都没有"果"存在，那如何说"果"是从"众缘"中产生出来的呢？

戊二、从非缘生

【原文】

> 若果缘中无，而从缘中出；是果何不从，非缘中而出？

【述义】

"第六偈"指出：如果"果"于"缘"中是不存在的，而又能从"缘"中产生出来，那这个"果"为何不能从"非缘"中产生出来呢？

此偈出《中论·观因缘品》，其"第十四偈"："若谓缘无果，而从缘中出；是果何不从，非缘中而出？"所谓"缘"，即相对于"果"而言。能生"果"之各种事物，方可称之为"缘"。既然"缘"中"无果"，说明"缘"与"果"毫无关系。一切诸法皆从众缘和合中产生，如果按你所说"众缘"中没有"果"，而"果"又是从"众缘"中产生的，那不等于说"果"是从一个与之毫无关系的"非缘"中产生了吗？

丁二、主答 二
戊一、破从缘生

【原文】

> 果从众缘生，是缘不自在。若缘不自在，云何缘生果？

【述义】

"第二十四偈"指出："果"如果从"众缘"中产生，这些"众缘"是没有自体存在的。如果"众缘"没有自体存在，又如何能从"众缘"中产生出真实存在的"果"呢？

此偈出《中论·观因缘品》，其"第十五偈"："若果从缘生，是缘无自性。从无自性生，何得从缘生？""不自在"者，指没有自体存在,即无自性。

戊二、破非缘生

【原文】

　　果于众缘中,毕竟不可得,亦不余处来,云何而有果?

【述义】

　　"第二十二偈"指出:"果"于"众缘"之中,是毕竟不可获得的,也不从其余地方来获得,如何而能有"果"存在呢?

　　"余处",指非缘。既然"果"不能从"众缘"中产生的,那就更不能从不是众缘的"非缘"中产生。故《中论·观因缘品》"第十六偈"前半云:"果不从缘生,不从非缘生。"

　　乙二、观有为相 三
　　丙一、标示

【原文】

　　若生是有为,复应有三相;若生是无为,何名有为相?

【述义】

　　"第八偈"指出:如果"生"是有为法,又应该具有"三相";如果"生"是无为法,又以何称名"有为"相呢?

　　此偈出《中论·观三相品》,其"第一偈":"若生是有为,则应有三相;若生是无为,何名有为相?"凡是"有为法"皆具"生""住""灭"三相,如果"生相"是有为法,那"生相"也要具有"生""住""灭"三相。可"生相"就是"生",不可能同时具有"住""灭"。如果说"生相"是无为法,无为法是不生不灭的,根本不可能有"生相"。姑且将"生相"判定为无为法,那又以什么来作为有为法的相呢?

丙二、分释 二
丁一、破相互生 二
戊一、宾诘

【原文】

生生之所生,生于彼本生;本生之所生,还生于生生。

【述义】

"生生"者,指产生生相之能生。"本生"者,指所产生出之生相。

"第九偈"指出:"生生"之所以能够产生,就是依赖于"本生"才得以生起;"本生"之所以能够产生,还是依赖于"生生"才得以生起。

此偈出《中论·观三相品》,与"第四偈"文同。"生生"生于"本生","本生"又生于"生生",如此相互产生,以求避免无穷过失。

戊二、主答 二
己一、非相互生 二
庚一、破生生生

【原文】

若谓是生生,还能生本生;生生从本生,何能生本生?

【述义】

　　"第十偈"指出：如果说"生生"，还能产生"本生"；可"生生"是从"本生"中产生的，又何以再能产生出"本生"呢？

　　此偈出《中论·观三相品》，其"第五偈"："若谓是生生，能生于本生；生生从本生，何能生本生？"

　　　庚二、破本生生

【原文】

　　若谓是本生，能生彼生生；本生从彼生，何能生生生？

【述义】

　　"第十一偈"指出：如果说"本生"，还能产生"生生"；可"本生"是从"生生"中产生的，又何以再能产生出"生生"呢？

　　此偈出《中论·观三相品》，其"第六偈"："若谓是本生，能生于生生；本生从彼生，何能生生生？"

　　　己二、非同时生

【原文】

　　是生生生时，或能生本生；生生尚未生，何能生本生？

【述义】

　　"第十二偈"指出：这个"生生"产生之时，或许能够产生出"本生"；那时"生生"尚未产生，又如何能产生出"本生"呢？

　　此偈出《中论·观三相品》，其"第七偈"："若生生生时，能生于本生;生生尚未有,何能生本生?""生生"与"本生"先后相互生起不能成立,那同时相互生起也不能成立。"生生"于最初产生之时,还处在从无到有的形成过程中,自体产生尚未全部完成,就更不可能产生"本生"。按照相互生起之说,"生生"之产生过程还要依赖于"本生",又怎能再同时产生"本生"呢?

丁二、破生自他 二
戊一、明灯喻非 二
己一、分破 三
庚一、灯本无照

【原文】

　　灯中自无暗,住处亦无暗;破暗乃名照,灯为何所照?

【述义】

　　"第十三偈"指出:"灯"中自体是没有"暗"的,所在之处也是没有"暗"的;破除"暗"才能称为"照",那"灯"为什么而有所"照"呢?

　　此偈出《中论·观三相品》,其"第十偈":"灯中自无暗,住处亦无暗;破暗乃名照,无暗则无照。""灯"本身是"亮"的,故在"灯"中肯定是没有"暗"的。有"灯"在的地方也是"亮"的,故还是没有"暗"的。将"暗"破除变为"亮",才成为"照"的作用。而有"灯"在的时候,根本就"无暗可破",又怎么能说"灯"有"照亮"的功能呢?

庚二、生不及暗

【原文】

云何灯燃时，而能破于暗？此灯初燃时，不能及于暗。

【述义】

　　"第十四偈"指出：如何"灯"在点燃时，而能破除"暗"呢？这个"灯"在最初点燃时，是不能够触及到"暗"的。

　　此偈出《中论·观三相品》，其"第十一偈"："云何灯然时，而破于暗？此灯初然时，不能及于暗。"前谓"灯"明无"暗"故不能"破暗"。有人转计："灯"未点燃，周围黑暗；"灯"一点燃，岂非破暗？此"最初"点燃，实与后续燃烧同，只要"灯"被点燃，就只有亮无暗。有亮则无暗，有暗则无亮，亮暗无有交集，故"灯"于最初点燃时，是不能触及到"暗"的。

庚三、未及非破

【原文】

灯若不及暗，而能破暗者，灯在于此间，则破一切暗。

【述义】

　　"第十五偈"指出："灯"如果不能触及到"暗"，而就能破除"暗"的话，那"灯"在这个地方，就能破除世间一切"暗"。

　　此偈出《中论·观三相品》，与"第十二偈"文同。如果"灯"不及"暗"就能"破暗"，等于说某处之"灯"，可照亮万里之外别处之"暗"，显然是不符合实际的。

己二、结破

【原文】

若灯能自照,亦能照于彼;暗亦应如是,自蔽亦蔽彼。

【述义】

"第十六偈"指出:如果"灯"能够"自照",也能够"照亮"于其他;那"暗"也应该像这样,能够"自蔽"也能"遮蔽"其他。

此偈出《中论·观三相品》,其"第十三偈":"若灯能自照,亦能照于彼;暗亦应自暗,亦能暗于彼。"如果说"灯"能自照照他,那"暗"也能自蔽蔽他。将"亮"破除变为"暗",才成为"蔽"的作用。而有"暗"在的时候,根本就"无亮可破",又怎么能说"暗"有"遮蔽"的功能呢? 既然"暗"不能自蔽,也就不能蔽他;同理反推,那"灯"就不能自照,也不能照他。

戊二、非生自他

【原文】

此生若未生,云何能自生? 若生已自生,已生何用生?

【述义】

"第十七偈"指出:此"生"如果还未产生,如何能够自体产生? 如果"生"已经自体产生,已经产生了又何必再用产生?

此偈出《中论·观三相品》,其"第十四偈":"此生若未生,云何能自生? 若生已自生,生已何用生?"此"生"在"未生"之时就是没有存在,自体都不存在就根本不可能"自生"。此"生"已经"自生"就是已经存在,既然已经存在就不需要再"自生"了。可见,无论

"生"是还未形成,还是已经形成,都不可能"自生"。既然不能"自生",也就不能"生他"。

丙三、作结 二
丁一、破有无生

【原文】

先有则不生,先无亦不生,有无亦不生,谁当有生者?

【述义】

"第三偈"指出:先前已存在就不会再产生,先前不存在也不会有产生,先前存在不存在也不产生,谁又应当能够有所产生呢?

此偈出《中论・观三相品》,其"第二十一偈":"有法不应生,无亦不应生,有无亦不生,此义先已说。"此就"因果"关系而论。"先有"谓因中有果,"先无"谓因中无果,"有无"谓因中亦有果亦无果。"因中有果"者,"因"中已经先有"果"性,"果"既然已经存在,那就不需要再产生了。"因中无果"者,"因"中根本没有"果"性,"因"与"果"没有任何关系,也无法产生出"果"。"因中亦有果亦无果"者,"有无"性质相违,不能一时共存,此本属臆想戏论,故更不可能有所产生。如此推求,别无余法,当知根本无生。

丁二、有无法无

【原文】

有为及无为,二法俱无相。以无有相故,二法则皆空。

【述义】

　　"第七偈"指出："有为法"以及"无为法"，二法全都没有"三相"。由于没有"三相"的缘故，二法就全都是"空"。

　　此偈出《中论·观三相品》，其"第三十四偈"："生住灭不成，故无有有为；有为法无故，何得有无为？"以"有为""无为"二法，均不得建立"生""住""灭"三相，故知"有为""无为"二法空无自性。

　　甲三、别释 三
　　乙一、观无相 二
　　丙一、相无所相

【原文】

　　有相相不相，无相亦不相，离彼相不相，相为何所相？

【述义】

　　"第十八偈"指出："有相"中相无所相，"无相"中也无所相，离开了"有相""无相"，那还能有什么"相"来作为所相呢？

　　此偈出《中论·观六种品》，其"第三偈"："有相无相中，相则无所住；离有相无相，余处亦不住。"在"有相"的事物中，没有一个独立的"相法"，可以用来进行"形相"之界定；在"无相"的事物中，根本就没有"相法"，也就更不可能有"形相"之界定；除了"有相""无相"之外，并没有第三种形式的"相法"可以存在，所以"相"本身就是没有自体存在的。

　　丙二、相不可得

【原文】

　　相及与可相，一异不可得。若无有一异，是二云何成？

【述义】

　　"第十九偈"指出："相"与"可相"，"同一"或"相异"皆不可得。如果没有"同一"或"相异"，这二者又是如何形成的呢？

　　"相"与"可相"乃相待成立。如果"相"与"可相"完全相同，则无法分别"相"与"可相"；如果"相"与"可相"截然相异，则无法相待互生。可见，无论"同一"还是"相异"，"相"与"可相"都不能成立。反过来讲，若二者没有共性，则不能相待互生；若二者没有差别，则不能分别彼此。可见，没有"同一"和"相异"，这二者还是无法成立。故《中论·观去来品》"第二十一偈"云："去、去者是二，若一异法成，二门俱不成，云何当有成？"

　　乙二、观性空　二
　　丙一、空无生灭

【原文】

　　有无一时无，离无有亦无，不离无有有，有则应常无。

【述义】

　　"第二十偈"指出："有"和"无"一时无法并存，离开了"无"，"有"也就不存在了，不离开"无"而有"有"存在，那这个"有"就应该是"常无"的。

　　此偈出《七十空性论》，其"第十九偈"："生灭非同时，无灭则无生，应常有生灭，无生则无灭。"然于后半释义有别。虽偈中亦有"无""有"恒常并存之义，然以"无"作"无常"，"有"作"有住"，侧重论述"生""住""灭"之关系。偈下"释论"："若不离无常有有生者，有则常无。若有常无者，初无有住，常是坏故。而实有住，是故有不常无。"故圣天造、唐玄奘译《广百论本·破时品》有云："无常若恒有，住相应常无。"①

丙二、无性法空

【原文】

见有变异相，诸法无有性；无性法亦无，诸法皆空故。

【述义】

"第二十一偈"指出：见到有变异相存在，就知道诸法没有自性；无自性的法也是不存在的，一切诸法都是空无自性的。

此偈出《中论·观行品》，其"第三偈"："诸法有异故，知皆是无性；无性法亦无，一切法空故。"如果诸法有自性存在，那就是属于恒常不会发生任何变化；如果发现诸法有变异现相，那说明诸法没有恒常自性存在。"无自性"也属于一切诸法，"无自性"也是无性的，所以一切诸法都是空无自性的。

乙三、观无作

【原文】

自作及他作，共作、无因作，如是不可得，是则无有苦。

---

① 《大正藏》第30卷，第183页下。

【述义】

"第二十三偈"指出：自己造作以及他人造作，自他共同造作、无有原因造作，像这样都是不可获得的，所以根本就没有"苦"。

此偈出《中论·观苦品》，其"第一偈"："自作及他作，共作、无因作，如是说诸苦，于果则不然。""苦"为人造作恶业所感召之果，人之造作无非不出四种：自作、他作、自他共作、无因作。从这四个方面考察，"苦"都不可能被造作出来。《中论·观苦品》详辩其义，可参见。

甲四、作结 二

乙一、生法不成

【原文】

　若法先后共，是皆不成者，是法从因生，云何当有成？

【述义】

"第二十五偈"指出：如果"法"于"先""后""共"三种情况，都是不能够成立的话，那说"法"是从"因"中产生的，又如何能够得以成立呢？此即呼应前"第一偈"义。

"先"者，先因后果也。"后"者，先果后因也。"共"者，因果同时也。安慧造、北宋惟净译《大乘中观释论》卷九："能知所知等一切法，先、后、共次第皆不和合。若先有果，后有其因，果即无因，此即因有相违。若先有因，后有果者，即因果不和合。若因果二法同时有者，如是决定彼因果性亦复无体。若已生、若未生，二法相因俱无体故。"①从此"三时"考察，"法"皆不能从"因"中产生，当知

---

① 《大正藏》第30卷，第157页上。

"法"本无生。故《中论·观本际品》"第六偈"前半云："若使初后共,是皆不然者。"

乙二、根本不生

【原文】

生果则不生,不生亦不生,离是生不生,生时亦不生。

【述义】

"第二十六偈"指出:已经产生的不会再产生了,没有产生的也不会产生,离开了"已经产生"和"没有产生","正在产生"也是不会产生的。此即呼应前"第二偈"义。

此偈出《七十空性论》,其"第五偈":"已生则不生,未生亦不生,生时亦不生,即生未生故。""生果",指已经产生出的事物。已经产生就是已经存在,已经存在就无须再产生。还未产生就是不存在,根本不存在也无从产生。离开了已经产生和还未产生,不可能有独立的正在产生存在,故"三时"无生。

因缘心论颂述义

【述义】

此论署"龙猛菩萨作",失译者,"龙猛"即"龙树"。另有《因缘心论释》一篇,可参看。

甲一、标圣言量

【原文】

差别十二支,能仁说缘生。

【述义】

"十二支"者,一无明、二行、三识、四名色、五六处、六触、七受、八爱、九取、十有、十一生、十二老死。

"能仁"者,为"释迦"之梵文意译。

"第一偈"前半指出:有差别之十二支缘起,佛陀而为讲说缘生法。

甲二、释缘起相 二
乙一、三道尽摄 二
丙一、标列

【原文】

　　于烦恼、业、苦,三中俱摄尽。

【述义】

　　"第一偈"后半指出:此十二支于烦恼、业、苦,三道中全都含摄殆尽。

丙二、分释

【原文】

　　初八九烦恼,二及十是业,余七习是苦,十二唯三摄。

【述义】

　　"第二偈"指出:最初、第八、第九为烦恼,第二以及第十属于业,其余七支习气属于苦,十二支唯由三道统摄。

乙二、相生轮转

【原文】

　　从三生于二,从二生于七,七复生于三,此有轮数转。

【述义】

　　"有",指三有,即:欲界、色界、无色界。

　　"第三偈"指出:从三烦恼支生于二业,从二业支生于七苦支;七苦支再生三烦恼支,此就有三界生死轮转。

甲三、明空无性 三
乙一、正说空

【原文】

诸趣唯因果,此中无众生,唯从于空法,还生于空法。

【述义】

"第四偈"指出:各种趣中间唯有因果,此中无真实众生存在,只是从空无自性法中,还再产生空无自性法。

乙二、破执见 二
丙一、举诸喻

【原文】

诵、灯、镜及印,火精、种、梅、声,诸蕴相续结,不移智应察。

【述义】

"诵"者,如老师诵出,学生听受。然师诵出之后言语即灭,非有真实言语传至学生。

"灯"者,如以灯点灯,后灯复燃。然前灯点燃后灯后即灭,非有真实火体传至后灯。

"镜"者,如以镜照物,镜现其像。然以镜照物后像现镜中,非有真实物像传至镜中。

"印"者,如以印成文,文现纸上。然以印印纸后文现纸上,非有真实印文传至纸上。

"火精"者,如从日精中,投射烈火。然以日精照后有火投射,非有真实烈火传至物中。

　　"种"者,如培植种子,从种生芽。然培植种子后生出芽苗,非有真实芽苗传至种外。

　　"梅"者,如望梅止渴,口中生津。然眼望酸梅后舌下生津,非有真实酸味传至口中。

　　"声"者,如人拍双手,有声响出。然人拍双手后有声响出,非有真实声响从手中出。

　　"第五偈"指出:如诵读、灯火、镜像、印文,火精、种芽、梅津和声响,五蕴三世相续而生起,无实转移依智应观察。

丙二、呵断见

【原文】

　　于甚微细事,若有见断者,彼不善因缘,未见缘生义。

【述义】

　　"第六偈"指出:于此十分微细之事相,如果有人执著断见中,那就不是正确知因缘,不能见到缘生真实义。

乙三、结真观

【原文】

　　此中无可见,亦无少安立,于真以观真,见真而解脱。

【述义】

　　"第七偈"指出:十二支中无实体可见,也无少法可以被安立,由于真相以观察真相,见到真相而获得解脱。

大乘破有论述义

【述义】

此论为印度龙树所造，北宋施护译。

甲一、归命诸佛

【原文】

归命一切佛。

【述义】

将己身与命，归趣一切佛。

"归命"者，梵语音译即"南无"也。此为龙树菩萨于论首安置之发愿词。

甲二、如实知法 二
乙一、诸法无实 二
丙一、见空性法 二
丁一、无性无生 二
戊一、正说

【原文】

　　诸有智者,应当如实了知诸法。此中云何? 谓一切性从无性生,亦非无性生。一切性若有生者,彼性是常,是性无实,犹如空华。当知诸法与虚空等,彼诸法生亦与空等。一切缘法皆如虚空,彼无实故,当云何有? 诸法无因而复无果,亦无诸业自性可得。此中一切而无有实,无世间故无出世间。一切无生亦无有性,云何诸法而有所生?

【述义】

　　一切有智慧的人,应当如实了知一切诸法。这其中说的是什么呢? 就是说一切诸法之自性,是从无自性中产生的,又不是从无自性中产生的。一切诸法之自性,如果是有产生的话,那自性又应该是恒常的,说明这个自性没有真实存在,犹如空中之华一样。应当知道一切诸法与虚空是等同的,那一切诸法的产生也与虚空是等同的。一切因缘所生法全都如同虚空一样,由于它们没有真实自性,又当如何能有真实存在呢? 一切诸法没有产生之因,而又没有形成之果,也没有各种业的自性可以获得。这其中的一切都是没有真实存在的,由于没有世间法的缘故,也就没有出世间法。一切诸法本来就是无生的,也是没有自性存在的,又如何一切诸法而能有所产生呢?

　　戊二、举喻

【原文】

　　世间亲爱父子眷属,虽有所生而无其实,不从先世之所生故,亦非现世有其相故。此于世间无义可转,犹如月中见诸影像。
【述义】

这就好比世间亲情爱情父子眷属，虽然看似有所出生而其中并无真实，因为既不是从先前世中出生，也不是现在世有其真实体相。这在世间没有真实意义可以转换，犹如在月亮中看见各种影像一样。

所谓"先世""现世"者，人不可能从未来出生，还未有故。若谓人是从前世中出生的，既然过去已有，又何必再生？离开"先世""后世"，并无"现世"之存在。故世人之出生，犹如看到月亮中呈现出来的各种幻相一样，并没有真实的存在。

丁二、分别生起

【原文】

世间无实，从分别起。此分别故，分别心生。由此心为因，即有身生，是故有身行于世间。蕴所成故名之为身，诸蕴皆空无有自性。蕴无自性而亦无心，以无心故，是故无身。当知自性离诸分别，若无其心亦无有法，若无其身亦无有界。

【述义】

世间没有真实存在，都是从分别而生起。由于有了这些分别，分别心就从中产生。以这些分别心为因，就有身体产生，所以有人身行现于世间。诸蕴所聚合而成称名为身，各种蕴都是空无自性的。诸蕴没有自性也没有心，由于没有心的缘故，所以其实根本没有人身。应当知道自性是远离各种分别的，如果没有心也就没有诸法,如果没有身体也就没有法界。

一切世间诸法皆由人之妄想分别生起,执空为有,人自身也不例外。人身本是五蕴假合而成,并无心之主宰存在。如果人没有心,"受""想""行""识"等非物质存在也就没有了;如果人没有身,"色"等物质存在也就没有了。如此"根""境""识""蕴""处""界"等,也都不复存在了。

丙二、修无二道

【原文】

此中所说是无二道,此所说者是真实说。此中一切离诸所缘,此中所说离诸所缘,此中所作离诸所缘,此中所得离诸所缘。所有布施、持戒、忍辱、精进、禅定、智慧诸法,如是常行,不久时中,即能证得无上菩提。以慧方便,安住实际,起悲愍行,广度众生。虽复如是有所得相,一切智性而不可说得。

【述义】

这其中所讲说的是无有二边之道,这所说的是真实的言说。这其中的一切远离各种所缘,这其中所说的远离各种所缘,这其中所作的远离各种所缘,这其中所得的远离各种所缘。所有的"布施、持戒、忍辱、精进、禅定、智慧"等各种大乘行法,像这样恒常践行,于不久的时间当中,就能证得无上菩提。以智慧之方便,安住实际之中,生起悲悯行愿,广度一切众生。虽然像这样还有所得之相状,但了知一切法相的智慧之性却不可以说是有所得的。

以远离二边、无有分别之"中道",不执著一切众缘,从而实践六度万行。以"智慧"之力,修"无说""无作""无得"之行,从而证入阿耨多罗三藐三菩提。看似有得,其实无得,故唐玄奘译《般若波罗蜜多心经》云:"无智亦无得,以无所得故。"①

乙二、依二谛说 二
丙一、世俗假名

【原文】

彼一切法但有名字,一切但于有想中住。现前无实,差别所生,差别生法而无所有。彼一切法本无有名,但以假名而表了故。当知诸法而无实体,一切皆从分别所生。此中若无分别者,即同虚空离诸分别。

【述义】

那一切诸法只有名字而已,一切只在人的思维意识中安住。现前没有真实存在,都是由人的妄想差别所产生的,由差别产生的法就是空无所有的。那一切诸法本来没有名字,只是以假有名相来表了诠释罢了。应当知道一切诸法是没有实体存在的,一切全都是从分别妄想中产生。这其中如果没有妄想分别,就等同于虚空远离各种分别。

一切诸法空无自性,唯有假名得以言说。此由人之妄想分别,执著有无,从而认为诸法皆是存在。如果将人的妄想分别作用去除,那就如同虚空一样,没有任何实体存在,一切平等无有差别。

---

① 《大正藏》第8卷,第848页下。

丙二、显第一义

【原文】

如说眼者能见于色,作此说者是真实语。世间有诸邪执心者,执此所说如实而转。彼一切法聚类所现,当知此说是佛所说。是故应知此中义者,"眼不见色"乃至"意不知法"。若如是知,是为智者,即能通达第一义谛,如是乃名最上真实。

【述义】

如果说眼根能够看见色境,作出这样说法是真实言语。世间具有各种邪见执著妄心之人,执著这个所说而认为有实体存在。那一切诸法都是聚集分类所显现,应当知道这个说法是佛陀所说的。因此应当知道这其中的法义,是"眼根不见色境"乃至"意根不知法境"。如果能像这样认知,就是具有智慧之人,就能通达第一义谛,像这样就可名为最上真实。

"六根"缘取"六境",此乃佛陀所说。世人误解佛意,以佛言说"根缘境",即执"根""境"为实有。而一切诸法因缘聚合而有,空无自性,亦为佛陀所说。当知"六根"虽缘取"六境",然"根"本无实,"境"亦非有,"根""境"皆空无自性。如此依于世俗谛,远离二边,观察一切诸法,便能通达第一义谛,证得诸法实相。

甲三、依经证诚

【原文】

我今依经,如是略说。

【述义】

此论非我龙树臆想创造，乃是依据佛陀经法要义，从中提炼总结的简略讲说。

大乘二十颂论述义

【述义】

此论为北宋施护所译,依其题署作"龙树菩萨造",然论中有"此一切唯心,安立幻化相"语,故后世学人据此判该论非龙树之作。"二十"者,乃明本论当有二十首偈颂。故知译本"前一后三"之七言偈颂,乃为后人所加,今述略之。

甲一、标示 三
乙一、一相平等

【原文】

第一义无生,随转而无性,佛、众生一相,如虚空平等。

【述义】

"第一偈"指出:第一义谛是没有产生的,随转世法是没有自性的,佛和众生都是同一相状,犹如虚空一般平等无别。

乙二、缘生性空

【原文】

此、彼岸无生,自性缘所生,彼诸行皆空,一切智智行。

【述义】

"第二偈"指出：此岸、彼岸是没有产生的,所谓自性都是因缘所生,各种行业全都空无自性,这才是一切智者之智行。

乙三、无二无别

【原文】

无染真如性,无二等寂静,诸法性自性,如影像无异。

【述义】

"第三偈"指出：无烦恼染污的真如实性,没有二边分别平等寂静,一切诸法的实性与自性,如同影像一般没有差异。

甲二、分释 二

乙一、凡夫自著 三

丙一、显过 三

丁一、计我执

【原文】

凡夫分别心,无实我计我,故起诸烦性,及苦、乐、舍等。

【述义】

"第四偈"指出：凡夫以分别计度之妄心,将无真实我体执计有我,所以生起各种烦恼业性,以及"苦、乐、舍"等三种感受。

丁二、起颠倒

【原文】

世间老、病、死,为苦不可爱,随诸业坠堕,此实无有乐。

【述义】

"第五偈"指出:世间人有衰老、疾病、死亡,这些都是苦受,不可贪恋。随着各种业而转坠堕落,此中确实没有任何快乐。

丁三、堕轮回

【原文】

天趣胜妙乐,地狱极大苦,皆不实境界,六趣常轮转。

【述义】

"第六偈"指出:天趣天人具有殊胜妙乐,地狱众生承受极大痛苦,这些全都是不真实境界,于六趣中有情恒常轮转。

丙二、破执 三
丁一、妄分别

【原文】

众生妄分别,烦恼火烧燃,堕地狱等趣,如野火烧林。

【述义】

"第七偈"指出:众生执著迷惑虚妄分别,各种烦恼之火炽盛燃烧,堕入到地狱等恶趣之中,如同野火焚烧森林一样。

丁二、取幻境

【原文】

　　众生本如幻,复取幻境界,履幻所成道,不了从缘生。

【述义】

　　"第八偈"指出:众生本来无实如同幻化,又再执取各种虚幻境界,试图通过虚幻成就道果,不了诸法从因缘中产生。

丁三、自造因　二
戊一、举喻

【原文】

　　如世间画师,画作夜叉相,自画己自怖,此名无智者。

【述义】

　　"第九偈"指出:如同世间那些画师一样,绘画作出夜叉鬼的形相,自己画完后使自己恐怖,这就叫作没有智慧之人。

戊二、正说

【原文】

　　众生自起染,造彼轮回因,造已怖坠堕,无智不解脱。

【述义】

"第十偈"指出：众生自己生起各种染著,造作了那些轮回的业因,造作以后怖畏坠堕轮回,没有智慧不能获得解脱。

　　丙三、结说

【原文】

众生虚妄心,起疑惑垢染,无性计有性,受苦中极苦。

【述义】

"第十一偈"指出：众生以虚假和妄想之心,生起各种疑惑污垢染著,将无自性执计为有自性,从而承受苦中之极苦。

　　乙二、佛陀救众　二
　　丙一、自觉觉他　二
　　丁一、自觉证果

【原文】

佛见彼无救,乃起悲愍意,故发菩提心,广修菩提行。

【述义】

"第十二偈"指出：佛陀看见众生无法救度,于是生起慈悲怜悯之意,因此发起无上菩提之心,广泛修习各种菩提之行。

　　丁二、觉他利益

【原文】

得无上智果,即观察世间,分别所缠缚,故为作利益。

【述义】

"第十三偈"指出:证得无上菩提智慧果后,立即观察世间一切诸法,分别所缠缚执著之烦恼,故而为众生作广大利益。

丙二、应世教化 二

丁一、显正 二

戊一、空无三际

【原文】

从生及生已,悉示正真义,后观世间空,离初、中、后际。

【述义】

"第十四偈"指出:从出生以及到生出以后,全都显示正确真实法义,后来观察世间空无自性,远离"初际""中际""后际"三世。

戊二、无我清净

【原文】

观生死、涅槃,是二俱无我,无染亦无坏,本清净常寂。

【述义】

"第十五偈"指出:进而观察生死以及涅槃,这二种都没有我体存在,既没有染著也没有毁坏,本来就是清净恒常寂灭。

丁二、破执 三
戊一、智觉无见

【原文】

梦中诸境界,觉已悉无见;智者寤痴睡,亦不见生死。

【述义】

"第十六偈"指出:于睡梦之中的各种境界,觉醒之后全都一无所见;智者如同从痴睡中苏醒,也不会再见到生与死。

戊二、愚痴分别

【原文】

愚痴暗蔽者,坠堕生死海,无生计有生,起世间分别。

【述义】

"第十七偈"指出:被愚痴黑暗所障蔽之人,坠落堕入到生死大海中,本来没有生而执计有生,生起世间各种妄想分别。

戊三、妄生颠倒

【原文】

若分别有生,众生不如理,于生死法中,起常、乐、我想。

【述义】

"第十八偈"指出:如果妄自执计分别有生,众生就不能如理而作意,于生死无常的一切法中,发起"恒常、快乐、有我"之妄想。

甲三、作结 二
乙一、一切唯心

【原文】

　　此一切唯心,安立幻化相,作善不善业,感善不善生。

【述义】

　　"第十九偈"指出:此间一切都是唯以心识,安立显示各种幻化之相,造作各种善业与不善业,感招善报与不善报产生。

乙二、心灭法寂

【原文】

　　若灭于心轮,即灭一切法,是诸法无我,诸法悉清净。

【述义】

　　"第二十偈"指出:如果息灭于心轮之作用,就能灭除世间一切诸法,是故一切诸法无有我体,一切诸法都是本来清净。

六十颂如理论述义

【述义】

此论为印度龙树所造,北宋施护所译,为龙树"六正理聚"之一。"六十"者,乃明本论当有六十首偈颂。故知译本"前一后六"之七言偈颂,乃为后人所加,今述略之。

甲一、标示

【原文】

离有无二边,智者无所依,甚深无所缘,缘生义成立。

【述义】

"第一偈"指出:远离有无二种边见,智者无所依从执著,甚深法理无所缘取,缘生之义方得成立。

甲二、分释 二
乙一、别说 二
丙一、明无自性 二
丁一、宾诘

【原文】

　　若谓法无性,即生诸过失,智者应如理,伺察法有性。

【述义】

　　"第二偈"指出：如果认为诸法无性,就会产生各种过失,智者应该如实契理,观察诸法皆有自性。

　　丁二、主答

【原文】

　　若有性实得,如愚者分别。

【述义】

　　"第三偈"前半指出：若有自性确实可得,如同愚者妄自分别。

　　丙二、明胜义说 二
　　丁一、宾诘

【原文】

　　无性即无因,解脱义何立?

【述义】

　　"第三偈"后半指出：无性就等同于无因,解脱之义如何确立?

　　丁二、主答

【原文】

　　不可说有性，不可说无性，了知性无性，大智如理说。

【述义】

　　"第四偈"指出：既不可以说有自性，也不可以说无自性，了知诸法性本无性，大智佛陀如理讲说。

　　乙二、正说 三

　　丙一、说三有为相 二

　　丁一、明灭生相 二

　　戊一、分说二相 二

　　己一、灭相 二

　　庚一、分说 二

　　辛一、依涅槃说 二

　　壬一、平等无差

【原文】

　　涅槃与生死，勿观别异性，非涅槃、生死，二性有差别。

【述义】

　　"第五偈"指出："涅槃"与"生死"二者间，切勿观成差别异性，不是说"涅槃"与"生死"二者体性有所差别。

　　壬二、皆无自性

【原文】

　　生死及涅槃,二俱无所有;若了知生死,此即是涅槃。

【述义】

　　"第六偈"指出：其实"生死"以及"涅槃",二者体性全都无有；如果了知"生死"无性,此无性性就是涅槃。

　　辛二、依坏灭说 二
　　壬一、破自体灭

【原文】

　　破彼生有性,分别灭亦然,如幻所作事,灭现前无实。

【述义】

　　"第七偈"指出：破除"生"有真实自性,分别于"灭"也是一样,如同幻化所作幻事,"灭"现前无真实自性。

　　壬二、破他体灭

【原文】

　　若灭有所坏,知彼是有为;现法尚无得,复何知坏法?

【述义】

　　"第八偈"指出：如果"灭"还有所坏灭,知道那就是有为法；现前"灭法"尚无可得,又从何知还有"坏法"?

庚二、作结 三
辛一、染尽涅槃

【原文】

彼诸蕴不灭,染尽即涅槃;若了知灭性,彼即得解脱。

【述义】

"第九偈"指出:那些诸蕴没有坏灭,染污穷尽就是涅槃;如果了知"灭"之无性,那就能够获得解脱。

辛二、无明缘生

【原文】

若生法、灭法,二俱不可得;正智所观察,从无明缘生。

【述义】

"第十偈"指出:如"生法"和"灭法"自性,二性全都不可获得;依正理智慧所观察,从无明缘起而产生。

辛三、法本寂静

【原文】

若见法寂静,诸所作亦然;知此最胜法,获法智无边。

【述义】

"第十一偈"指出:如果见到诸法寂静,各种造作也是一样;了知如此最胜法义,获得法智亦无有边。

己二、生相 二
庚一、依圣教说 二
辛一、缘生无性

【原文】

缘生性可见,是义非无见;此中微妙性,非缘生分别。

【述义】

"第十二偈"指出:若谓缘生有性可见,此义就不是无所见,这其中微妙诸法性,不是依缘生而分别。

辛二、正觉所说

【原文】

佛正觉所说,有说非无因;若尽烦恼源,即破轮回相。

【述义】

"第十三偈"指出:佛陀依正觉所讲说,并非无因而有讲说;如果穷尽烦恼根源,即刻破除轮回相状。

庚二、依二时说 三
辛一、标示

【原文】

诸法决定行，见有作有取。前后际云何？从缘所安立。

【述义】

"第十四偈"指出：如果诸法决定有行，妄见有所作有执取。前际后际又是如何？皆从缘起安置建立。

辛二、分释 四

壬一、前后如幻

【原文】

云何前已生，彼后复别转？故前后边际，如世幻所见。

【述义】

"第十五偈"指出：如何前际已经生起，后际又能别为转生？所以前与后的边际，如同世间幻化所见。

壬二、执幻为实

【原文】

云何幻可生？云何有所著？痴者于幻中，求幻而为实。

【述义】

"第十六偈"指出：如何幻相可以生起？如何世人有所执著？愚痴之人于幻相中，妄求幻相而为真实。

壬三、幻本无性

【原文】

前际非后际,执见故不舍。智观性无性,如幻、焰、影像。

【述义】

"第十七偈"指出:前际不等于是后际,由于执见而不舍离。智慧观察性本无性,如同幻相、阳炎、影像。

壬四、无性幻生

【原文】

若谓生非灭,是有为分别,而彼缘生轮,随转无所现。

【述义】

"第十八偈"指出:如果认为生不是灭,是对有为法的分别,而诸法依众缘生起,随顺轮转无所显现。

辛三、作结

【原文】

若已生未生,彼自性无生;若自性无生,生名云何得?

【述义】

"第十九偈"指出:如果是已生和未生,它们自性都是无生;如果自性本来无生,"生"之名称如何得来?

戊二、合说二相 四
己一、生无可尽

【原文】

因寂即法尽,此尽不可得。若自性无尽,尽名云何立?

【述义】

"第二十偈"指出:由于寂静而诸法尽,此尽无有实体可得。如果有自性便无尽,"尽"之名称如何确立?

己二、生灭无性

【原文】

无少法可生,无少法可灭,彼生灭二道,随事随义现。

【述义】

"第二十一偈"指出:没有少法可以产生,没有少法可以灭亡,产生和灭亡二种道,随顺事义应现讲说。

己三、生灭无常

【原文】

知生即知灭,知灭知无常,无常性若知,不得诸法底。

【述义】

"第二十二偈"指出:由于知生即可知灭,由于知灭即知无常,无常性若知不可得,就能通达诸法根本。

己四、远离生灭

【原文】

　　诸法从缘生,虽生即离灭;如到彼岸者,即见大海事。

【述义】

　　"第二十三偈"指出:诸法从因缘中产生,虽有生而即离于灭;如同到达彼岸之人,即能见到大海本事。

丁二、明住异相 二
戊一、依颠倒说 二
己一、别说我倒

【原文】

　　若自心不了,异生执我性,性无性颠倒,即生诸过失。

【述义】

　　"第二十四偈"指出:如果自心不能了达,凡夫执著有我自性,有性无性产生颠倒,即会产生各种过失。

己二、总说四倒

【原文】

诸法是无常,苦、空及无我,此中见法离,智观性无性。

【述义】

"第二十五偈"指出:一切诸法都是无常,都是苦、空及无我的,此中见法皆应远离,以智观察性本无性。

戊二、依无明说 四

己一、三时无住

【原文】

无住无所缘,无根亦不立,从无明种生,离初、中、后际。

【述义】

"第二十六偈"指出:没有停住没有所缘,没有根本没有处立,诸法皆从无明种生,远离初际、中际、后际。

己二、喻如幻化

【原文】

痴暗大恶城,如芭蕉不实,如乾闼婆城,皆世幻所见。

【述义】

"第二十七偈"指出:愚痴黑暗大罪恶城,犹如芭蕉危脆不实,犹如空中乾闼婆城,都是世间幻化所见。

己三、实无差别

【原文】

此界梵王初,佛如实正说,后诸圣无妄,说亦无差别。

【述义】

"第二十八偈"指出：此界大梵天王初始,佛陀如实正说其妄,后来诸圣无有妄执,宣说正理无有差别。

己四、续转平等

【原文】

世间痴所暗,爱相续流转;智者了诸爱,而平等善说。

【述义】

"第二十九偈"指出：世间被愚痴所暗蔽,贪爱执取相续流转;智者了达各种爱取,从而无执平等善说。

丙二、显诸法实相 三
丁一、法性平等 三
戊一、无有自性 二
己一、法无实性

【原文】

初说诸法有,于有求实性,后求性亦无,即无著性离。

【述义】

"第三十偈"指出：最初讲说诸法皆有，于有中寻求真实性，后来求实性也没有，即刻无著于性远离。

己二、业无实性 二
庚一、业无所作

【原文】

若不知离义，随闻即有著，而所作福业，凡愚者自破。

【述义】

"第三十一偈"指出：如果不知远离法义，随闻空性即有执著，而所造作各种福业，凡夫愚痴自行破坏。

庚二、业本无生

【原文】

如先平等说，彼诸业真实；自性若了知，此说即无生。

【述义】

"第三十二偈"指出：如先前之平等善说，各种业都是真实的；自性如果如实了知，此说就是性空无生。

戊二、法相平等 二
己一、依三科法

【原文】

我如是所说，皆依佛言教，如其所宣扬，即蕴、处、界法。

【述义】

"第三十三偈"指出：我像这样而有所说，全都依从佛陀言教，如佛所宣扬的那样，即有蕴、处、界等诸法。

己二、依四大种

【原文】

大种等及识，所说皆平等，彼智现证时，无妄无分别。

【述义】

"第三十四偈"指出：四大种等及识摄取，所说空性悉皆平等，智慧现前证知之时，无有妄取无有分别。

戊三、无二无别 二
己一、空一实相

【原文】

此一若如实，佛说为涅槃，此最胜无妄，无智即分别。

【述义】

"第三十五偈"指出：此一空性若契实相，佛说空相是为涅槃，此最殊胜无有妄执，无有智慧即生分别。

己二、无别无生

【原文】

若心有散乱,与诸魔作便;若如实离过,此即无所生。

【述义】

"第三十六偈"指出:如果心意存有散乱,便是与诸魔作方便;若契实相远离过患,这些当下无所生起。

丁二、无有三相 二
戊一、缘无生灭 二
己一、缘起无生

【原文】

如是无明缘,佛为世间说;若世无分别,此云何无生?

【述义】

"第三十七偈"指出:像这样由无明缘起,佛陀为世间而讲说;如果世间没有分别,这如何会没有生起?

己二、缘散无灭

【原文】

若无明可灭,灭已即非生,生灭名乖违,无智起分别。

【述义】

　　"第三十八偈"指出：如果无明可以灭除，灭除后就不能产生，生灭名义乖舛违背，无有智慧生起分别。

　　戊二、缘起无住 二
　　己一、标示

【原文】

　　有因即有生，无缘即无住；离缘若有性，此有亦何得？

【述义】

　　"第三十九偈"指出：有因缘就会有产生，无因缘就无有安住；脱离因缘如果有性，此有性又从何而得？

　　己二、分释 二
　　庚一、住性无取 二
　　辛一、无性无取

【原文】

　　若有性可取，即说有生住；此中疑复多，谓有法可住。

【述义】

　　"第四十偈"指出：如果有性可以执取，就说有产生和安住；此中疑问还有很多，认为有法可以安住。

辛二、有性无取

【原文】

若菩提可证,即处处常语;若住性可取,此说还有生。

【述义】

"第四十一偈"指出:若有菩提可以证得,就应到处恒常存在;若有住性可以执取,这说明还是有产生。

庚二、住处无取

【原文】

若谓法有实,无智作是说;若谓法有处,取亦不可得。

【述义】

"第四十二偈"指出:如果认为诸法有实,无智之人才这样说;如果认为诸法有处,执取也是不可获得。

丁三、分别心起 三
戊一、标示

【原文】

法无生无我,智悟入实性;常无常等相,皆由心起见。

【述义】

"第四十三偈"指出:一切诸法无生无我,以智慧悟入实性中;

常无常等颠倒之相,全都由心生起妄见。

　　戊二、分释 二
　　己一、依异一说 二
　　庚一、多性非实

【原文】
　　若成立多性,即成欲实性,彼云何非此,常得生过失。
【述义】
　　"第四十四偈"指出:如果成立多性缘起,就成了又想成立实有自性,这如何不前后矛盾,经常得以产生过失。

　　庚二、一性如幻

【原文】
　　若成立一性,所欲如水月,非实非无实,皆由心起见。
【述义】
　　"第四十五偈"指出:如果成立一种体性,所想犹如水中之月,非实有又非无实有,皆由心中生起妄见。

　　己二、依烦恼说 二
　　庚一、见生烦恼

【原文】

贪嗔法极重,由是生见执,诤论故安立,离性而执实。

【述义】

"第四十六偈"指出:贪嗔二法极为严重,由是产生妄见执著,兴起诤论安立诸法,脱离空性执取实有。

庚二、见烦恼尽

【原文】

彼因起诸见,见故生烦恼,若此正了知,见烦恼俱尽。

【述义】

"第四十七偈"指出:由于贪嗔生起诸见,由于妄见生起烦恼,如果于此能正了知,妄见烦恼全都灭尽。

戊三、作结

【原文】

当知法无常,从缘生故现,缘生亦无生,此最上实语。

【述义】

"第四十八偈"指出:应当知道诸法无常,从缘生起故有显现,缘生也无实体产生,这是最上真实言语。

丙三、破众生妄执 二

丁一、显过 三
戊一、妄兴诤论 二
己一、自行颠倒

【原文】

　　众生邪妄智,无实谓实想,于他诤论兴,自行颠倒转。

【述义】

　　"第四十九偈"指出:众生以邪见妄想智,将不真实当作真实,对于他人兴起诤论,自行堕入颠倒轮转。

己二、自他不成

【原文】

　　自分不可立,他分云何有? 自他分俱无,智了无诤论。

【述义】

　　"第五十偈"指出:自宗分尚不可确立,他宗分又如何能有?自他二分全都无有,智慧决了无有诤论。

戊二、烦恼执著 二
己一、执有烦恼

【原文】

　　有少法可依,烦恼如毒蛇;若无寂无动,心即无所依。

【述义】

"第五十一偈"指出：如果还有少法可依，烦恼犹如毒蛇侵害；如果无寂亦无所动，心就无所依无烦恼。

己二、烦恼覆心

【原文】

烦恼如毒蛇，生极重过失，烦恼毒所覆，云何见诸心？

【述义】

"第五十二偈"指出：烦恼犹如毒蛇侵害，产生极其严重的过失，被烦恼之毒所覆盖，如何能够见到诸心？

戊三、无明所缚 二
己一、愚痴网缚

【原文】

如愚见影像，彼妄生实想；世间缚亦然，慧为痴所网。

【述义】

"第五十三偈"指出：如同愚人见到影像，妄自产生臆想；世间缠缚也是一样，智慧被痴昧所网缚。

己二、智眼无别

【原文】

　　性喻如影像,非智眼境界;大智本不生,微细境界想。

【述义】

　　"第五十四偈"指出:将自性比喻作影像,不是智眼所见境界;大智本来不会生起,微细法境界差别想。

　　丁二、破执 三
　　戊一、标示

【原文】

　　著色谓凡夫,离贪即小圣,了知色自性,是为最上智。

【述义】

　　"第五十五偈"指出:执著色法就是凡夫,远离贪著就是小圣,能够了知色法自性,这是具有最上智者。

　　戊二、分释 三
　　己一、离倒证真

【原文】

　　若著诸善法,如离贪颠倒,犹见幻人已,离所作求体。

【述义】

　　"第五十六偈"指出:如果执著各种善法,若能远离贪取颠倒,犹如已见幻化之人,远离所作寻求真体。

己二、空性破邪

【原文】

知此义为失,不观性无性,烦恼不可得,性光破邪智。

【述义】

"第五十七偈"指出:知道此法义为过失,不去观察有性无性,烦恼就不可能得到,空性之光破除邪智。

己三、离染清净

【原文】

智离染清净,亦无净可依;有依即有染,彼净还生过。

【述义】

"第五十八偈"指出:智慧离染污而清净,也没有清净可依;有所依就是有染污,执取清净还生过失。

戊三、作结

【原文】

极恶烦恼法,若见自性离,即心无动乱,得渡生死海。

【述义】

"第五十九偈"指出:极其恶劣之烦恼法,如果见到自性远离,当下心就无所动乱,得以渡过生死大海。

甲三、作结

【原文】

此善法甘露,从大悲所生,依如来言宣,无分限分别。

【述义】

"第六十偈"指出:此种善法犹如甘露,是从大悲中所产生,依据如来言教宣说,没有各种界限分别。

七十空性论述义

【述义】

此论为印度龙树所造，于公元9世纪初由印度胜友、西藏智军译成藏文。后为法尊法师于民国二十八年（1939）四月十三日，在世苑汉藏院那伽窟由藏译汉，汉语佛学界方始得见。

本论附有"释论"，依法尊法师所述，亦为龙树所造。然仔细核校之下，"释论"多有委曲之处，不如论颂示义简明。当知"释论"为后人所作，亦如《中论》青目之释。又法尊法师撰有《七十空性论科摄》，将此论分为十章，然多依"释论"而作。故今"述义"乃直取论颂，并依论义重开次第，不从"释论""科摄"也。

所谓"七十"者，乃就论中七十三偈取整而言。此论大分为三：初三偈"总标诸法空性"，中六十三偈"分释性空诸法"，后七偈"结说真空俗有"。于初分中，总标一切诸法缘起性空之理，诸佛乃依世间名言而说诸法差别之相。于中分中，从无主宰、无作者、无受者、无自作用、从因生、依众缘、无常、苦、无我等方面，详辩三科、十二支等诸法空无自性。于后分中，以结全论诸法缘起性空之理；并回应"第一偈"，以明诸佛不坏世间，而说真实空性之旨；最终劝发后学，上求无上正真大道。

甲一、总标法空 三

乙一、非真实说

【原文】

　　生、住、灭、有、无，以及劣、等、胜，佛依世间说，非是依真实。

【述义】

　　"第一偈"指出：世间一切之产生、安住、毁灭、存有、坏无，以及卑劣、平等、殊胜，这些有为法之各种相状，佛都是依世间名言而分别讲说的，并非是依出世间第一义谛真实而说。

乙二、诸法性空

【原文】

　　无我非无我，非故无可说；一切所说法，性空如涅槃。

【述义】

　　"第二偈"指出：佛教讲诸法无我，那么这个"无我"是否应该为真实存在呢？佛所说之"无我"，并不是有一个真实"无我"之体性存在。正是由于没有真实体性之存在，所以才称为"无我"。佛所说一切诸法，其体性皆空犹如涅槃。

乙三、法无自性

【原文】

　　一切法自性，于诸因缘中，若总若各别，无故说为空。

【述义】

　　"第三偈"指出：为什么说一切诸法体性皆空呢？因为一切诸

法之自性,全都是因缘和合而成的,不论呈现出总相、还是别相,都没有真实体性之存在,所以说一切诸法体性皆空。

甲二、分释空法 五
乙一、生住灭空 三
丙一、总标

【原文】

有故有不生,无故无不生,违故非有无,生无住、灭无。

【述义】

"第四偈"指出:就一切诸法之产生而言,并没有一个真实的"生相"存在。如果诸法本来就有,"有"就不需要再产生;如果诸法本来就无,"无"就是从没有产生。若说诸法"即有即无","有""无"本来就是相互矛盾的两个概念,是不可能同时产生的;既然"即有即无"不能成立,那"非有非无"更不可能产生。从"有""无""即有即无""非有非无"等四个方面考察,故知一切诸法本无"生相"可得。既然没有"生相",那么"住相""灭相"同理也都是没有真实存在的。

丙二、分释 三
丁一、明无生 四
戊一、依三时破

【原文】

已生则不生,未生亦不生,生时亦不生,即生未生故。

【述义】

"第五偈"指出：已生之诸法，不能再说其有"生相"，因为已经产生完毕；未生之诸法，也不能说其有"生相"，因为根本没有产生；正生之诸法，亦不能说其有"生相"，因为其介于"已生"与"未生"之间，而没有真正意义上之完全产生。所以，从过去、现在、未来三世时间上考察，故知一切诸法也是没有"生相"可得。

戊二、依因果破

【原文】

有果具果因，无果等非因；非有无相违，三世亦非理。

【述义】

"第六偈"指出：佛教是讲"因果"的，如果有"因"存在，就应该有"生"存在；反之，"无因"则"无生"。如果说"因"中已经完全具备"果"之要素，那么也就没有真正意义上的"因"了，因为等同于"果"。如果说"因"中完全没有任何"果"之要素，那么也就没有了由"因"产生之"果"；"果"既然不是由"因"产生的，那么也就没有真正意义上的"因"了，因为只有相对于所生之"果"，才能被称为"因"。如果说"因"中"既有果、又无果"，有、无本来就是相互矛盾的两个概念，是不可能同时并存的，所以这种说法是不能成立的。

再从过去、现在、未来三世时间上考察。如果说"因"产生在前，"果"产生在后，当"因"产生时，"果"还没有产生。在没有"果"的情况下，这个产生在前之"因"，又如何能称之为"因"？若称之为"因"，它又是谁之"因"呢？如果说"因"产生在后，"果"产生在前，那"因"就不是真正意义上的"因"，也不能称之为"因"了。如果说"因""果"

同时产生,那谁为谁"因"? 谁为谁"果"? "因"就更是不能成立了。

通过上述两个方面辨析,可知没有真正意义上独立之"因"存在。由于一切诸法本来"无因",所以也就没有"生相"可得。

戊三、依缘起破 四
己一、缘起无相

【原文】

无一则无多,无多亦无一;以是一切法,缘起故无相。

【述义】

"第七偈"指出:前说一切诸法皆为缘起法,所以体性皆空。而缘起法,指由众多之缘和合而成。此众缘,乃由一、二、三、四等数量集成,故知此"数"不应为空。"数"若实有,又怎能说一切法空呢? 要知道,没有"一",就不可能有"多";没有"多",也就不可能有"一"。故知"数"本身也是缘起法,故"数"之体性亦空。所以,真正之"缘起法"是没有任何真实体相存在的。

己二、有苦不生

【原文】

缘起十二支,有苦即不生,于一心多心,是皆不应理。

【述义】

"第八偈"指出:有人提出疑问,由"无明"乃至"老死"等十二支缘起,能够产生出人的各种苦患;既然能够产生苦果,这不正说明缘起法是"有因有生"吗？要知道，正是由于十二支缘起能够产生苦果，所以缘起法才是"不生"的。十二支缘起是在人心念意识上，所起的一种连锁反应，即前一支引发后一支，随着每一支之生起，则导致人的不同苦痛烦恼出现。那么，此十二支缘起之连锁反应，到底是作用在一个心念意识上的呢？还是作用在多个心念意识上的？如果说是作用在一个心念意识上，那么十二支则同时产生，这是不合道理的。如果说是作用在多个心念意识上，好比一支对应一个心念意识，那么前一支已经灭掉，是不能作为后一支生起之因的，所以这也是不合道理的。既然十二支缘起，不能作用于"一心"，也不能作用于"多心"，那么说其能够使人产生苦之觉受，也就是不合道理的。因此，十二支缘起及所产生之苦果，均无真实体性存在，亦是"不生"之空性。

己三、相待无性 五
庚一、无四颠倒

【原文】

非常非无常，亦非我无我，净不净苦乐，是故无颠倒。

【述义】

"第九偈"指出：如果说十二支缘起也是无生空性的，那么十二支缘起都是由"无明"而生，而佛又说"无明"是由"颠倒"生起的，此"颠倒"应该是存在的吧？所谓"颠倒"，指四种颠倒妄见，即：执无常为常、执苦为乐、执无我为我、执不净为净。以"第一颠倒"为例，"无常"指的就是没有"常"；既然根本就没有"常"，又怎么会有一个真实的"无常"存在呢？同理，"无我""不净""苦"指的就是没有"我""净""乐";既然根本就没有"我""净""乐",又怎么会有一个真实的"无我""不净""苦"存在呢?"常""乐""我""净"与"无常""苦""无我""不净"都不是真实存在,所以说"四种颠倒"也无真实存在,其本性亦空。

庚二、无无明行

【原文】

　　从倒生无明,倒无则不有,以无无明故,行无余亦无。

【述义】

　　"第十偈"指出:如果说是"颠倒"生出"无明",那么"颠倒"已然并非真实之存在,无有真实体性;则由"颠倒"生起之"无明"也无真实之存在,无有真实体性。那么,由"无明"生起之"行"也无真实之存在,无有真实体性;进而由"行"生起之识、乃至"老死"等其余诸支,也都无真实之存在,无有真实体性。

庚三、二互为因

【原文】

　　离行无无明,离无明无行;彼二互为因,是故无自性。

【述义】

　　"第十一偈"指出:十二支缘起既可顺观,又可逆观。以"无明"与"行"为例,离开了"行"就没有"无明",离开了"无明"也就没有"行"。"无明"与"行"是相互为因的,其余诸支也是如此。这种相互为因的事物,是不可能有自己独立体性存在的。

庚四、无自无他

【原文】

自若无自性,云何能生他? 以缘无性故,不能生于他。

【述义】

"第十二偈"指出:这种自己本无自性的事物,又如何能够产生其他有自性的事物呢? 缘起法中的每一支都是无自性的,所以整个缘起法本身也是无自性的。这种没有真实存在、自性本空的缘起法,也就不可能产生其他有自性、真实存在的事物。

庚五、非即非离

【原文】

父子不相即,彼二亦非离,亦复非同时,有支亦如是。

【述义】

"第十三偈"指出:既然十二支缘起体性皆空,就应无有彼此之差异,那佛为何又要说有十二支之分别呢? 这就好比父亲和儿子,肯定是不同的两个人,而不是一个人。但这二者又非截然分离,因为离开了父亲,就没有儿子,离开了儿子,也就无所谓父亲。当然,父亲和儿子这两者,又不可能同时出生。所以,十二支缘起也是一样,其差异是建立在自性皆空的基础之上,而且彼此之间都是一种"非即、非离、非同时"的关系。

己四、所依缘无

【原文】

　　梦境生苦乐,彼境亦非有;如是缘起法,所依缘亦无。

【述义】

　　"第十四偈"指出:既然十二支缘起彼此之差异性,也是空无自性的,那又如何能够产生人的苦、乐等各种觉受作用呢? 这就好比人在梦境之中,所产生苦、乐等觉受一样。梦境本身是没有真实存在的,而于其中生起的各种苦、乐觉受,更不可能有真实存在。十二支缘起就犹如梦境,虽然能够产生各种苦、乐觉受,但其本身以及所生诸法都是空无自性,无有真实存在的。

戊四、依诸法破 二
己一、诘问

【原文】

　　若诸法无性,应无胜、劣、等,及种种差别,亦无从因生。

【述义】

　　"第十五偈"指出:如果说诸法皆无自性,就应该没有诸法的殊胜、卑劣、平等,以及各种差别之相,更不会有诸法从因中产生。但现实世界并非如此,所以说诸法应该还是有自性的。

己二、主答 二
庚一、有性不成

【原文】

有性不依他,不依云何有? 不成无自性,性应不可灭。

【述义】

"第十六偈"指出:如果说诸法是有自性的,那么就是能够不依赖他法而独立存在。但在现实世界中,如何有不依赖于他法而独立存在之事物呢? 如果非要说有不依他法而能独立存在之事物,此事物可以说不是无自性的。那么这种有自性之事物,其自性应该是不会坏灭的。既然不会坏灭,也就不可能从有变无。这种永恒之自性所带来的,反而使世间诸法之种种差别消失。

也就是说,上一偈之问难,认为无自性会导致如"第一偈"中所举"生、住、灭、有、无,以及劣、等、胜"等现实世界各种差异之消失,所以诸法应该有自性之存在。此偈回答问难,指出如果诸法有自性,才会真正导致现实世界种种差异之消失。因为有自性就是不依他而独立存在,不依他而有,即不生;性应不可灭,即不灭;不灭则永恒,即不无。已无生灭,诸法体性皆恒常不变,又如何能有相待变化而成之"劣、等、胜"以及种种差别? 正因为世间有种种差别,才正说明诸法空无自性。

庚二、根本无性

【原文】

自他性及灭,无中云何有? 故自性他性,性无性皆倒。

【述义】

"第十七偈"指出:既然一切诸法皆无自性,世间才有种种差别之相,那么人能够了知世间诸差别相之心,应该是有自性之真实存在,岂能为空? 要知道,一切诸法已然空无自性,于此无自性中如何又能产生有自性呢? 无,就是没有。能缘无自性之心,亦无自性。所以,那些自性、他性,以及因自、他二性坏灭,而又生出有性、无性之分别,全都是妄想颠倒执著所致,本无真实自性可得。

丁二、明无灭 三
戊一、无生无灭 二
己一、诘问

【原文】

若诸法皆空,应无生无灭;以于性空中,何灭复何生?

【述义】

"第十八偈"指出:如果说一切诸法体性皆空,则诸法就应该没有生、灭,但现实世界并非如此。那么,在诸法空性之中,到底是什么在生、灭呢? 所以,只有诸法有自性时,才会有生、灭之现象产生。

己二、主答 二
庚一、非同时有

【原文】

生灭非同时,无灭则无生,应常有生灭,无生则无灭。

【述义】

"第十六偈"已经说明,如果诸法有自性,才不会有"生灭"现象产生的道理。对于上一偈之问难,此偈进而就"生灭"本身进行辨析。

　　"第十九偈"指出:因为一切诸法是包括"生灭"法在内的,如果说诸法有自性,则"生灭"法亦有自性,但实际情况又是如何呢?首先"生"与"灭"不可能同时存在,因为二者是前后相待而成。虽然有"生"之后方可言"灭",但不能就此认为有独立之"生"存在,因为没有"灭"也就无所谓"生"。那"生灭"是否为恒常存在的呢? 如果"生灭"为恒常存在,那又等于"同时"有。一个法自身同时在"生灭",那这个法到底是有是无呢? 既然"生""生灭"均无独立存在之自性,那是不是"灭"有独立存在之自性呢? "灭"也非独立之存在,因为没有"生"也就无所谓"灭"。因此,"生灭"同一切诸法一样皆空无自性,正是由于性空方有"生灭"现象之产生。若"生灭"性不空而实有,皆为不依他之常法,则生不生、灭不灭,又何以称之为"生灭"呢?

庚二、非自他生

【原文】

**　　无生时无灭,不从自他生,是故生非有,无生则无灭。**

【述义】

　　上一偈已经阐明"生灭"各无自性的道理,此偈进而指出"生"无自性时,"灭"也就无自性。这是为什么呢?

　　"第二十偈"指出:因为如果"生"有自性,则此"生"就恒常存在,不会依自、他而生起。但"生"之本义就是生起,若无生起作用又如何谓之"生"? 所以,"生"必然有依自、他而生起之作用,那么"生"也就没有恒常自性存在。"生"既然无有自性,由其相待成立之"灭"也就无有自性,故"生"无自性则"灭"亦无自性。

戊二、再破有生 二
己一、明断常过

【原文】

有生性应常,无者定成断;有生堕二失,是故不应许。

【述义】

"第二十一偈"指出:既然"无生"故"无灭",有人转念岂不"有生"就"有灭"了? 如果说"生"有独立存在之自性,那么必然就会堕入到"常"和"断"这两种边见之中。因为有自性,此自性就应永恒存在,即"常";反之,无自性,此自性就灭坏不复存在,即"断"。由于会产生"常"和"断"二种过失,所以说"生"有自性是不合道理的。

这里需要注意的是,此偈所说之"无",是在执计于有自性的前提下,相对而言之无自性。而所谓诸法本来空无自性,是"有无"皆空之无自性,即已经超越"有无"之范畴。

己二、明相续过 二
庚一、诘问

【原文】

相续故无过,法与因已灭。

【述义】

"第二十二偈"前半指出:如果单说"生"有自性,会堕入到

"常"和"断"二过失中,但如果承认"生"之自性,是相续存在的过程,就不会产生"常"和"断"二种过失。因为,以"生"为"因",会产生于"灭"。在"生"转变成"灭"这一相续过程中,"生"没有了,故非常;而又能生出"灭",故非断。

庚二、主答

【原文】

此如前不成,复有断灭过。

【述义】

针对这一辩驳,"第二十二偈"后半指出：承认诸法之生灭相续,是基于"生"与"灭"不能同时存在,而并非是说"生"与"灭"均有自性,这一道理在"第十九偈"已经讲明。如果说"生"有自性,而后又转变为"灭",那"生"还未"灭"之时,"生"中是否已具足"灭"？若具"灭"性,则有"生灭"同时存在之失；若无"灭"性,则亦有"断常"之失。因为"生灭"二性不同,若"生"灭后,方有"灭"生,则同"断"；若"生"不灭,不会生"灭",则同"常"。所以,"生"有自性是不可能相续无过的。

戊三、涅槃生灭 二
己一、一番问答 二
庚一、诘问

【原文】

佛说涅槃道,见生灭非空？

【述义】

"第二十三偈"前半指出：佛所说之涅槃道,乃寂灭之法。这不还是说明,佛依"生灭"而谓涅槃,而非依"空性"而谓涅槃吗?

庚二、主答

【原文】

此二互违故,所见为颠倒。

【述义】

"第二十三偈"后半指出：要知道,如果"生灭"真有自性,且自性又恒常存在的话,那么,只要"生"有自性,则"灭"就不可能存在,因为永生;只要"灭"有自性,则"生"就不可能存在,因为永灭。"生"与"灭"这二者,其性是相互违背的。既然世间有"生灭"之现象存在,就足以说明"生灭"这二者皆无自性。故执"生灭"皆有自性,乃为颠倒妄见。佛正是看到了"有生才有灭,有灭才有生","生灭"乃相互依存之法,故知二者本无自性。无自性即空性,见空性即入涅槃道也。东晋法显译《大般涅槃经》卷下："诸行无常,是生灭法;生灭灭已,寂灭为乐。"①可见,佛所说之涅槃道,乃以双灭"生灭"为真寂灭也。

己二、二番问答 二
庚一、诘问

---

① 　《大正藏》第1卷,第204页下。

【原文】

　　若无有生灭,何灭名涅槃?

【述义】

　　"第二十四偈"前半指出:如果说"生灭"皆无自性,那就是没有"生灭";既然都没有"生灭"了,那又以哪个"灭"来叫作涅槃呢?

　　庚二、主答

【原文】

　　自性无生灭,此岂非涅槃?

　　若灭应成断,异此则成常。涅槃非有无,故无生与灭。

【述义】

　　"第二十四偈"后半指出:为何非要执著于有自性,有自性之生灭存在呢? 如果本无自性,也就没有自性之生灭。这种无生无灭之状态,难道不是涅槃吗?

　　"第二十五偈"指出:如果依有自性而谓"生灭",那自性"灭"则应成"断",反之则应为"常"。而涅槃是非有非无、非断非常的,故知有自性之灭,不是涅槃之灭,无生无灭才是涅槃之寂灭。

　　丁三、明无住 二
　　戊一、灭非常住

【原文】

　　灭若常住者,离法亦应有;离法此非有,离无法亦无。

【述义】

　　"第二十六偈"指出:此承前义,故以"灭"而论"无住"。如果"灭"真有自性的话,则应该永恒常住,不依赖于任何其他诸法而独立存在。但事实上,如果脱离其他诸法,也就没有"灭"之存在。"灭"脱离了"有法"都不能存在,那脱离"无法"更不能有"灭"之存在。所以,"灭"是不可能不依诸法而独立存在,故知"灭"是不能常住的。

　　　戊二、相待无住 三
　　　己一、能所相待

【原文】

　　能相与所相,相待非自成,亦非展转成,未成不能成。

【述义】

　　"第二十七偈"指出:为什么"灭"不能不依诸法而常住呢?从"能所"这对大的范畴来考察,"能相"是相对于"所相",才能称其为"能相";而"所相"亦相对于"能相",才能称其为"所相"。所以,"能相"与"所相"是相待而有的,不是自己能单独成立的。这二者又不是展转相互成立的,因为不是"能相"生出的"所相",也不是由"所相"生出的"能相"。可见,是没有单独成立的"能相"和"所相"存在的。由于"能相"和"所相"都不能自行成立,那么由此二者也就更不能成立什么其他诸法了。

己二、诸法相待

【原文】

　　因果、受受者，能见所见等，一切法准此，皆当如是说。

【述义】

　　"第二十八偈"指出：既然"能相"和"所相"是相待而有，非是自成、展转成；那世间一切相对之范畴，比如"因"与"果"、"受"与"受者"、"能见"与"所见"等，全都是相待而有，非是自成、展转成。一切依靠相待而有之诸法，皆无自性可得。所以，"灭"不能常住，一切有为诸法全都不能常住。

己三、三时相待

【原文】

　　不住相待故，乱故无体故，无性故三时，非有唯分别。

【述义】

　　前面诸偈经常从"过去""现在""未来"三世时间范畴，来考察讨论问题，那三世时间是否就是常住的呢？

　　"第二十九偈"指出：三世时间本身就是相待成立的，依"过去"而成立现在、未来，依"现在"而成立过去、未来，依"未来"而成立现在、过去。且三世并没有一个固定体性存在，比如"现在"，依当下而说才为现在，若依未来而说即为过去，若依过去而说即为未来。所以，三世时间没有真实存在，而这种迁流不息的杂乱之相，又如何能够稳定安住呢？三世时间本来就无形无相、无有自性可得，只是人们意识之中的一种妄想分别而已。

丙三、作结 三
丁一、无有无为

【原文】

由无生住灭，三种有为相，是故为无为，一切皆非有。

【述义】

"第三十偈"指出：通过前面对"生灭"以及"常住"等问题的辨析，可见"生""住""灭"这三种有为相，都不是真实存在的。既然"有为"不是真实存在，那么与之相对的"无为"也就不是真实存在。既然"有为""无为"诸法都不是真实存在，那一切诸法也就都不是真实存在。

丁二、三时无有

【原文】

灭未灭不灭，已住则不住，未住亦不住，生未生不生。

【述义】

"第三十一偈"指出：为什么"有为""无为"诸法都不是真实存在呢？依有为法之三相来考察："灭"到底是指已灭者，还是未灭者呢？已灭者，已经灭了，故不能称为灭；未灭者，还未坏灭，故也不能称为灭。"住"到底是指已住者，还是未住者呢？已住者，已经安住，故不能称为住；未住者，还未安住，故也不能称为住。"生"到底是指已生者，还是未生者呢？已生者，已经生出，故不能称为生；未生者，还未生出，故也不能称为生。如此看来，有为法之"生""住""灭"三相皆不能够成立。既然"有为法"都不能够成立，那与之相对的"无为法"就更不能够成立了。

　　丁三、一切法无

【原文】
　　有为与无为,非多亦非一,非有无二俱,此摄一切相。
【述义】
　　"第三十二偈"指出:若仔细考察"有为"与"无为"这二者,既非是脱离对方存在之独立二法,又非是彼此毫无差异之相同一法;既非真实之存在,又非彻底之灭无,也非亦有亦无。以上的多、一、有、无、二俱是亦有亦无,已经包括了一切诸法之相状。

　　乙二、业空 二
　　丙一、诘问

【原文】
　　世尊说业住,复说业及果,有情受自业,诸业不失亡。
【述义】
　　"第三十三偈"指出:佛常说"业力"是决定世间法的根本力量,又说有"业"以及由业产生之"业果",而有情众生还得承受由自己所造业而导致之果报,不论何时所造之业都是不会亡失的。这不是说"业"以及"业果",应该是真实存在的吗?

丙二、主答 二
丁一、依理初释 二
戊一、分释 三
己一、业无自性 二
庚一、当体即无 二
辛一、正说

【原文】

已说无自性,故业无生灭;由我执造业,执从分别起。

【述义】

"第三十四偈"指出:前面已经从诸多方面阐明了诸法无自性的道理,所以"业"本身也是无自性、无有生灭的。而有情众生执著有我之存在,故而才会造业,这种"我执"妄见是从分别中生起的。

辛二、反说

【原文】

业若有自性,所感身应常,应无苦异熟,故业应成我。

【述义】

"第三十五偈"指出:如果说"业"有自性的话,那由"业"所感招之色身就是"恒常"不变的,也就应该不会再有各种"苦痛"觉受产生。所以,若真是如此的话,则"业"本身应该就是"我"。而佛教是以"无常"为"苦"之根本,"无常"则"无我","无我"则"无自性",故"业"无自性则不会有"身常""无苦"等过失。

庚二、缘生非有

【原文】

业缘生非有,非缘亦无有,诸行如幻事,阳焰寻香城。

【述义】

"第三十六偈"指出:"业"也是依他缘起之法,故"业"本身并没有独立自性之存在。如果脱离了众缘,"业"也就不复存在了。众生所作"诸行",也犹如虚幻之事、太阳之热焰、寻香之城一般,看似有相,但均无实体。所谓"寻香城",即乾闼婆城,指海市蜃楼,佛教经常用之比喻虚幻不实之法。龙树造、后秦鸠摩罗什译《大智度论》卷六:"日初出时,见城门、楼橹、宫殿、行人出入,日转高转灭。此城可眼见,而无有实,是名揵闼婆城。"①

己二、业无作者

【原文】

业以惑为因,行体为惑业,身以业为因,此三皆性空。

【述义】

"第三十七偈"指出:前面已经就"业""行""身"空无自性,作了各自单独的辨析。此偈又对这三者间之相互关系,作了进一步考察。"业"是以惑为因而生起的,"行"是以"惑"和"业"为因而生起的,"身"是以"业"为因而生起的。由于这三者都是相互依他而有,故"业""行""身"三者均无自性、体性皆空。

———————

① 《大正藏》第25卷,第103页中。

己三、业无受者

【原文】

　　无业无作者，无二故无果，无果无受者，是故皆远离。

【述义】

　　"第三十八偈"指出：由于"业""行""身"三皆性空，故知既无真实存在之业，又无真实造业之人。"业"及"作者"皆无真实存在，也就不可能生出真实存在之"业果"。既然没有"业果"，也就没有承受业果之人。所以说，"业""造业者""受业者"都不是真实存在。

戊二、作结

【原文】

　　若善知业空，见真不造业；若无所造业，业所生非有。

【述义】

　　"第三十九偈"指出：如果能够正确了知"业"空无自性，那么就是见到了诸法真实之相；见到真相之后，也就不会再造业了。如果不再造作诸"业"，"业"也就不复存在了；"业"没有了，那由"业"所生出的一切诸法也就不复存在了。

丁二、依喻再释 三
戊一、举喻 二
己一、明化身空

【原文】

如佛薄伽梵,神通示化身,其所现化身,复现余变化。

【述义】

"第四十偈"指出:如同佛世尊一样,可以用神通示现出佛之化身;而以佛所现之化身,又能示现出其余的各种变化之相。

己二、明所化空

【原文】

佛所化且空,何况化所化?一切唯分别,彼二可名有。

【述义】

"第四十一偈"指出:佛以神通所示现之化身就空无自性,更何况由此化身再变化出的各种事物呢?"化身"及其"所化",这二者都是空无自性的,一切只是众生的妄想分别而已。如果在妄想分别的前提下,姑且可以称"化身"与"所化"这二者为有。

戊二、明喻 二
己一、业无作者

【原文】

作者如化身,业同化所化;一切自性空,唯以分别有。

【述义】

"第四十二偈"指出:造业者犹如佛之化身,而所造之"业"就如同化身所化之事物。"业"及其"作者"都是空无自性的,众生只是因妄想分别而执其为有。

己二、业无受者

【原文】

　　若业有自性，无涅槃作者；无则业所感，爱非爱果无。

【述义】

　　"第四十三偈"指出：如果"业"真有自性的话，那这个自性应该是不灭恒常的。由于"业"是不灭，故不可能有涅槃；由于"业"是恒常，故不可能有作者。既然没有作者之"业因"，也就不会再感招"业果"。那世间一切"可爱""非可爱"之各种果报，也就不复存在。但事实并非如此，故知"业"是没有自性的。

戊三、结喻

【原文】

　　说有或说无，或说亦有无，诸佛密意说，此难可通达。

【述义】

　　"第四十四偈"指出：既然一切有为、无为诸法，都是空无自性的，那为什么佛还会在经中，时而说有，时而说无，时而又说亦有亦无呢？要知道，这些都是诸佛的密意说法，对于那些执著于有无的愚痴众生来说，是很难彻底通达其真义的。

乙三、色空 四

丙一、依大种破 二

丁一、非自他生

【原文】

色从大种生,则从非真生;非从自性生,彼无非他生。

【述义】

"第四十五偈"指出:所谓"大种",指地、水、火、风四种元素。因这四种元素,周遍一切色法世界,故称为"大";又能生出一切色法,故称为"种"。世间一切色法,都是从地、水、火、风四大种中产生的。这种依他法而生出之色法,显然是没有真实自性的。色法既然没有真实自性,也就不可能真正意义上依他法而产生。因为自己没有自性,又如何依他法真实自性而有?再说,作为他法也不可能有真实自性之存在。若承认他法有真实自性,又会堕入到前面诸多过失之中。

丁二、无性无生

【原文】

一中非有四,四中亦无一;依无四大种,其色云何有?

【述义】

"第四十六偈"指出:"一",指色法;"四",指四大种。那么,色法中并非实有四大种,而四大种中亦非实有色法。依无自性之他法"四大种",又如何能产生出具有真实自性的"色法"呢?

丙二、明无因过

【原文】

最不可取故,由因因亦无,从因缘生故,有无因非理。

【述义】

"第四十七偈"指出:由于色法空无自性,所以是最不可执取其为实有的。众生之所以执取色法为实有,就是因为有能感知色法之心念意识。如果以能缘之心,作为色法产生之因,那此心是否为真实存在呢?要知道,虽无缘色之心,不能成就诸色;但若无有诸色,亦无缘色之心。故知此能缘色法之心,也是缘起产生的,同样无有真实自性。

既然能缘之心没有真实存在,色法也就没有真实产生之因,那色法岂不是从"无因"中产生的吗?要知道,世间怎么会有无因而生之事物呢?所以说,认为色法是从"有因"或"无因"中产生,这两种认知都不符合道理。

丙三、依心取破 二
丁一、当下无取

【原文】

若谓能取色,则无取自体;缘生心无故,云何能取色?

【述义】

"第四十八偈"指出:如果非要认为能缘之"心"有真实自性存在的话,那"心"在缘取诸色的时候,也应该能够缘取"心"体自性。但"心"是不能自取其性的,如同镜子不能返照镜体一样,"心"也是缘起无自性的。这种无自性之"心",又如何能真实缘取无自性之"色"呢?

丁二、不取过未

【原文】

若刹那生心,不取刹那色,云何能通达,过去未来色?

【述义】

"第四十九偈"指出:如果说刹那生起之"心",都不能缘取刹那生起之"色"的话,那又如何能通过"心"来缘取过去、未来一切诸色呢?

丙四、依异性破

【原文】

显色与形色,异性终非有,不应取彼异,许同是色故。

【述义】

"第五十偈"指出:如果说"色"无自性,也无法被"心"所缘取,那认识不了内在实质的层面,好歹能够分辨色法的外在颜色与形状吧。既然承认色法有外在"显色"与"形色"之存在,那不也能说明色法是有自性的吗?要知道,"显色"与"形色"这二者,是具有截然不同界定的两个概念范畴。如果将两个事物的不同性质,同时认为都是"色法"之自性,那"色法"到底是有一个自性,还是有两个自性?自性肯定只能有一个,所以将"显色"与"形色"之性,等同于

"色法"自性,这是不符合道理的。

乙四、根境识空 二
丙一、总标

【原文】

　　眼识非在眼,非色、非中间,彼依眼及色,遍计即颠倒。

【述义】

　　"第五十一偈"指出:就"色法"来说,能缘之心具体表现在"眼识"上。一般来说,众生依自身"眼根",外缘"色境",从而产生"眼识"。那这个能够了知色法之"眼识",到底是否有真实存在之自性呢?如果"眼识"有自性,那在没有"眼根"和"色境"的情况下,也应该能够独立存在。但实际情况却不是这样,没有了"眼根"和"色境",就不能生起"眼识"。

　　有人会说,那"眼识"自性就在"眼根"和"色境"之中。那请问,"眼识"自性到底是在"眼根"之中呢?还是在"色境"之中呢?还是在这二者中间呢?如果说在"眼根"之中,但在没有"色境"的情况下,光有"眼根"是不能生起"眼识"的。如果说在"色境"之中,但在没有"眼根"的情况下,光有"色境"也是不能生起"眼识"的。如果说在"眼根"和"色境"中间,这个中间具体指的又是什么?若为方位处所之中间,则"眼根"与"色境"中间,乃为虚空之处,如何能有"眼识";若为二者体性之中间,则"眼识"自性就成二性,还是不符合道理。所以,执著于依"眼根"和"色境"能够生起"眼识"自性的认知,都是遍计一切诸法实有自性而引发之颠倒妄见。

丙二、分释 二

丁一、论根境空 三

戊一、明无自性

【原文】

若眼不自见,云何能见色? 故眼、色无我,余处亦同尔。

【述义】

"第五十二偈"指出:前面已经阐明,"心"不能缘取自体,故无自性。所以,如果眼都不能自见体性,又如何能见色法自性呢? 故知"眼"与"色"都是无有自性的。佛教所谓"十二处",指的就是眼、耳、鼻、舌、身、意等"六根",与色、声、香、味、触、法等"六境"。既然"眼""色"二处无有自性,那其余十处也同样是无有自性的。

戊二、明自性空

【原文】

眼由自性空,复由他性空;色亦如是空,余处空亦尔。

【述义】

"第五十三偈"指出:眼根为依他缘起之法,故空无自性;自性是空,其所依他法之性亦空。色境也为依他缘起之法,故空无自性;自性是空,其所依他法之性亦空。同理,其余十处也都是自、他性空。

戊三、明触受空 二

【述义】

以下二偈，为援引十二支来进一步阐明十二处空无自性。依十二支缘起，缘"六入"而生"触"，缘"触"而生"受"。所谓"六入"，有内、外之分，即："六根"为内六入，"六境"为外六入，故统摄十二处。

己一、触无自性

【原文】

若触俱一起，则余者皆空；空不依不空，不空不依空。

【述义】

"第五十四偈"指出："触"只有一个，若谓每一处都有自性的话，那"触"在缘"六入"生起时，只能缘"某一处"之自性，其余诸处自性也就自然没有作用。但实际情况不是这样，"触"是缘整个内、外"六入"生起的，不可能单独只缘某一处自性。如果说一处有自性，其余诸处空无自性，那"触"在缘取整个十二处时，不可能又缘取"空"、又缘取"不空"。因为，"空"不可能依"不空"而产生，"不空"也不可能依"空"而产生。

己二、受无自性

【原文】

三非有自性，不住无和合，则无彼性触，是故受亦无。

【述义】

"第五十五偈"指出：可见，"根""境""触"这三者都是空无自性的。三者均无自性可住，也就不可能和合出一个真实自性来。"触"既然也是无自性的，那缘"触"而生之"受"也是无自性的。

丁二、论心识空 二
戊一、识幻非有

【原文】
　　彼止内外处，而有心识生，是故识非有，如幻如焰空。
【述义】
　　"第五十六偈"指出：由于依止内六处、外六处，才会有心识产生，所以"识"也是依他缘起之法，故无真实自性，犹如幻影、阳焰一样体空。

戊二、无有识者

【原文】
　　由依所识生，是故识非有；识、所识无故，亦无有识者。
【述义】
　　"第五十七偈"指出：所谓"所识"，指识之认知对象，亦指内、外处。那么，"识"是依靠"所识"产生的，所以"识"是无有自性的。既然"识"与"所识"都没有自性，也就不可能再有一个凌驾其上的主体"识者"存在。

乙五、十二支空 五
丙一、无常无常

【原文】

一切无常者,非常无有常,常无常依性,其性岂能有?

【述义】

"第五十八偈"指出:既然说一切诸法都是无常的,那此无常之性不是存在的吗?要知道,佛所说的"无常",指的就是一切诸法没有恒常自性之存在。在否定"常"的前提下,才称"非常"或"无有常",故"无常"就是无自性之代称。若"无常"还有自性,岂不又成了"常"?所以,如果非要认为有一个"常"或"无常",那二者就必须各有自性,可这种自性又怎么能够真实存在呢?

丙二、无无明性 三
丁一、三毒非有

【原文】

爱非爱颠倒,缘生贪嗔痴;是故贪嗔痴,非由自性有。

【述义】

"第五十九偈"指出:从"可爱""非可爱""颠倒"等诸缘之中,产生出众生之"贪欲""嗔恚""愚痴"三毒。此"贪""嗔""痴"乃依他缘生之法,故无自性,亦非由自性而有。

丁二、分别非实

【原文】

　　于彼起贪欲,嗔恚或愚痴,皆由分别生,分别非实有。

【述义】

　　"第六十偈"指出:由于"爱""非爱""颠倒"等诸缘境界也空无自性,缘某一境界而生起"贪欲""嗔恚""愚痴",也并非真实之生起,而是妄想分别之生起。由妄想分别生出的事物都不是真实存在,所以"贪""嗔""痴"无有自性。

　　丁三、能所别空

【原文】

　　所分别无故,岂有能分别? 以是缘生故,能所别皆空。

【述义】

　　"第六十一偈"指出:既然"贪""嗔""痴"为妄想分别生起,那是否"分别"就有自性呢? 要知道,"贪""嗔""痴"作为"所分别"之境界,都是空无自性的,那"能分别"又怎么能有自性呢? 由于"分别"也是依他缘生之法,所以"能分别""所分别"都是空无自性的。

　　丙三、无行等支

【原文】

　　四倒生无明,见真则非有,此无故行无,余支亦如是。

【述义】

　　"第六十二偈"指出:由"四种颠倒"妄见而产生"无明",如果见到诸法性空之真实体相,"无明"就不会再产生。"无明"没有了,那缘"无明"而生之"行"就没有了,进而其余十支也就没有了。也就是说,顺观十二支则生,逆观十二支则灭。

　　丙四、明顺逆观 二
　　丁一、标举

【原文】
　　　依彼有此生,彼无此不有;有性及无性,为无为涅槃。
【述义】
　　"第六十三偈"指出:若顺观十二支,因依前支彼有,故有后支此生;若逆观十二支,因依前支彼无,故有后支此灭。同理,所谓诸法之"有自性""无自性",或是"有为""无为",也都是依他相待成立的。所以,只有这一切相待生灭现象全都寂灭的时候,才是真正的涅槃境界。

　　　丁二、分释 二
　　　戊一、分别即生

【原文】
　　　诸法因缘生,分别为真实;佛说即无明,发生十二支。
【述义】
　　"第六十四偈"指出:因此,一切诸法全都是因缘而生、空无自性,众生以妄想分别执取为真实。此妄想分别,佛说就是"无明",从此"无明"引发生起十二支缘起。此即十二支之缘生。

戊二、见真即灭

【原文】

见真知法空,则不生无明;此即无明灭,故灭十二支。

【述义】

"第六十五偈"指出:如果真正了知诸法性空,则就不会生起"无明"。"无明"既然灭掉了,十二支缘起也就都灭掉了。此即十二支之缘灭。

丙五、无实幻有

【原文】

行如寻香城,幻事及阳焰,水泡与水沫,梦境、旋火轮。

【述义】

"第六十六偈"指出:缘"无明"而生之"行"等十二支,本身都是空无自性的。其在世间呈现出来的各种相状,犹如"寻香城、幻事、阳焰、水泡、水沫、梦境、旋火轮"一样,虚妄不实。所谓"旋火轮",指举火在空中旋转画圈,看似有轮相,其实非有。

甲三、结说空有 三
乙一、依胜义谛 二
丙一、缘起性空

【原文】

　　无少自性法，亦非无有法，以从因缘起，法无法皆空。

【述义】

　　"第六十七偈"指出：一切诸法都是空无自性的，但又不能说没有一切诸法。因为诸法全都是因缘生起，"法"与"无法"也是相待成立的，所以一切诸法自性皆空。

　　　丙二、性空缘起

【原文】

　　以此一切法，皆是自性空，故佛说诸法，皆从因缘起。

【述义】

　　"第六十八偈"指出：正是由于一切诸法都是空无自性的，所以佛才说一切诸法都是从因缘中生起的。这是从根本上，解答了现实世界中"性空"与"存在"之间的矛盾问题。

　　非佛外道认为"性空"，就是彻底顽空，一切事物均将消灭有无。但若一切事物都有恒常自性的话，这个世界也就完全停滞了，因为一切事物都不生不灭、无有变化。也正是由于一切事物无有恒常自性，才能相互作用、依他缘起、生灭不息、变化不断，使得这个世界充满无限生机。

　　　乙二、依世俗谛 三
　　　丙一、名言施设

【原文】

　　胜义唯如是,然佛薄伽梵,依世间名言,施设一切法。

【述义】

　　"第六十九偈"指出:在胜义谛上,一切诸法只能是空无自性的。但佛世尊为了能将此胜义谛揭示出来,便依据世间名字言说,从而施设一切诸法。

丙二、破俗显真

【原文】

　　不坏世间法,真实无可说;不解佛所说,而怖无分别。

【述义】

　　"第七十偈"指出:但如果不破坏世间诸法自性之假有相状,则诸法空无自性之真实相状就无从谈起。众生不能了解佛所说缘起性空之义,故而对无有分别之境心生怖畏。

丙三、不坏世间

【原文】

　　依彼有此生,世间不可坏;缘起即无性,宁有理唯尔。

【述义】

　　"第七十一偈"指出:一切诸法都是依彼有则此生的,世间这种相待成立之缘起法是不可破坏的。但缘起法本身是无有自性的,这个道理是决然不爽的。

乙三、依教奉行 二
丙一、以正求真

【原文】

正信求真实，于此无依法，以正理随求，离有无寂灭。

【述义】

"第七十二偈"指出：众生要确立正信，进而追求真实法相，于此无所依之法，以正理随顺推求，从而远离有、无等执著分别，最终就能获得真正寂灭。

丙二、趋向佛果

【原文】

了知此缘起，遮遣恶见网，断除贪嗔痴，趋无染涅槃。

【述义】

"第七十三偈"指出：众生彻底了知此缘起性空之法，就能遮止遣去一切恶见迷网，断除贪欲、嗔恚与愚痴，趋向无染清净之涅槃境界。

回诤论述义

【述义】

此论为印度龙树所造,现存汉译本有二:其一,为北魏毗目智仙共瞿昙流支于兴和三年(541)在邺城金华寺译出;其二,为任杰(1920—2011)于1983年在北京法源寺由藏文本译出①,此论藏文本是由古印度论师智藏及西藏译师迦巴·吉祥积从梵译藏,后由迦湿弥罗大论师扎雅阿难陀及西藏译师枯·经祥修改。前本有"释论"二卷,后本无有"释论"。依后本末云:"《回诤论释》,住初地极欢喜地圣者那嘎竹那造。"②当知本论"释论"并非龙树所造。

所谓"回诤",指回应诤难。本论共有七十二颂,结构大分为二:前半有二十一颂,为异学之诤难;后半有五十一颂,为论主之回应。依后半"释论"所述,将"异学诤难"与"论主回应"开为"十三番"问答。然细核论义,当有一"诤颂"窜入"回颂"之中,实为"十四番"问答。

此论原本将外道诤难二十一偈,与论主回应五十一偈前后分排,不利学人研习。今依北魏译本,将"难""应"各偈重编次第,以显"回诤"之义。又"释论"委曲,译文晦涩,次第难明,故直取"论颂",详为科释,以成"述义"也。

---

① 收于《龙树六论:正理聚及其注释》,北京:民族出版社,2000年5月第1版,第103—116页。
② 同上,第115页。

甲一、总破 二
乙一、宾诤

【原文】

若一切无体，言语是一切，言语自无体，何能遮彼体？

【述义】

"诤第一偈"指出：如果一切法都是没有自体的，那言语是属于一切法，言语自身也是没有自体的，又怎么能去遮破那些法体呢？

《中论》尽破诸法皆有自体之执，然外道异学以"言语"诘难，谓一切诸法空无自体，"言语"为诸法之一亦空无自体，"言语"既然没有真实存在的，就无法用来去批判其他观点。好比有刀才有割的作用，有火才有烧的作用，没有刀、火，也就没有割、烧作用。

乙二、主回 三
丙一、标

【原文】

我语言若离，因缘和合法，是则空义成，诸法无自体。

【述义】

"回第一偈"指出：我的"语言"如果脱离各种因缘和合之法，也就没有真实存在了，这就使得"空义"成立，一切诸法皆无有自体。

"语言"是人通过意识主导，依托口舌等器官形成的，也是由各种因缘和合产生的。如果"语言"脱离这些因缘就不复存在，可见"语言"是空无自体没有真实存在的。这与佛教主张一切诸法皆空无自体是完全一致的，没有任何违背之处。

丙二、释

【原文】

若因缘法空，我今说此义。何人有因缘，彼因缘无体。

【述义】

"回第二偈"指出：如果因缘所生法自体皆空，我才现今讲说此种法义。什么人只要有因缘作用，那些因缘所生法就是没有自体的。

之所以一切诸法都需要因缘和合才能产生，就是因为一切诸法都是空无自体的。如果一切诸法皆有自体，那本身就是恒常存在，也就不需要因缘来产生了。只要有因缘和合的作用，那些依因缘产生之法就都是没有自体存在的。

丙三、结

【原文】

化人于化人，幻人于幻人，如是遮所遮，其义亦如是。

【述义】

"回第三偈"指出：这就如同变化人对于变化人，幻化人对于幻化人，像这样去遮破所要遮破的对象，其中的法义也像这样。

"遮"指言语，"所遮"指诸法。用空无自体之"言语"，去遮破空无自体之"诸法"，就如同幻化人相对于幻化人一样。正因为"言语"和"诸法"都是空无自体的，才能起到遮破的作用。如果像诤问中所谓，一旦诸法有自体存在，那也就无从遮破了。

甲二、别破 二
乙一、依三支破 二
丙一、分破 三
丁一、依宗破 二
戊一、宾诤

【原文】

　　若语有自体，前所立宗坏，如是则有过，应更说胜因。

【述义】

　　"诤第二偈"指出：如果"言语"有自体存在，那前面所立"宗义"损坏，像这样就有过失，应该再说别的殊胜原因。

　　如果"言语"能够起真实作用，那就说明"言语"是有真实存在的。如果"言语"有自体，那佛教谓一切诸法空无自体就不能成立了。要想继续维护所立"诸法空无自体"之宗义，就要去寻求别的理论依据。

戊二、主回

【原文】

　　言语无自体，所说亦无体，我如是无过，不须说胜因。

【述义】

　　"回第四偈"指出："言语"是无有自体的，所立宗义也说一切诸法无有自体，我像这样没有过失，无须再讲说其他殊胜原因。

　　此就"宗"支而言。前面已经阐明"言语"是空无自体的，而所立"宗义"是一切诸法空无自体,这二者之间是完全一致的,没有出现任何矛盾,根本无须再寻求别的理论依据。

丁二、依喻破 二
戊一、宾诤

【原文】

汝谓如"勿声",是义则不然;声有能遮声,无声何能遮?

【述义】

"诤第三偈"指出:你所谓的如同说"不要出声",这个意义是不正确的;声音存在才能遮声音,没有声音如何能遮呢?

此将"言语"空无自体,等同于不存在"言语",犹如人根本不发出声音。在现实生活中,必须有一个声音,才能遮止另一个声音。就好像某人说"不要出声",去遮止另外人发声,而这个"不要出声"的话也是一种声音。如果没有任何声音,又怎么能去遮止已有的声音呢? 所以,你所谓"言语"空无自体,能够遮诸法体是不正确的。

戊二、主回 二
己一、正破

【原文】

汝言"勿声"者,此非我譬喻,我非以此声,能遮彼声故。

【述义】

"回第五偈"指出:你所说的"不要出声",这不是符合我意思的譬喻,因为我并非是以此"不要出声"之声,能去遮止另外的声音。

此就"喻"支而言。诤问举"不要出声"来反驳"无自体",这个比方是不恰当的。"不要出声"就是根本没有声音,我方并不是以一个根本不存在的事物,来去遮其他已存在的事物。

己二、举喻

【原文】

如或有丈夫,妄取化女身,而生于欲心,此义亦如是。

【述义】

"回第六偈"指出:这就如同或许有男子丈夫,妄自执取幻化的女子身体,而产生淫欲之心,这个比方才是恰当的。

此明"言语"空无自体,并非根本不存在。犹如幻化之女,虽非真实女子,但仍能使男人产生欲心。"言语"也是如此,虽然无有自体,但仍有"声响"作用。

丁三、依因破

【原文】

同所成不然,响中无因故。

【述义】

"回第七偈"前半指出:如果像你所说"勿声",也与我所立"因"相同成立,这是不正确的;你所谓"声响"是有自体的,其中根本没有我所立的"因"。

此就"因支"而言。一切诸法依因缘聚合而产生皆空无自体，故我是以"缘起无自体"为"因"的。而你以"声有能遮声"为诘难，又举"勿声"为喻，是以"声响"有自体为"因"的。你就"声响"所立"有自体因"中，根本没有我所立之"无自体因"，所以二者根本不是"因同所成"的。

丙二、结破 二
丁一、明二谛

【原文】

我依于世谛，故作如是说。

若不依世谛，不得证真谛；若不证真谛，不得涅槃证。

【述义】

"回第七偈"后半指出：我是依据"世俗谛"，才作出像这样的说法。

之所以我方还以"言语"，来进行遮破说理，那是为了世俗教化方便，而姑且施设的虚假名相，并非有真实存在。如果要是从"真谛"，即"胜义谛"的角度，那就根本是不可说的。故《中论·观四谛品》："诸佛依二谛，为众生说法：一以世俗谛，二第一义谛。若人不能知，分别于二谛，则于深佛法，不知真实义。"

"回第八偈"指出：如果不依据"世俗谛"，不能够得以证入"真谛"；如果不能证入"真谛"，就不能得以证入"涅槃"。

"世俗谛"与"真谛"并非是二元对立的，"真谛"是以"世俗谛"得以体现的。佛说法是不违"世间"的，脱离了"世间法"别无"出世间法"存在，二者本身无二无别。《中论·观涅槃品》："涅槃与世间,无有少分别;世间与涅槃,亦无少分别。"故不依"世俗谛"是无法了解"真谛"的,不能见到诸法实相之"真谛",也就无法证入"涅槃"。故《中论·观四谛品》:"若不依俗谛,不得第一义;不得第一义,则不得涅槃。"

　　丁二、不违宗 二
　　戊一、宾诤

【原文】

　　汝谓遮所遮,如是亦不然;如是汝宗相,自坏则非我。

【述义】

　　"诤第四偈"指出:你所谓"能遮""所遮"义,像这样也是不正确的;像这样你所立"宗义"之"相",自己损坏而不是我有过失。

　　"言语"为能遮,"诸法"为所遮。如果承认"能遮""所遮"都是空无自体的,那应该是以"无自体"遮"无自体"。可之前你所立"宗义"是以"无自体"之"言语"去遮"有自体"之"诸法",即以"无自体"遮"有自体"。此"因"与"宗"就不一致了,从而破坏了"宗相"。可见,你认为"言语无自体"是不能成立的,而我认为"言语有自体"反而是成立的。

　　戊二、主回

【原文】

　　若我宗有者,我则是有过;我宗无物故,如是不得过。

【述义】

"回第九偈"指出：如果我所立"宗义"是"有自体"的，我才是存在过失；我所立"宗义"是"无自体"的，像这样就不会得有过失。

所谓"相"，乃某种存在之相状。如果事物根本不存在，也就不会有相状呈现。如果我承认"有"还有任何"宗义"存在，那就是"不空"，才会有"宗相"存在。可我所立"宗义"是一切诸法空无自体，这就包括"宗义"本身也是空无自体。既然根本无有"宗义"可得，又何来的"宗相"呢？如此但凡承认"有自体"，无论是"言语"有自体，还是"诸法"有自体，都会出现与"无自体"之"宗义"相违背。只有"能遮""所遮"皆无自体，才不会出现任何过失。

乙二、依四量破 二
丙一、标举 二
丁一、宾诤 二
戊一、标主过

【原文】

　若彼现是有，汝可得有回；彼现亦是无，云何得取回？

【述义】

"回"，指回应反驳。

"诤第五偈"指出：如果那个"现量"是有的，你得以有"回应"；那个"现量"也是无有的，又怎能得以有"回应"呢？

如果我说"现量"是有自体存在的，你可以反驳我说"现量"是没有自体存在的。而依你所说一切诸法空无自体，"现量"是根本没有存在的，那你又依什么来反驳我呢？

戊二、举四量

【原文】

　　说现、比、阿含、譬喻等四量,现、比、阿含成,譬喻亦能成。

【述义】

　　"诤第六偈"指出:说现、比、阿含、譬喻等四种量,"现量""比量""阿含量"能够成立,那"譬喻量"也能够成立。

　　"量",指标准。"阿含量",指圣教量。世间判定一切事物道理的标准,无非不出四种量,即:现量、比量、阿含量、譬喻量。"现量"如果没有存在,那"比量""阿含量""譬喻量"同样没有存在。如此一切诸法都不存在,那就没必要再去讨论是否有自体存在了。因为你讲"无自体"是就"一切诸法"而言,"一切诸法"都不存在,也就无从讨论"无自体"了。如果你说是依"四量"中的任何一种量,建立起"一切诸法",那我就可以驳斥你,因为所依之"量"就是有存在,而不是没有存在。

丁二、主回二
戊一、明无过

【原文】

　　若我取转回,则须用现等;取转回有过,不尔云何过?

【述义】

　　"回第十偈"指出:如果我要"取法"来转而"回应"你,就必须用到"现量"等四种量;这样"取法"转而"回应"你是有过失的,不然又如何会有过失呢？

　　如果我要实际执取任何一法来作为反驳你的依据，那就必须要用到"现量""比量""阿含量""譬喻量"，如此就是"有法可得"，与我所立"一切诸法空无自体"的"宗义"相违背，从而形成过失。但我根本没有执取任何一法，如此就是"无法可得"，与我所立"一切诸法空无自体"的"宗义"不相违背，从而不能形成过失。

　　　　戊二、显宾过 二
　　　　己一、无穷过

【原文】

　　若量能成法，彼复有量成；汝说何处量，而能成此量？

【述义】

　　"回第十一偈"指出：如果"量"能够成立诸法，那就需要再有"量"来成立"量"；你说何处之"量"，而能成立此处之"量"呢？

　　按照你所立"宗义"，一切诸法都是由"量"所成。那"量"也是诸法，应该再有"量"所成，如此往复构成"无穷"过失。偈中"何处"，看似当指方位处所，实是依"三世"时间而言。过去量为"初量"，现在量为"中量"，未来量为"后量"。因对方有"无穷"之过，故"量"不能说是"初量"所成，也不能说是"中量""后量"所成，故无法确定到底是由哪一个"量"来成立的"量"。可见，"量"不能真正成立诸法，那你所立"宗义"就不能成立，反而形成过失。

己二、异因过

【原文】

　　若量离量成，汝诤义则失；如是则有过，应更说胜因。

【述义】

　　"回第十二偈"指出：如果"量"脱离"量"而能成立，你所"诤问"之义就丧失了；像这样就有过失，应该再说别的殊胜原因。

　　既然依"量"成立"量"，会导致"无穷"过失，那是否不依"量"来成立"量"，就能没有过失呢？如果脱离"量"而能成立"量"的话，那你所谓一切诸法都是由"量"所成的"宗义"就不能成立了。如此一来，还要再寻找另外"非量"的"原因"，去成立"量"。

丙二、分破　三
丁一、举喻　二
戊一、宾诤

【原文】

　　犹如火明故，能自照照他；彼量亦如是，自他二俱成。

【述义】

　　"回第十三偈"指出：就好像"火"光照明一样，既能够"自照"，又能够"照他"；那个"量"也是这样，"自""他"二者全都能成立。

　　既然"依量""离量"皆不能成"量"，那就是"量"本身，既能够成立自体，也能够成立其他"量"，如此就能避免上述过失。如同"火"光照明一样，既能够照亮自体，又能够照亮其他事物。

　　此偈诸译本皆作"回"语，然其义实为"诤"语。

戊二、主回 二

己一、依照暗破 二

庚一、破自照

【原文】

　　汝语言有过,非是火自照;以彼不相应,如见暗中瓶。

【述义】

　　"回第十四偈"指出:你的语言存有过失,并非是"火"能自照;由于那是不相应的,如同看见黑暗中的瓶子一样。

　　此明你所举"火"能照明的例子是不恰当的。就如同在黑暗中放置一个瓶子,最初是看不见的,等有"火"光照亮以后,黑暗去除才得以看见。那么,如果"火"能自照,那最初"火"应该是黑暗的,然后由"火"自照的作用,再由暗转明。可实际根本不是这样,只要有"火"自然就是明亮的,不可能有黑暗存在于"火"光之中,所以"火"是不能自照的。

庚二、破自他照 二

辛一、举烧破

【原文】

　　又若汝说言,火能自他照;如火能烧他,何故不自烧?

【述义】

　　"回第十五偈"指出:又如果真像你所说的,"火"能够自照照他;那如同"火"能够"烧他",为何不能"自烧"呢?

　　如果"火"能自照,又能照他,就如同说"火"能自烧,又能烧他。但实际并非如此,"火"只能去烧毁其他事物,不能烧毁自体之"火"。

辛二、举暗破

【原文】

又若汝说言,火能自他照;暗亦应如是,自他二俱覆。

【述义】

"回第十六偈"指出:又如果真像你所说的,"火"能够自照照他;"暗"也应该像这样,"自""他"二者全都能遮覆。

如果"火"能自照照他,那相对于"火光"之"黑暗",也应该具备同样的性质,既能够自暗,又能够暗他。但实际并非如此,"黑暗"只能使"光明"的事物变暗,但不能使"黑暗"本身变暗。

己二、依到暗破 三
庚一、火中无暗

【原文】

于火中无暗,何处自他住? 彼暗能杀明,火云何有明?

【述义】

"回第十七偈"指出:于"火"中是没有"暗"的,什么地方能够"自""他"共同安住呢? 那个"暗"能够杀灭"光明","火"又如何能有"照明"呢?

"火"能"破暗",才有"自照照他"的作用。可"火"中根本没有

"暗",无须"自照";而有"火"在的地方也是没有"暗"的,也无须"照他"。所以根本就"无暗可破",又怎能说"火"有"照明"的作用呢?

庚二、生不到暗

【原文】

　　如是火生时,即生时能照;火生即到暗,义则不相应。

【述义】

　　"回第十八偈"指出:像这样"火"产生的时候,在当下产生时能够有"照"的作用;那"火"产生的时候立即就到"暗",此义也是不相应的。

　　同理,"火"刚产生的时候,也是不可能与"暗"相接触的。既然初生之"火"没有"破暗",也就不能说"火"刚产生时有"自照照他"的功能了。

庚三、未到非破

【原文】

　　若火不到暗,而能破暗者,火在此处住,应破一切暗。

【述义】

　　"回第十九偈"指出:如果说"火"不能接触到"暗",而能够"破暗"的话,"火"在此处安住,应该能够破除一切地方的"暗"。

　　前明"火"不能"破暗",谓有"火"处无"暗","火""暗"不能共住。有人转计,为何"火"非要接触到"暗"才能"破暗"呢? 如果"火"不接触到"暗"就能"破暗",那在某一处点着"火",应该其他一切处所的"暗"都能被消除。可实际并不是这样,故"火不到暗",就不能"破暗"。

以上"火喻"义,可参《中论·观三相品》之"灯喻"义。

丁二、正破 三
戊一、破相离 二
己一、破自成 二
庚一、举诤义

【原文】

若量能自成,不待所量成;是则量自成,非待他能成。

【述义】

"回第二十偈"指出:如果"量"能自体成立,不需要相待"所量"而成立;这样就是"量"自体成立,非是要相待其他"量"才能成立。

前破"量"能成立"他量",故宾举"火喻",欲以"火"不仅能照他,亦能自照,而证"量"能自成。"所量"即指他量。如果"量"能自体成立,就不需要相待"他量"而成,可"量"是不可能自体成立的。

庚二、明过失

【原文】

若不待所量,而汝量得成,如是则无人,用量量诸法。

【述义】

"回第二十一偈"指出:如果不相待"所量",而你说"量"得以自体成立,像这样就没有人,用"量"去"度量"界定一切诸法了。

　　既然"量"是用来成立一切诸法的,那"量"也是诸法之一,也需要由"量"来成立。如果"量"可以自体成立,就不需要其他"量"来成立,那"量"便丧失了其本来界定的意义,也就不会再有人去用"量"来成立一切诸法了。

　　己二、破他成 二
　　庚一、举诤义

【原文】

　　若所量之物,待量而得成,是则所量成,待量然后成。

【述义】

　　"回第二十二偈"指出:如果"所量"之事物,是相待"量"而得以成立的,这就是"所量"之成立,要相待于"量"然后才能成立。

　　"量"和"所量"是相待成立的,"所量"是相待于"量"才得以成立的,而"量"又是相待于"所量"才得以成立的。必须先有成立的"量",才能成立"所量";可必须又先有成立的"所量",才能成立"量"。如此在相待的情况下,其实"量"与"所量"都不能成立。

　　庚二、明过失

【原文】

　　若物无量成,是则不待量;汝何用量成,彼量何所成?

【述义】

"回第二十三偈"指出：如果事物不是由"量"来成立,这就是不要相待于"量";你为何还要用"量"来成立,那个"量"又依什么成立呢?

如果"事物"都是有自体存在的,就不需要相待"量"来成立。既然不需要"量"来成立事物,那你所谓"量"的概念就根本没有建立的必要了。

戊二、破相即 二
己一、举诤义

【原文】

若汝彼量成,待所量成者,是则量所量,如是不相离。

【述义】

"回第二十四偈"指出：如果你说那个"量"的成立,就是相待"所量"成立的话,那这个"量"就是"所量",像这样二者不能相互脱离。

既然"量"是由"所量"成立的,那"所量"就是"量",二者不能截然分离,这就避免上述相待的矛盾。

己二、明过失

【原文】

若量成所量,若所量成量,汝若如是者,二种俱不成。

【述义】

"回第二十五偈"指出：如果由"量"成立"所量"，如果由"所量"成立"量"，你如果像这样认为，那二种全都不能成立。

"量"依"所量"成立，而"所量"又依"量"成立，如此就没有确定之"量"或"所量"了。

戊三、破相待　二
己一、正标　二
庚一、量所不成

【原文】

量能成所量，所量能成量，若义如是者，云何能相成？

【述义】

"回第二十六偈"指出："量"能够成立"所量"，"所量"能够成立"量"，如果其义像这样的话，又如何能够相待成立呢？

既然没有确定之"量"和"所量"，也就不能相互成立了。

庚二、所量不成

【原文】

所量能成量，量能成所量，若义如是者，云何能相成？

【述义】

"回第二十七偈"指出："所量"能成立"量"，"量"能成立"所量"，如果其义像这样的话，又如何能够相待成立呢？

既然没有确定之"所量"和"量",也就不能相互成立了。

己二、举喻 二
庚一、相生不成

【原文】

为是父生子,为是子生父? 何者是能生,何者是所生?

【述义】

"回第二十八偈"指出:到底是父亲生儿子,还是儿子生父亲呢? 什么是"能生",什么是"所生"呢?

"量"和"所量"互为成立之因,如此到底是"量"成"所量",还是"所量"成"量"呢? 就好比到底是"父亲"生"儿子",还是"儿子"生"父亲"呢? 无从分别哪个是"能生",哪个是"所生"了。

庚二、自相杂乱

【原文】

为何者是父,为何者是子? 汝说此二种,父子相可疑。

【述义】

"回第二十九偈"指出:到底什么是父亲,到底什么是儿子? 你说这两种界定,父子相状变得可疑了。

因为按照世俗常理,以"能生"者为"父",以"所生"者为"子"。如果"量"和"所量"互为成立之因,就好比"父子"可以相互产生。如果"父生子",则父为父,子为子;如果"子生父",则子为父,父为子。如此"父子"之界定就杂乱了,也无法再依从判断孰为父、孰为子了。

丁三、作结

【原文】

量非自能成,非是自他成,非是异量成,非无因缘成。

【述义】

"回第三十偈"指出:"量"非是"自体"能够成立,非是"自""他"能够成立,非是"异量"能够成立,非是"无有因缘"能够成立。

"异量成"是就"回第十二偈"而言,于"四量"外别无"胜因"其他"异量"可得。"无因缘成"是就"回第二十三偈"显"无因生"过失,一切诸法皆依因缘聚合而生,"量"为诸法亦不例外。

以上"量"义,可参《中论·观燃可燃品》中义。

甲三、正破 二
乙一、依法体破 三
丙一、法本无体 二
丁一、宾诤 二
戊一、引世人说

【原文】

智人知法说:"善法有自体。"世人知有体,余法亦如是。

【述义】

"诤第七偈"指出：智慧之人知晓诸法而为讲说："善法具有自己体性。"世人知道诸法有自体性，其余世间诸法也是这样。

智者及世人皆见世间一切善恶诸法，如此存在之诸法必有自体，故说一切诸法空无自体，肯定是不正确的。

戊二、引圣人说

【原文】

出法出自体，是圣人所说。如是不出法，不出法自体。

【述义】

"出法"，指出世间法。"不出法"，指世间法。

"诤第八偈"指出："出法"有出法的自体，这是圣人所说的；像这样"不出法"，也有不出法的自体。

有"出世间法"，这是佛陀所说的。既然"出世间法"是存在的，那像"世间法"也应该是存在的。

丁二、主回 二
戊一、依善法破 三
己一、法分无体

【原文】

若法师所说："善法有自体。"此善法自体，法应分分说。

【述义】

"回第三十一偈"指出：如果法师所说："善法具有自己体性。"这个"善法"的"自体"，就"善法"应该细分分别讲说。

"善法"乃笼统之泛指，并不具指任何一个实际事物。如果要讨论"善法"自体，就应该具体到某个事物，是否有自己体性。可每个具体事物的自体，又不能等同于全部"善法"自体，如此推求"善法"自体并不可得。

己二、缘生无体

【原文】

若善法自体，从于因缘生，善法是他体，云何是自体？

【述义】

既然具体事物之体性，不是"善法"之体性。那是否"善法"之体性，就是由各种具体事物之体性聚合而成的呢？

"回第三十二偈"指出：如果"善法"的"自体"，是从各种"因缘"中产生的，那"善法"的体性就是"他体"，又怎么能说是"自体"呢？

如果"善法"之体性，是依赖各种具体事物之体性聚合而成的，那此聚合而成的体性，也就是一种"集合"，并没有产生出一个不同于各种事物的新的体性来。如果说这个"集合"的体性就是"善法"的体性，那"善法"的体性依然是各种具体事物之体性，而并没有独立属于"善法"之体性存在，仍然是自体不可得。

己三、非缘不成

【原文】

　　若少有善法，不从因缘生，善法若如是，无住梵行处。

【述义】

　　"回第三十三偈"指出：如果有部分的"善法"，不是从各种"因缘"中产生的，那"善法"如果像这样，就没有必要去安住于"梵行"处所了。

　　一切诸法皆依众缘而产生，故空无自体。如果非要说有些"善法"，不是从"因缘"中产生的，从而有"自体"存在，那世人也就不需要去修行，就可以获得解脱了。因为按照共许对"自体"的定义，就是恒常自体，是永远存在不会发生任何变化的。如果"善法"有"自体"存在，那人永远是"善"的；如果"恶法"有"自体"存在，那人永远是"恶"的。如此"善恶"皆永恒存在，那人也就没必要去进行各种形式的修持，因为"善恶"是不可改变的。

　　　戊二、依诸法破　二
　　　己一、体常非缘

【原文】

　　非法非非法，世间法亦无，有自体则常，常则无因缘。

【述义】

　　"回第三十四偈"指出：不是"法"不是"非法"，世间法也都是"无自体"的，"有自体"就是"恒常"，"恒常"就是没有"因缘"。

　　如果法有"自体"，那法就是"恒常"存在；如果法是"恒常"存在，那法就不是"因缘"所生。而一切诸法都是因缘和合而生的，没有任何一法可以永恒存在。如果非要执取法有"恒常自体"存在，那无论是"法"或"非法",都不可以符合这个标准,那世间法就应该不复存在了。可实际并非如此,世间并没有消亡,足见一切诸法都是"无常"的,都没有"恒常自体"存在。

己二、显恒常过

【原文】

　　善、不善、无记,一切有为法,如汝说则常,汝有如是过。

【述义】

　　"回第三十五偈"指出:善、不善、无记等一切有为诸法,像你所说就都是"恒常",你就有上述这样的过失。

　　不光"善法",那些"不善"的恶法,以及非善非恶的"无记"法,如果一切有为诸法都有"自体"的话,那这种"永恒存在"反而导致世间的消亡。正因为一切有为诸法是"无常""无自体"的,才使得世间生生不息得以存续。

丙二、名言无体 二
丁一、宾诤

【原文】

　　诸法若无体,无体不得名;有自体有名,唯名云何名?

【述义】

　　"诤第九偈"指出:一切诸法如果无有自体,无有自体就不得有名;有自体才能有名,只有名又如何能称名呢?

一切诸法如果没有"自体"存在，那就根本无法去称言命名，那就丧失了称言命名的主体。名称都是就具体事物而言的，不可能有脱离事物之外的名称存在。当然，名称也属于诸法，如果诸法无体，名称也无体，名称也不复存在。可世间事物都是可以被称言命名的，那说明一切诸法是有"自体"存在的。

丁二、主回 三
戊一、标

【原文】

　　若人说有名，语言有自体，彼人汝可难，语名我不实。

【述义】

　　"回第三十六偈"指出：如果人说有"名称"，语言是有"自体"的，那人你就可以去发难，"语言""名称"我说都是不实的。

　　如果像诤问中所谓，以"有名"来判定有"自体"存在，而"无体"就无法"有名"，这完全是曲解我的意思。我说一切诸法皆无有自体，而诸法之名也无有自体，故以"无体之名"称言"无体之法"，根本没有矛盾。

戊二、破 二
己一、名无宗失

【原文】

　　若此名无者，则有亦是无；若言有言无，汝宗有二失。

【述义】

　　"回第三十七偈"指出：如果这个"名"是"无"的，那"有"也是"无"；如果说"有"说"无"，你的"宗义"就存在两种过失。

　　如果承认"名称"是没有实体的，那就与你所立"一切诸法皆有自体"的"宗义"相违背。反之，如果承认"名称"是有实体的，那又与实际相违背。

己二、名有诤失

【原文】

　　若此名有者，则无亦是有；若言无言有，汝诤有二失。

【述义】

　　"回第三十八偈"指出：如果这个"名称"是"有"的，那"无"也是"有"；如果说"无"说"有"，你的"诤问"就存在两种过失。

　　如果承认"名称"是有实体的，那就与你所立"有自体有名"的"诤义"相违背；因为"名称"是就具体存在的事物而言的，所以脱离了具体存在的事物，不可能有独立的"名称"存在。反之，如果承认"名称"是没有实体的，那就又与你所立"无体不得名"的"诤义"相违背；因为没有实体就不应该"有名"，而现在还有名称，就应该是"有体"而不是"无体"。

戊三、结

【原文】

　　如是我前说，一切法皆空，我义宗如是，则不得有过。

【述义】

"回第三十九偈"指出：像这样我在前面说的，一切诸法皆空无自体，我所立"宗义"是这样，就不会有任何过失。

我所立"宗义"是一切诸法皆空无自体，而你是执取"空"的"名言"概念以为实有。既然一切诸法皆空无自体，那"名称""言语"亦空无自体，我的立论并无自相矛盾之处。虽然以"名称""言语"而说法，但这是"我依于世谛，故作如是说"，并不违背诸法皆空之"真谛"。

丙三、法外无体 二
丁一、宾诤

【原文】

若离法有名，于彼法中无，说离法有名，彼人则可难。

【述义】

"诤第十偈"指出：如果脱离诸法而有"名"存在，于那些法中"无自体"可以成立；那我说脱离诸法而有"名"存在，别人就可以发难了。

按照你的意思，有自体可以称名，无自体还可以称名，从而成立一切诸法皆无自体的"宗义"。可实际上，只有存在的事物才可以称名，不存在的事物根本无法称名。如果你非要说脱离的事物，还能有所称名的话，那是纯属子虚乌有的臆想，根本与实际相违背。除非你说在诸法之外，还别有一个"无自体"存在，那说明还是"有体"，不是"无体"。

丁二、主回

【原文】

若别有自体，不在于法中，汝虑我故说，此则不须虑。

【述义】

"回第四十偈"指出：如果另外别有"自体"存在，而不存在于一切诸法之中，你顾虑我的论义而有所说，这是不须要顾虑的。

你于"诤问"之中，没有表明自己的观点，反而替我担心所立论义出现过失，这是完全没有必要的。而你所指出的问题，完全是你曲解我的意思而作出的个人妄测。我并没有说还有"自体"是脱离于一切诸法之外而存在的。我所谓的"无自体"，就是针对一切诸法而言的；而说此"无自体"所用之"名言"，是在一切诸法之内，故亦无自体。"无自体"并非子虚乌有，亦非于诸法之外，别有一个"无自体"之"自体"存在。我说"无自体"，是依一切诸法皆依因缘和合而生起，故无有真实体性存在。而你误认为"无自体"，是否定缘起，否定世间一切诸法。一切诸法空无自体才是符合诸法真实相状的，如果承认一切诸法有自体，反而会出现与实际的诸多违背。

乙二、依遮取破 二

丙一、正破 二

丁一、法本无遮 二

戊一、宾诤 二

己一、标示

【原文】

　　法若有自体，可得遮诸法；诸法若无体，竟为何所遮？

【述义】

　　"诤第十一偈"指出：诸法如果有自体存在，才可得以遮破诸法；诸法如果没有自体存在，那又被什么所遮破呢？

　　一切诸法"有自体"才有存在，只有存在的事物才可说去遮破；一切诸法"无自体"没有存在，对于根本不存在的事物就无所谓遮破了。

己二、举喻

【原文】

　　如有瓶有泥，可得遮瓶泥；见有物则遮，见无物不遮。

【述义】

　　"诤第十二偈"指出：比如有瓶子有泥，才可得以遮蔽瓶子和泥；看见存在的事物则可以遮蔽，看见不存在的事物就不能遮蔽。

　　就好比有一个瓶子存在，才能说去遮盖住瓶子；如果根本没有瓶子存在，又怎么能说去遮盖瓶子呢？再比如人看见一个存在的事物，然后用布遮住变得看不见了；而对于不存在的事物，人是根本看不见的，也就没有必要再用布去遮，也没有事物可以被布遮。

戊二、主回 三

己一、标示

【原文】

　　若有体得遮,若空得言成;若无体无空,云何得遮成?

【述义】

　　"回第四十一偈"指出:如果诸法有自体才可得以遮破,如果空无自体则我的言论得以成立;如果没有自体"无自体空"得以成立,又如何得以成立遮破呢?

　　此明"诤问"中以"无自体不得成立遮破"而难我"宗义"不成,恰恰这正好证明我"宗义"成立。所谓"遮破",就是要以诸法"无自体"去遮破诸法"有自体"之妄执。如果承认诸法"无自体",就无须再去遮破了。换言之,执著诸法"有自体"才要成立遮破,已经认识到诸法"无自体",就不用成立遮破了。

己二、显过

【原文】

　　汝为何所遮,汝所遮则空。法空而有遮,如是汝诤失。

【述义】

　　"回第四十二偈"指出:你为什么要遮破诸法有自体,就是因为你所遮破诸法体性是空的。诸法"空无自体"而有的遮破,像这样你的诤义就有过失了。

　　为什么成立"遮破"? 就是要遮破诸法"有自体"之妄执。之所以判诸法"有自体"为妄执,就是因为诸法本来就"空无自体"。可见,是在诸法"空无自体"的基础上,才成立的"遮破"。如此"诤问"中,以诸法有自体可得遮诸法,诸法无自体不得遮诸法,就不能成立了。

己三、结说

【原文】

　　我无有少物，是故我不遮。如是汝无理，枉横而难我。

【述义】

　　"回第四十三偈"指出：我没有执取少许事物有自体可得，所以我不需要有遮破。像这样你没有道理，枉自专横地责难我。

　　本论之初，你就以"遮破"来诤问于我。你执著诸法"有自体"存在，误以为我所说诸法"无自体"，是用来破除诸法"有自体"的，从而成立"能遮""所遮"。而我不执取任何事物有真实存在，一切诸法皆空无自体，所以不需要成立"遮破"。于无自体诸法之中，无从建立"能遮""所遮"。因此，你对我所作的各种诤义，完全都是无理的横加责难。

丁二、言语无遮 二
戊一、宾诤

【原文】

　　若法无自体，言语何所遮？若无法得遮，无语亦成遮。

【述义】

　　"诤第十三偈"指出：如果诸法无有自体，"言语"又如何能遮破诸法呢？如果无有诸法得以被遮破，那没有"言语"也能成立遮破了。

　　一切诸法皆无自体，"言语"为诸法故亦无自体。如果"诸法"与"言语"都不存在，那遮破也就无从成立，更不能说"言语"有遮破作用。如果说在诸法都不存在的情况下,还能有遮破作用的话,那不需要有"言语"也能成立遮破了。

戊二、主回

【原文】

　　汝言语、法别,此义我今说,无法得说语,而我则无过。

【述义】

　　"回第四十四偈"指出:你将"言语"和"诸法"进行分别,此中法义我现今当说,没有真实存在法得以成为所说言语,而我是没有过失的。

　　你说"言语"若无自体就不能建立遮破作用,这是你误以为用"言语"来破诸法"有自性"。其实一切诸法都是无自体的,"言语"遮破诸法有自体的过程,其实是将诸法无自体的真相显现出来罢了,而不是将"有自体"遮破后变成"无自体"。所以,我以一切诸法皆无自体,而立"言语"遮破作用,根本没有任何过失。而你在"诤问"中,所谓诸法无自体就不能成立遮破,"言语"也不能起遮破作用,反倒是不正确的。

　　丙二、广破 二
　　丁一、遮取无体 二
　　戊一、宾诤 二
　　己一、标有 二
　　庚一、举喻遮取

【原文】

　　如愚痴之人,妄取炎为水;若汝遮妄取,其事亦如是。

【述义】

　　"诤第十四偈"指出:如同愚痴之人,妄自执取阳炎为水;如果你遮破妄自执取,其中事理也像这一样。

　　此为问者复述答者之义。正如你所说的,用"言语"遮破"诸法"有自性的过程,是世人误以为"诸法"有自性,而用"言语"告诉世人"诸法"本来无自性。如同愚痴之人把看到"阳炎"蒸腾作用,当成是有水一样,而智慧之人则告诉他那里根本没水,只是"阳炎"蒸腾作用呈现出来的幻相罢了。

庚二、六义皆有

【原文】

　　取、所取、能取,遮、所遮、能遮,如是六种义,皆悉是有法。

【述义】

　　"诤第十五偈"指出:取、所取、能取,遮、所遮、能遮,像这样六种义,全都是有法存在的。

　　既然有愚痴之人产生"妄取",那说明就有"取法"、"所取"之物、"能取"之人存在;既然有智慧之人遮破"妄取",那说明就有"遮法"、"所遮"之物、"能遮"之人存在。如果这六种法都是存在的话,那你说一切诸法皆无自体就不能成立。

己二、难无 二
庚一、依取三义

【原文】

　　若无取、所取，亦无有能取；则无遮、所遮，亦无有能遮。

【述义】

　　"诤第十六偈"指出：如果没有"取""所取"，也就是没有"能取"；如果没有"遮""所遮"，也就没有"能遮"。

　　如果你说一切诸法皆无自体，那"取法"、"所取"之物、"能取"之人都不存在，相应的"遮法"、"所遮"之物、"能遮"之人也都不存在了。

庚二、依遮三义

【原文】

　　若无遮、所遮，亦无有能遮，则一切法成，彼自体亦成。

【述义】

　　"诤第十七偈"指出：如果没有"遮""所遮"，也没有"能遮"的话，那一切诸法全都成立，一切诸法的自体也相应成立。

　　既然没有了"遮破"作用，就不能"遮破"一切诸法"有自体"，那一切诸法"有自体"就能成立。

戊二、主回 三
己一、标

【原文】

汝说鹿爱喻,以明于大义;汝听我能说,如譬喻相应。

【述义】

"回第四十五偈"指出:你举说"鹿爱"为喻,用来申明于大义;你听我能来阐说,正如譬喻相应义。

"鹿爱喻"者,南朝刘宋求那跋陀罗译《楞伽阿跋多罗宝经》卷二《一切佛语心品》:"譬如群鹿,为渴所逼,见春时炎,而作水想,迷乱驰趣,不知非水。"①此即指前净问中"如愚痴之人,妄取炎为水",只是一个为人、一个为鹿,譬喻所要传达的内容是一样的。

己二、破

【原文】

若彼有自体,不须因缘生。若须因缘者,如是得言空。

【述义】

"回第四十六偈"指出:如果那譬喻中的事有自体,不须依赖因缘和合产生。如须因缘和合产生,像这样就得以说是"空"的。

譬喻中误把"阳炎"当作是"水",此事到底是怎么发生的?如果是有自体存在的,当然不依赖因缘产生。但实际上,如果没有"能取"之主体"人"或"鹿"、没有"所取"之阳炎",不可能产生"执取"的幻相"水"。可见,此事还是依赖因缘产生的,故应该还是"空无自体"的。

---

① 《大正藏》第 16 卷,第 491 页上。

己三、结

【原文】

　　若取自体实，何人能遮回？余者亦如是，是故我无过。

【述义】

　　"回第四十七偈"指出：如果"执取"的自体是真实存在的，那什么人还能去遮破回应呢？其余五法也是这样，因此我说诸法空无自体没有过失。

　　如果把"阳炎"执取为"水"是有自体的，那说明那个"水"就是真实存在的，也就无人可以再反驳遮破。可"阳炎"肯定不是真正的"水"，说明"执取"是没有自体存在的。"取"既然是空无自体的，那其余"能取""所取""遮""能遮""所遮"也都是空无自体的，所以我没有过失。反而，你要说"六法"有自体存在，等同于说"阳炎"就是真正的"水"，那才存在过失。

　　丁二、遮因无体 二
　　戊一、有因无体 二
　　己一、宾诤 三
　　庚一、标

【原文】

　　汝因则不成，无体云何因？若法无因者，云何得言成？

【述义】

　　"诤第十八偈"指出：你所说"因"不能够成立，诸法空无自体又怎能有"因"呢？如果诸法无有"因"的话，又如何得以说成立呢？

如果按你所说一切诸法皆空无自体，那就没有"因"了，因为"因"也属于诸法。如果一切诸法都"无因"，那一切诸法就无从建立了。

庚二、难

【原文】

汝若无因成，诸法自体回；我亦无因成，诸法有自体。

【述义】

"诤第十九偈"指出：你如果可以"无因"成立言论，来回应我一切诸法有自体；那我也可以"无因"来成立言论，证明一切诸法有自体。

如果你可以在"无因"的情况下，成立一切诸法皆无自性，来回应我一切诸法皆有自性，那我也可以在"无因"的情况下，成立一切诸法皆有自性。

庚三、结

【原文】

若有因无体，是义不相应。世间无体法，则不得言有。

【述义】

"诤第二十偈"指出：如果是以"有因"来成立一切诸法皆无自体，这个法义就不相应了。世间无自体的法，是不能得以言"有"的。

如果你所说一切诸法皆无自体，是"有因"成立的，只是成立的这个"因"是无自体的,那这其中义理就出现矛盾了。既然一切诸法皆无自体,那"因"也是无自体的,"无自体"就是"没有","没有"不能称之为"有"。如果非要说"有因",那就与一切诸法皆无自体的"宗义"相违背。

己二、主回

【原文】

此无因说者,义前已说竟。立时中说因,彼平等而说。

【述义】

"回第四十八偈"指出:此种"无因"说者,义理前面已经说过了。立论时说了"因",那里已经"平等"而说。

此偈后半藏本作:"由鹿爱喻遮,立时先说竟。"故知"义前已说者",当为"鹿爱喻"中义。"平等而说"者,谓于"取""遮"等六种义皆无自体。此偈乃从略回应,若对应详答,则一切诸法因缘和合而生,故空无自体,此"缘起"即为"无自体"之"因",并非"无因生"。又此"因"亦为"缘起",故亦空无自体,故"有因无体"是义相应,并非是义不相应。

戊二、三时因空 二
己一、宾诤

【原文】

前遮后所遮,如是不相应;若后遮及并,如是知有体。

【述义】

"诤第二十一偈"指出：如果说先有"遮"而后有"所遮"，像这样就不能相应；如果先有"后遮"而后有"遮"，以及"遮"与"所遮"同时并有，这些都不能相应，像这样知道都是有自体存在的。

此就"遮"与"所遮"相待而言，没有"遮"就没有"所遮"，没有"所遮"就没有"遮"。所以，依"遮"而有"所遮"不能成立，因为"遮"须依"所遮"才能成立；依"所遮"而有"遮"也不能成立，因为"所遮"亦须依"遮"才能成立。如此就无法成立"遮"与"所遮"，那就不能以"无自体"遮破"有自体"，说明一切诸法还是有自体的。如果"遮"与"所遮"一时并存，说明二者不需相待就各自成立，那"遮"与"所遮"都有自体存在，可见一切诸法还是有自体的。

己二、主回　二
庚一、因空相应

【原文】

　　若说三时因，前如是平等；如是三时因，与说空相应。

【述义】

"回第四十九偈"指出：如果说"三时"之因，前面像这样"平等"已说；像这样"三时"之因，是与说"空"相应的。

"三时"者，"前遮后所遮"过去时，"前所遮后遮"未来时，"遮所遮并"现在时。构成此"三时"遮破之"因"，根本就不能成立。"第五十五偈"云："我无有少物，是故我不遮。"故于我所立一切诸法皆无自性的"宗义"中，"遮"与"所遮"都是无法成立的。如果像你所说，以一切诸法有自性为"三时"正因，那"遮"与"所遮"皆有自体，故不须相待恒常存在,反而不能建立"遮破"关系。当知成立"三时"遮破关系之正因,就是一切诸法"空"无自体。

庚二、空诸法相

【原文】

若人信于空,彼人信一切;若人不信空,彼不信一切。

【述义】

"回第五十偈"指出:如果有人信受于"空"义,那人就能信受一切诸法;如果有人不信受于"空"义,那人就不能不信受一切诸法。

若能信受诸法皆空,即见诸法实相,就能正确见知一切世间法、出世间法;若不能信受诸法皆空,即不见诸法实相,就不能正确见知一切世间法、出世间法。故《中论·观四谛品》:"以有空义故,一切法得成;若无空义者,一切则不成。"

甲四、作结

【原文】

空、自体、因缘,三一中道说。我归命礼彼,无上大智慧。

【述义】

"回第五十一偈"指出:空、无自体、因缘,此三者中道义中说。我今归命顶礼那位,具有无上大智慧者。

一切诸法皆依"因缘"而生,故"空"无"自体",此即"中道"第一义。故《中论·观四谛品》:"众因缘生法,我说即是空,亦为是假名,亦是中道义。"

"我"者,龙树自称。"无上大智慧"者,佛也。如此"中道"第一义,非具"无上大智慧者"不能讲说。故《中论·观因缘品》:"我稽首礼佛,诸说中第一。"

精 研 论 述 义

【述义】

此论为印度龙树所造，由西藏庆喜、经然译成藏文，后由法尊法师于民国二十八年(1939)五月十四日，在重庆缙云山那伽窟由藏译汉，汉语佛学界方始得见。

依法尊法师之译本，本论附有"释论"，然而考察内容，未必为龙树菩萨自释，当为后人所作。就汉译"论本"及"释论"，文句格式杂乱，行文译语表义不清，使人很难明了论本之结构与法义。故余重检《丹珠尔》，参核旧译，以五言颂文厘定论本，并详加"科句"，撰写"述义"，方使论义显然。

甲一、总标

【原文】

自立十六义，因明起诤竞。为除彼矜慢，我今说《精研》。

【述义】

"因明"是古代印度的论理之学，犹如现今之逻辑。此"因明"论理之法，为当时印度各教派所"共许"，佛教产生后亦承袭发展。后来称佛教为"内道因明"，称非佛教为"外道因明"。偈中所谓之"因明"，即就"外道因明"而言。

古代印度各种外道"共许"自立有"十六句义"，即：量、所量、疑、所为、喻、支、宗、观察、决了、净、言说、破、似因、舍言、似破、堕负。由于这"十六句义"在双方论辩时,可以起到"自立破他"的作用,所以认为是有自性存在的。而佛教认为一切诸法都空无自性,是"不许"这"十六句义"有自性存在的。

"我"为龙树自称,为了破除外道对"十六句义"之执著,故造《精研论》而为论说。

甲二、分破 十六
乙一乙二、破量及所量义 三
丙一、依成立破 三
丁一、破自体成

【原文】

量、所量杂乱,非由自体成。

【述义】

此就"量""所量"这二句义而言。

依"共许"之定义,"量"为能缘取,"所量"为被缘取,二者是观待成立的。既然是观待成立的,有"量"才有"所量",有"所量"才有"量";"量"因"所量"而成立,"所量"因"量"而成立。当依"所量"成立"量"的时候,那"所量"就变成能缘取的"量",而"量"就变成所缘取的"所量"了。"量"一会是能缘取,一会是所缘取;"所量"一会是被缘取,一会是能缘取;这就形成各自体性的混淆杂乱,也就无从确定到底哪个是"量",哪个是"所量"了。

如果"量"和"所量"是由自体形成的,那是可以称为"量"和"所量"的。然而二者是观待而有、相互产生的,所以不是由自体形成的。"自成"就是不依赖于其他因素而自体独立形成,这样才可以确定某事物是有真实存在。如果需要依赖于其他因素形成,那就属于缘起法,也就没有自体存在。

丁二、破观待成 二
戊一、标非

【原文】

有、无、俱皆非,亦非观待成。

【述义】

既然前面依"观待成"而破"自体成",那"量"与"所量"不就是观待成立的吗? 其实这种"观待"也是不能够成立的。

如果认为"量"与"所量"可以观待成立的话,那这二者到底是"有"、是"无"、还是"俱"呢? 如果是"有",二者都已经存在了,那就不需要再观待成立了。如果是"无",二者根本不存在,那就无法形成观待。如果是"俱",就是"有无"同时俱有,二者既存在又不存在,那更不可能观待成立。因为"有"不能观待,"无"也不能观待,所以"有无"俱有同样不能观待。可见,"量"与"所量"根本无法构成真正的观待成立。

戊二、显过

【原文】

量成一切义,复有无穷过。

【述义】

如果认为"一切法义"都是依据"量"来成立的,那"量"也应该再由其他"量"来成立,因为"量"也是含摄在"一切法义"之中的。如此"量量"相生,无有穷尽,就构成了"无穷"的过失。

如果认为"量"不再由其他"量"来成立,那就与先前"一切法义"都是由"量"来成立的说法相矛盾了。

丁三、破自他成 二
戊一、正破 二
己一、灯本无照 二
庚一、宾诘

【原文】

量更无复量,如灯照自他。

【述义】

外道辩称,"量"不再需要别的"量"来成立,自体就能够成立,不会有"无穷"的过失。如同"灯"既能够自体照亮,也能够照亮其他事物一样。这里的"灯"意谓"光",并非是说一盏还需点亮的灯。

庚二、主答

【原文】

灯暗及不及,俱皆不能照。

【述义】

　　"灯光"的"照亮"作用,就是将"黑暗"去除。由于"光明"与"黑暗"性质是完全相背的,所以"灯光"肯定不可能与"黑暗"相互触及。"灯光"根本不能触及"黑暗",也就无从破除"黑暗",那又如何能起到"照亮"的作用呢? 可见,无论"灯光"与"黑暗"是否能够相互触及,全都是不能够"照亮"的。

　　　己二、暗本无体　二
　　　庚一、宾诘

【原文】

　　如星损害物,此灯亦如彼。

【述义】

　　外道辩称,如同天上发光的星辰,虽然相距万里,但仍能对世间事物造成损害,我所举的"灯光"譬喻也是同样的意思。

　　此"星损害物",即星象之说:如遇"灾星",可使人事遭受厄难。"星"高悬于天,与世间万物不能触及,然仍能产生损害之作用。故"灯"虽不及"暗",但仍可"破暗"。

　　　庚二、主答

【原文】

　　论说依共许,不然喻相违。暗本无有体,云何说能破?

【述义】

在辩论的时候,必须依"共许"原则进行说理,也就是对引用论据双方都要认可。不然各说各话,举喻就会不恰当,与所要比方的本体相违背。依大家"共许"的定义,没有"光明"就是"黑暗",而不是在"光明"之外,别有一个"黑暗"存在。"星"与世间之物都是有存在的,所以可以产生损害的作用。而"黑暗"并没有实体性存在,所以根本就没有什么可以被破除,又怎么能说"灯"能破除"黑暗"呢?可见,外道所举"星"喻是不能成立的。

戊二、别破

【原文】

灯不能自照,以灯无暗故。若灯能自照,暗应能自障。

【述义】

"灯"是不能自己照亮的,因为"灯"本身没有"黑暗"。如果"灯"能够自己照亮,那"黑暗"应该也能够自己障蔽。

"灯光"和"黑暗"是一对范畴,如果"灯光"能够自照,那么"黑暗"也应该能够自暗。但实际上,"黑暗"已经是"暗"的,就不需要再被"暗"了。既然"黑暗"不能自暗,也就更不能暗他了。反之,既然"黑暗"不能自暗暗他,那"灯光"也就不能自照照他。

丙二、依三时破 二
丁一、标示

【原文】

　　量及与所量，三时不能成。

【述义】

　　"量"以及"所量"，于"三时"中都是不能成立的。

　　丁二、分破　二

　　戊一、宾诘

【原文】

　　若量及所量，于三时非有，汝破量、所量，非理亦不成。

【述义】

　　外道辩称，如果"量"以及"所量"，于"三时"中是没有存在的，那你对"量"和"所量"进行的"破除"，也是没有道理而不能成立的。

　　有"量"及"所量"，才能有所"破除"。既然你说"三时"中无有"量"及"所量"，那就没有"破除"的对象，如此根本无法构成"破除"，那你所谓"破量"之说也是不能成立的。可见，既然能有"破除"，那就说明必定有"量"及"所量"。

　　戊二、主答　二

　　己一、显过　二

　　庚一、自违先许

【原文】

若以有破说，量、所量应有，此违自先许，量、所量不成。

【述义】

如果以有"破除"来证明，"量"及"所量"应该有存在，这就违背了你自己先前的许可，而以"量"及"所量"不能成立为前提了。

外道是以"量及所量有"立论的，而前面为了以"有破"而证明"有量"，是以我所立"量及所量非有"为前提，这就自相矛盾了。

庚二、许已先负

【原文】

若许量、所量，三时不能成，汝先许同时，辩论已终结。

【述义】

如果你许可"量"及"所量"，于三时中不能成立，那在你先前许可的同时，辩论已经可以结束了。

外道认为"量"及"所量"于三时中是可以成立的，我认为"量"及"所量"于三时中不能成立，由于双方观点相异才产生辩论。如果外道以"若量及所量，于三时非有"为前提进行辩论，就是先行承认了我方观点，那之后也就不需要再辩论了。

己二、作结

【原文】

于非有上说，亦能破妄计。

【述义】

你之所以反驳我,就是认为于本不存在的事物上,是没法施设"破除"的。必须有存在,才能破除存在。但其实在没有真实存在的事物上,也是能够进行说理,从而破除妄执计度的。

这就好比小孩子怕鬼,但世上本没有鬼,大人为了消除小孩子的恐惧,而说鬼不可怕。这就是依本不存在之鬼,而破除小孩子怕鬼之妄执。于法理上也是一样,诸法本来空无自性,但世人妄执为"有自性",故我今以"有自性"而破之,非是实际确有自性存在。

丙三、依现量破 二

丁一、正破 二

戊一、宾诘

【原文】

有现量等义,能正通达故。

【述义】

外道辩称,应该有"现量"等义的存在,这是能够直接被通达感知到的。

因为"现量"就是人对外界事物的直接反应,是不作任何思维判断的第一感觉,这是每一个人都能体会到的。如果"现量"是存在的,那"比量"等其他"量"义,也就应该存在。如此,"量"及"所量"还是有存在的。

戊二、主答

【原文】

> 纵有现量等，所量亦不成。

【述义】

纵然承认有"现量"等"量"义存在的话，那"所量"还是不能成立的。

"现量"之形成，是由人的感知器官"根"与外界有形无形之"境"相合产生的。比如，人看到一个瓶子，形成一个对瓶子的认识，这就是"现量"。那在这个对"瓶子"的"现量"认识中，到底什么才是真正的"现量"呢？如果说"瓶子"就是"现量"，那什么是相对于这个"现量"的"所量"呢？"现量"作为"量"是能缘取，而现在把"瓶子"作为"现量"，那它又把什么作为所缘取的对象呢？一般都是把"瓶子"作为"所量"的。

同理，承认"比量"存在的话，也是不能够成立"所量"的。比如，人看到"烟"为"现量"，而推知某处有"火"为"比量"。如果说"火"就是"比量"，那什么是相对于这个"比量"的"所量"呢？"比量"作为"量"是能缘取，而现在把"火"作为"比量"，那它又把什么作为所缘取的对象呢？一般都是把"火"作为"所量"的。

丁二、喻破 二
戊一、宾诘

【原文】

> 如瓶生觉知，此即为现量。

【述义】

外道辩称，"瓶子"肯定不是"现量"，如同人在看到"瓶子"后，产生的认识"觉知"，这就是"现量"。

戊二、主答

【原文】

缘非知、所知，觉非量、所量。

【述义】

如果你说"觉知"就是"现量"的话，这是不成立的。因为"觉知"是依"眼根""瓶境"和合产生的，"瓶子"是"觉知"产生的因缘，而不是"觉知"所缘取的对象，所以"觉知"不是"现量"，而"瓶子"也不是"所量"。

如果你说"觉知"就是"所量"的话，这也是有问题的。按照你对"所量"之界定，共有十二个种类，即：我、身、根、境、觉、意、作业、烦恼、彼有、果、苦、解脱。"局部"不等于"整体"，只能说"觉知"是"所量"中之一种，而不能说"觉知"就是"所量"。

乙三、破疑义 二
丙一、依见得不得破 二
丁一、宾诘

【原文】

分别量、所量，疑句义应有。

【述义】

外道辩称，仔细分别"量""所量"句义，"疑"句义应该是有的。

如果说"量"就是"所量","所量"就是"量",这种言论是令人生"疑"的,故知二者肯定是不一样的,那"量"和"所量"就得以分别成立。可见,对于不真实的事理会产生疑问,所以"疑"肯定是存在的。

丁二、主答

【原文】

　　于见得不得,三时俱无疑。

【述义】

　　你所说的"疑",是见到事理以后产生的,还是未见到事理之前产生的,或是正在见到事理时产生的呢? 如果是在见到事理以后产生的,既然已经见到事理,就不应该有"疑"产生;如果是在还未见到事理之前产生的,既然还没有见到事理,也不应该有"疑"产生。离开"已经见到"和"还未见到",并没有独立的"正在见到"存在,所以正在见到事理时,仍然不会有"疑"产生。可见,于"三时见得"中是不可能有"疑"产生的。

丙二、依观待差别破 二

丁一、宾诘

【原文】

　　非观待差别,当知应有疑。

【述义】

　　外道辩称,如同看到远处有一个影像,不知道是木头还是人,于是就产生疑问。后来看到有鸟兽去碰撞，也无所动，便知道那是木头；或是后来看到那个影像，又蹦又跳活动起来，便知道那是人。由于没有"观待差别"时，未进行观察分析，使疑问产生；由于有"观待差别"后，进行了观察分析，使疑问打消。可见，对于不清晰的事理会产生疑问，所以"疑"肯定是存在的。

丁二、主答

【原文】

　　观待差别中，亦复无有疑。

【述义】

　　依"观待差别"分析，也是没有"疑"存在的。当你没看到影像的时候，是不会有"疑"产生的。当你看到影像之后，无非产生两种认知：一为木头，二为人。后来通过观察分析，确认影像是木头或是人，这两种认知无非是一个正确、一个错误。不管是正确，还是错误，这都是确实的认知，并不是"疑"。除了"看到""没看到"影响外，不会再有第三种情况存在。"看到"就是"有知"，"没看到"就是"无知"；"有知"非"疑"，"无知"无"疑"。可见，于"观待差别"中是不可能有"疑"产生的。

乙四、破所为义

【原文】

　　所为义非有，如陶师作瓶，泥沙均无作，别喻理亦同。

【述义】

"所为"义,就是指有所作为,这个其实是没有真实存在的。就好像陶师用泥团去制作瓶子一样,如果认为陶师有"所为",那请问没有泥团的话,陶师能有"所为"去制作出瓶子么? 如果说瓶子是由泥团制成的,那还需要陶师作什么呢? 可没有了陶师,泥土是不可能团成瓶子的,这还是没有"所为"。举别的譬喻道理也是一样,就像用线织成布匹一样,其中仍然是没有"所为"可得的。

乙五、破喻义 二
丙一、依同非同破

【原文】

同法非同法,如水火非喻。

【述义】

如何才能构成"喻"呢? 相同法之间不能构成"喻",不相同法之间也不能构成"喻"。就好比"火"不能为"火"而作"喻",本体、喻体相同了;再好比"水"不能为"火"而作"喻",本体、喻体根本相异不类。

除了"同法""非同法"外,别无第三法存在,可见"喻"不能成立。

丙二、依少多分破

【原文】

少分及多分,发、须弥非喻。

【述义】

既然"同法""非同法"均不能为"喻",那是否可以"局部"来"喻"整体呢?

无论"局部"是"少部分"还是"多部分",都是不能构成"喻"的。如果是用"少部分"来"喻"整体,那"头发"与"须弥山"总有某一点是同类的,但从不会以"头发"来作"须弥山"之"喻"。如果是用"多部分"来"喻"整体,既然"喻体"大部分与"本体"相同了,那也就如同前面"同法""非同法",还是不能构成"喻"的。

乙六、破支义 二
丙一、宾诘

【原文】

无支喻不成,诸支必有支。和合中支有,如众缕系象。

【述义】

"支"指支分,为构成因明论式中的不同组成部分。依古因明为"五支作法",即:宗支、因支、喻支、合支、结支。那么,五部分都是构成因明论式之"支",那这个"支"肯定应该是存在的。

没有"支",则"喻支"就不能成立,而其余"诸支"也必定是有"支"的。如果说"支"并没有独立存在,那也是在"五支"和合中产生的。如同一根"线缕"不能系住"大象",但将很多"线缕"拧在一起就能系住"大象"了。

丙二、主答 二

丁一、标示

【原文】

一一支无有，和合中亦无。

【述义】

你所说的"支"，本身就是一种抽象概念，根本就没有真实存在。于"宗""因""喻""合""结"中，都找不出一个"支"的存在。既然于每一支中都没有"支"存在，那将这"五支"和合起来也不可能有"支"存在。

丁二、分破 三
戊一、依一异破

【原文】

支一成一切，或复别有支。

【述义】

如果非要说有独立的"支"存在，其余"五支"也都是"支"，那岂不是"五支"都变成一种"支"了。如果说"支"是"五支"之外而别有的存在，那就应该有"第六支"，而不是现在有的"五支"了。

戊二、依时喻破

【原文】

三时无有支，譬喻不应理。

【述义】

如果说"支"是因"五支"而有，那是"五支"形成时有的，没有形成时有的，还是正在形成时有的？ 如果"五支"已经形成，那就不用再有"支"；如果"五支"还未形成，那也不可能有"支"；离开"已经形成"和"还未形成"，没有一个"正在形成"存在。可见，于"三时"中观察都不可能有"支"存在。

而你所举的"众缕系象"的譬喻，也是不恰当的。虽然一根"线缕"不能系住"大象"，但可以系住"蚂蚁"，说明"线缕"有"系"的作用。正因为"线缕"有"系"的作用，所以将很多"线缕"集合起来才能系住"大象"。而我说的是"五支"中根本就没有"支"，将这些支和合起来也不可能有"支"存在。就如同一个石女不能生孩子、一位盲人不能看东西、一粒沙子不能榨出油，你将很多"石女""盲人""沙子"聚合起来，还是照样不能"生孩子""看东西""榨出油"。

戊三、依过违破

【原文】

若支成一切，无穷过违宗。

【述义】

如果认为"支"是构成一切的，那说某一支时，其余诸支应该同时俱说。再有，"支"是属于一切的，那"支"也需要有"支"来构成，如此就形成了"无穷"的过失。

乙七、破宗义 二
丙一、正破 二
丁一、依因破

【原文】

宗、因异不异，非因无别因。宗、因无有故，喻、合、结亦无。

【述义】

如果认为像"宗"等各支有真实存在，那也是不能成立的。因为各支都是相待成立的，所以都没有独立存在。

以"宗""因"为例，如果"宗"和"因"截然相异，那"因"就不能成立于"宗"，犹如"黑因"不能成立于"白宗"；如果"宗"和"因"二者相同，那"因"也不能成立于"宗"，犹如"白因"不能成立于"白宗"。如果说"宗"不依"因"而成立，那也别无其他的"因"存在。如果说还别有其他"因"存在，那就又形成了"无穷"的过失。可见，"宗""因"都没有独立存在。

既然"宗""因"都没有真实存在，那"喻""合""结"等也都没有真实存在。

丁二、依立破

【原文】

宗若由因立，喻等则无因。宗若喻等立，因则应无用。

【述义】

"宗"如果是由"因"成立的，那"喻"等各支就成"无因"了；"宗"

如果是由"喻"等各支成立,那"因"就应该没有用了。

　　如果认为是"因"成立的"宗",那"喻"等各支就出现"无因生"的过失,"因"已经被"宗"独用了。如果认为是"喻"等各支共同成立的"宗",那"因"也就没有作用了。

　　丙二、别破 二
　　丁一、依我破

【原文】

　　以我立宗义,因、喻亦不成。

【述义】

　　如果以"我"确立"宗"义,"因""喻"等各支也都不能成立。

　　此处"我"就是指"自性"。外道认为"宗"有"自性"存在,从而可以确立"因""喻"等各支作用。但其实如果"宗"有"自性",那"宗"就是永恒存在,根本就不需要其他支来成立,反而使"因""喻"等各支不能成立。

　　丁二、依字破

【原文】

　　立宗支非有,言说字亦无。

【述义】

　　确立"宗"的各支都是没有真实存在的,那相应的言说文字更是没有真实存在的。

外道辩称，你说"一切支都没有真实存在"的言论，这就是你所立的"宗义"，怎么能说"宗"没有呢？既然"宗""支"都没有真实存在，那言辞文字更没有真实存在。因为人所说的"语句"，首先是由不同的字组成的，所以"语句"是缘起无自性的。而人说出的每一个字，又是需要人体相应器官以及气息等各种因素相配合，才能得以产生的，所以"字"也是缘起无自性的。可见，所立"宗义"的言论本身，也是没有真实存在的。

乙八、破观察义

【原文】

观察如疑故，三时亦无有。

【述义】

外道辩称，先前往还之论说，无非都是"观察"分析事理而得出之结论，由此可知"观察"应当是存在的。如果"观察"是存在的，那其余"十五句义"也应该是存在的。

"观察"其实如同"疑"是一样的，于"三时"之中都是没有的。你所说的"观察"，是对已知事理产生的，还是对未知事理产生的，或是正知事理产生的呢？如果是对已知事理产生的，既然已经知晓事理，就不用再"观察"事理；如果是对未知事理产生的，既然还未知晓事理，也无法去"观察"事理。离开"已知"和"未知"，并没有独立的"正知"存在，所以对正知事理时，仍然不可能有"观察"产生。可见，于"三时"之中是不可能有"观察"产生的。

乙九、破决了义

【原文】

实、有、一等义，异不异及俱，皆非正理故，无有决了义。

【述义】

外道辩称，对于所"观察"到的事理进行分析判断，最终得出正确的认知，这就是"决了"。"决了"是依据正理而成立的，人依正理得出正确判断，所以"决了"义是存在的。

比如人们对某个事物进行判断，认为该事物是"实在"的，是"有"存在的，是"唯一"的。这三个依据其实都是不能成立的，如果它们是相异的，那该事物只要有其中一个，就要排斥其余两个，比如说事物是"实在"的，那它就不是"有"存在和"唯一"的；或是说事物是"有"存在的，那它就不是"实在"和"唯一"的，这显然是不可能的。如果它们是同一的，那该事物只要有其中一个，就应该同时兼具其他，比如说事物是"实在"的，那这个"实在"就应该兼具"有"存在和"唯一"；或是说事物是"唯一"的，那这个"唯一"就应该兼具"实在"和"有"，这仍然是不可能的。如果说是"异"和"不异"俱有，更是不可能的，因为"异"不成立，"不异"也不成立，"异"和"不异"合起来还是不能成立。

可见，人们对事物进行判断的依据，都是不能成立的，也就不属于"正理"。不依据"正理"也就无法得出正确的判断，所以"决了"是没有真实存在的。

乙十、破诤义 二

丙一、正破

【原文】

　　诤义亦非有，能说、所说无。

【述义】

　　外道辩称，如此就事理进行论说，那"诤"义是存在的。

　　"诤"义也是没有存在的，因为"能说"和"所说"都是没有的。如果想要论"诤"，那就必须有"能说之人"与"所说之物"。如果说"能说"与"所说"是存在的，那这二者之间到底是一是异呢？如果二者是同一的，那人就是物，显然是不可能的；如果二者是相异的，那人就无物可说，也就构不成"能说"与"所说"了；除了"同一""相异"之外，别无第三种情况存在，所以"能说"和"所说"不能成立。既然"能说"和"所说"没有真实存在，那"诤"也就没有真实存在。

丙二、别破

【原文】

　　若谓假名者，此观察非诤。

【述义】

　　如果说论"诤"内容只是"假名"，没有真实存在，那这个"假名"的判断，是"观察"义作出的，而不是"诤"义的范畴。

乙十一、破言说义

【原文】

　　世间名多相，能、所诠无定，一、异俱皆非，故无言说义。

【述义】

外道辩称,姑且不管是否可以通过"诤论"得出正确结论,但总是要有"言说"来进行诠释阐述,所以"言说"义是存在的。

世间各种事物本就有很多名相,可以相互进行描述。一个事物可以有很多名词来进行描述,或是很多事物都可以用一个名词来进行描述,如此"能诠"和"所诠"本就没有确定的存在。再有,"能诠"和"所诠"到底是同一的,还是相异的,或是一异俱有呢? 如果二者是同一的,那就没有"能""所"分别了,显然是不可能的;如果二者是相异的,那也无法成立"能""所"了;除了"同一""相异"之外,别无第三种情况存在,所以"能诠"和"所诠"不能成立。既然"能诠"和"所诠"没有真实存在,那"言说"也就没有真实存在。

乙十二、破破义

【原文】

诤、言说皆无,破义亦非有。

【述义】

正反双方辩论时,一方用"言说"回应另一方发出的"诤问",如果将对方诘难驳倒,就称之为"破"。而"诤"和"言说"都没有真实存在,无法成立双方辩论,那"破"也就没有真实存在。

乙十三、破似因义 四

【述义】

　　"似因"者,即相似之因,而非正因。外道辩称,前论主破诸诤难,皆以其为非理,故无有"正因",当知必有"似因"。

丙一、依同异破

【原文】

　　同法异法无,似因义非有。

【述义】

　　此"似因"为"同法"而有,为"异法"而有? 如果以"同类"之法为因,以铁为刀因,则为"正因",而非"似因"。如果以"异类"之法为因,以水为火因,则为"非因",而非"似因"。除了"同法""异法"之外,别无第三法存在,故知"似因"是没有真实存在的。

丙二、依错乱破

【原文】

　　错乱性有无,皆无错乱因。无碍喻非理,刹那生灭故。

【述义】

　　外道辩称,"似因"就是"错乱"之因,世间还是有"错乱因"的。以"无碍"为例,"虚空"和"业"是"无碍"的,物质世界是"有碍"的,那"无碍"对于"虚空"和"业"就是"正因",对于物质世界是"非因"。如此"无碍"既是"正因",又是"非因",构成"错乱"之因。

　　"错乱"是根本不存在的。如果"错乱"有真实存在,那到底是有错乱,还是没有错乱呢? 如果"错乱"有真实存在,那就不是错乱;如果"错乱"没有真实存在,那就是无错乱。除了"有""无"之外,别无第三种存在形式,故知根本没有"错乱"存在。

你所举的"无碍"例子,也是不恰当的。因为"虚空"之"无碍"是无生灭的,而"业"之"无碍"是有生灭的,二者本不相类,所以无法成立"似因"的结论。

"似因"也是为辩论服务的,而论辩双方的立破法义都是"刹那生灭"的。如果确立一个言论,作为另一个结论之"似因",当前一个言论说出后立刻就灭掉了,后一个结论生起时已与前一个言论无有任何关系,又怎能建立起"似因"来呢?

丙三、依相违破

【原文】

　立破非同时,前后无相违。

【述义】

外道辩称,你指责我立论不能成立,就是说"前提"与"结论"相互违背,"相违"肯定不是"正因",那有此"相违"也能证明有"似因"存在。

在双方问答论辩的时候,必定是你一言、我一语,先立再破,先问后答,不可能同时进行。而有先时无后,有后时无先,皆不能"相违";先后不能同时,亦无法"相违"。除此之外,别无其他情况可以成立"相违",故知"相违"是没有真实存在的。

丙四、依过时破

【原文】

过去时非有，言说相亦无。

【述义】

　　外道辩称，既然必分先后，不能同时，那于"过去"中存在"似因"。因为以"现在"而言，凡是说"因"必在"过去"。

　　"过去"这一时间概念本身就是不确定的，也不可能以"现在""未来"而言"过去"，以"过去"而言"现在""未来"。因为于"现在""未来"之时，根本没有"过去"；于"过去"之时，也根本没有"现在""未来"，所以"过去"根本没有真实存在。如果说是人为界定，某某时刻为"过去""现在""未来"，那人界定之"言语"本身就没有真实存在，前面也已破除过。可见，于"三时"中也是无法成立"似因"的。

乙十四、破舍言义 二
丙一、宾诘

【原文】

汝说一切语，皆应是舍言。

【述义】

　　"舍言"者，乃是明确对方论点是正确的，我的论点是错误的，然后"舍弃"言词，从而终止辩论。

　　外道辩称，你所说的"一切言语"都属于"舍言"，无非是指责我不对，证明你对，但并没有给出一个明确的立论。

丙二、主答

【原文】

汝谓舍言者，一切皆应舍。

【述义】

　　如果你说我的言词属于"舍言"，那一切答语都应该是"舍言"。因为你的立论是我所说的"一切言语"都是"舍言"，那我也就无法给出明确的立论，一旦我给出了明确的立论，这个立论也是我的言语，还是属于"一切言语"之内的，故仍非"立论"还是"舍言"。如果你承认了我的"立论"，那说明我说的言语就不是"舍言"。所以，你所说的"舍言"是不能成立的。

乙十五、破似破义

【原文】

于三时中无，似破义非有。

【述义】

　　外道辩称，"破"不能成，"似破"定有，以"相似破除"彼立论也。

　　此"似破"于"三时"中，为已破除时产生，为未破除时生，为正破除时生？如果于已破除时产生，既然已经破除，说明是"正破"，而非"似破"；如果于未破除时产生，那还没有进行破除，也就不可能有"似破"存在。离开"已破"和"未破"，没有一个"正破"存在。所以，"似破"是没有真实存在的。

乙十六、破堕负义 二
丙一、依重复破

【原文】

　　前后异非异，刹那无重复。

【述义】

　　"堕负"者，指论辩失败。

　　外道辩称，你所说的各种论义，无非是以"有""无"来破除我的言论，并无别的方法，如此就有"重复"论述的过失，所以你就处于"堕负"失败的境地。

　　我所说的言论，前后是同一的，还是相异的呢？如果前后是同一的，那就是说的一句话，并不构成重复；如果前后是相异的，那就是说的不同话，根本不是重复。而且言论本身就是刹那生灭的，一说出来就没了，后续言论是新说出来的，跟前面已灭言论无法建立联系，也就无从构成重复。所以，你说我有"重复"的过失是不能成立的。

丙二、依三时破

【原文】

　　三时无如系，堕负义是无。

【述义】

　　你所说的"堕负"，如同"系缚"一样，于"三时"中都是没有的。因为"已系"无系，"未系"无系；离"已系""未系"别无"正系"存在。如果于已堕负处，那是没有堕负的，因为已经堕负了；如果于未堕负处，那也是没有堕负的，因为还没有堕负；离开了"已堕负"和"未堕负"，并没有一个"正堕负"存在。所以，"堕负"是没有真实存在的。

甲三、作结 二
乙一、宾诘

【原文】

　　汝破十六义，破论亦非有。

【述义】

　　外道辩称，你破除我所立的"十六句义"，而你破除的言论也在这"十六句义"中，如果说我"十六句义"不能成立，那你破除我的言论也是不能成立的。

乙二、主答

【原文】

　　十六义本无，我破亦非有。诸法无自性，破立方应理。

【述义】

　　我的立论是"十六句义"根本没有自性存在，所以我的"破论"也没有自性存在，这前后是没有矛盾、相互一致的。而你认为"十六句义"都是有自性存在的，并以此为前提来诘难我，说我"破论"不能成立，这是没有道理的。

　　一切诸法如果有自性存在，反而没有"破立"作用，因为诸法都是恒常存在，根本无法可破。正因为一切诸法空无自性，所以才能有"破立"作用，这才是符合真理的正确认知。

壹输卢迦论述义

【述义】

此论为印度龙树所造,北魏瞿昙留支译。

甲一、标

【原文】

自体性无常,如是体无体。自体性无体,故说空无常。

【述义】

诸法自体性皆为无常,如是自体性就是无体。由于自体性就是无体,所以说空性就是无常。

甲二、释 二
乙一、造论因缘 二
丙一、设问

【原文】

问曰:"以何义故造此《一偈论》? 说何等义? 破何等人?"

【述义】

问道:"出于何种目的故而造了这部《一偈论》? 该论讲说了何

种法义?破除了何种人的邪见?"

丙二、主答 三

丁一、何义故造 二

戊一、心懈倦人 二

己一、读诵初学

【原文】

　　答曰:"为读诵者,于广大部生懈倦心;

【述义】

　　答道:"为了初学读诵之人,他们对于广大部帙产生懈怠厌倦之心。"

己二、聪睿广习

【原文】

　　又为聪睿,先已广习无量诸论,于如来法海义中思惟而生懈倦。

【述义】

　　"又为了聪明睿智之人,他们先前已经广泛学习了无量各种论典,对于如来法海真义中进行思维而产生懈怠厌倦之心。"

戊二、断异相疑

【原文】

于无常、自体空不异义中,生异相疑,为断此疑,故造斯论。

【述义】

"此二种人,于'无常''自体空'这二者'不异'的法义中,产生了'差异相'的疑惑。为了断除这种疑惑,所以造了这部论。"

丁二、说何等义 二
戊一、标

【原文】

说何义者,今当说。

【述义】

"该论讲说了何种法义,现今应当讲说。"

戊二、释

【原文】

谓一切法无常、自体空,自体空不离无常。一切法自性自体空,是故无有常。一切诸佛、缘觉、声闻,于空法中而得出离,非于诸行断常法中而得解脱。偈言:'灭空住有体,则成于常见;若谓后时灭,则成于断见。'以此义故,说一切法自体空。诸佛、缘觉、声闻罗汉,于此义中得利益故。

【述义】

　　"此义就是一切诸法都是'无常'的,都是'自体空'的,'自体空'是不脱离'无常'的。一切诸法自性是'自体空',所以没有'常'。一切诸佛、缘觉、声闻,在'空性'法中而得以出离,非是在一切诸行的'断常'法中而得以解脱的。有偈云:'灭空执住有自体,这就造成了常见;若谓自体后时灭,则又造成了断见。'基于此偈法义,才说一切诸法是'自体空'。一切诸佛、缘觉、声闻罗汉,在此'空性'法义中获得利益。"

　　丁三、破何等人 三
　　戊一、标

【原文】

　　破何等人者,今当说。

【述义】

　　破除了何种人的邪见,现今应当讲说。

　　戊二、释 二
　　己一、破无常有体

【原文】

　　若有所得人离于诸行,说有无常,则非正见。若无常离有为,无常则常,犹如虚空。若如是者,则有为、无为体无差别。若有为与无为合,无为合故,则瓶不可破;若无为与有为合,有为合故,则涅槃可坏。若不异者,则一切法不可破坏,如涅槃常,非缘生故。若诸行非因缘生,不异虚空、涅槃者,则有为法不名无常。若诸行非因缘生是无常者,则虚空、涅槃不名为常。若如是者,则有为、无为无有胜法。若无常离有为犹名无常者,则有为离常应名为常,但是事不然。若如是者,何等修多罗中作如是说?以何义说?汝今所说,以何义说?汝今所说,义不相应。非汝邪思之所能量,是故汝说非为正见。

【述义】

如果执有自体所得之人脱离了一切诸行,而说有"无常"存在,这就非是"正见"。如果"无常"脱离了"有为","无常"就是"常",犹如虚空一样。如果像这样认识是正确的,那"有为"与"无为"的体性就毫无差别了。如果"有为"与"无为"相合,合并成"无为",那"瓶子"就不可被破坏;如果"无为"与"有为"相合,合并成"有为",那"涅槃"就可以被破坏。如果二者没有差异,那一切诸法都不可以破坏,如同"涅槃"是"常",不是缘起产生。如果"诸行"不是因缘和合产生,就不异于"虚空""涅槃",那"有为法"就不能称为"无常"。如果"诸行"不是因缘和合产生是"无常"的话,那"虚空""涅槃"就不能称为"常"。如果像这样认识是正确的,那"有为""无为"就没有殊胜法了。如果"无常"脱离"有为"仍然可以称为"无常"的话,那"有为"脱离"常"应该称为"常",但这事肯定是不对的。如果这是正确的,哪部经中有这样的说法,又以什么法义来讲说?你现今所说的,又是以什么法义来讲说?你现今所说,法义不能相应。不是你邪谬思维所能够揣量,因此你说的不是"正见"。

己二、破三世有体

【原文】

　　若人有所得，谓过去、未来、现在法自体成者，当知是人则非正见。何以故？无因生见故。若言未来体非因缘生自体成者，则现在法亦非因缘生自性体成，以未来、现在自性平等无差别故。若性平等者，现在有法皆从缘生，未来法何故非缘生？汝今此义，为以修多罗说为依义说？说不相应，则无理趣；若无理趣，则不可信。若未来法无因缘生自性成者，未来之法犹如虚空，无有因缘，离因缘故，非因缘生。则无实未来体；无未来故，现在、过去亦无。现在、过去无，故三世无体。若有体者，则是常见，无因生故。

【述义】

　　如果人执著有自体所得，认为"过去""未来""现在"一切诸法自体真实成立，应当知道这人的认识并非"正见"。为什么呢？由于有了"无因生"的错误知见。如果说"未来"诸法自体并非依因缘和合产生而自体成立的话，那"现在"诸法也并非依因缘和合产生而自性之体成立，因为"未来""现在"自性平等无有差别。如果体性平等的话，"现在"存有诸法全都是从因缘和合中产生，"未来"诸法为何就不是依因缘和合产生的呢？你现今此中法义，是以什么经中所说作为依据来讲说呢？讲说义不相应，就没有道理旨趣；如果没有道理旨趣，就不可以相信。如果"未来"诸法不依因缘和合产生而自性之体成立的话，"未来"诸法就犹如"虚空"一样，没有产生之因缘，脱离了因缘，就不是依因缘和合产生。可见没有真实"未来"自体；没有"未来"自体，"现在""过去"也没有自体。"现在""过去"没有自体，所以"三世"均无自体。如果有自体的话，就是

"常见"，因为属于"无因生"。

戊三、结

【原文】

　　若佛弟子有所得见，则与外道迦毗罗等无差别。此论非为迦毗罗、忧楼迦诸外道等，为汝等辈同见之人故造斯论。向说破何等人，为令汝等有所得人断除邪见，故作斯论。"

【述义】

　　如果佛弟子执有自性所得之见，就与外道迦毗罗等没有差别。此论不是为迦毗罗（数论）、忧楼迦（胜论）等各种外道所造，而是为你们这些具有相同执见之人才造了这部论。之前说破除何种人的邪见，为了令你们这些执有自性所得之人断除邪见，所以作了这部论。

乙二、释论句义 三
丙一、标

【原文】

　　一输卢迦偈句义，今当释。

【述义】

　　一输卢迦偈的四句义，现今应当解释。

丙二、释 四
丁一、自体性无常

【原文】

偈言"自体性无常"者,自体名有生,有法故名为体。有所得人于此法中,心取为体。此法于阴、界、入中有声缘转,如说一体、二体、多体。如彼此人,一二众多,各有自体,故名自体。如地、水、火、风,坚、湿、热、动各有自性,如是各各自相自体,故言自体。有所得人谓生、住、灭同相者,是义不然。自体性无常,故彼体名有所得人分别故生。是故离诸法无无常体,以自相无常故。如佛告比丘:"一切诸行皆悉无常。"以此说故,离法有无常自相者,是事不然。

【述义】

第一句偈"自体性无常"是说,"自体"是有所产生的,有法存在才可称为"体"。执有自体所得之人在此法之中,心意执取为自体。此法在"五阴""十八界""十二入"中遇有声音之缘而产生转化,比如说一体、二体、多体。如那些彼此之人,一人、二人乃至众多之人,各有自己身体,所以称为"自体"。比如"地""水""火""风"等四大,各有"坚""湿""热""动"等自体属性,像这样各各具有自己相状自己体性的,叫作"自体"。执有自体所得之人认为"生""住""灭"具有同性相状,这肯定是不正确的。"自体"的性质就是"无常",所以那个真实"自体"之名,是执有自体所得之人在分别妄想的作用下导致产生的。因此脱离了一切诸法就没有"无常"之体,由于自体相状就是"无常"。正如佛陀告诉诸比丘道:"一切诸行都是无常。"根据此说,认为脱离了一切诸法有"无常"自体相状,肯定是不正确的。

丁二、如是体无体

【原文】

若汝不了云何无常,我今当说,偈言"如是体无体"故。体无体者,汝所分别无常者,彼无常无体,是故体无体。自性无体,故言无体。

【述义】

如果你不能了知如何是"无常",我现今应当讲说,正如第二句偈所言"如是体无体"故。所谓"体无体",你所分别的"无常",那个"无常"是无有自体的,所以称"体无体"。自性无有实体,所以称为"无体"。

丁三、自体性无体

【原文】

偈言"自体性无体"者,离无体更无别体,故言自体无体。若汝意谓离无体而有体者,是义不然,以汝此法非修多罗说故。若谓无体是自体者,是亦不然,以修多罗所不说故。世尊于何等修多罗中说如此法?于佛世尊修多罗中都无此义。以非经说故不成就,非大圣修多罗所说之义则不应信,是故非唯言说而得取证。

【述义】

第三句偈"自体性无体"是说,脱离了"无体"更无有别的其他自体,所以说"自体无体"。如果你认为脱离了"无体"而能够有自体存在的话,这肯定是不正确的,因为你的这个说法不是经中所说。如果认为"无体"就是"自体"的话，这也是不正确的，因为经中没有说过。世尊在什么经中说过这样的法义？在佛释尊经中都没有此种法义。由于不是经中所说就不能成立，不是大圣经中所说的法义就不应该相信，因此不是只凭言说就能得以取信证明。

丁四、故说空无常

【原文】

偈言"故说空无常"者，如《调伏三蜜提经》中说："佛告三蜜提：'眼空、无常、无不动、无不坏、无不变。何以故？性如是故。耳、鼻、舌、身、意，亦复如是。'"①世尊于此修多罗中说空、说无常，以是义故，知诸法空、无常。无常无体，是故诸法性自无体，则无体义成。若能如是入修多罗义，其义则成；若不入修多罗，其义则坏。以我所说入修多罗，其义则成；是故性自无体，其义成就。

【述义】

第四句偈"故说空无常"，如同《调伏三蜜提经》中所说："佛告诉三蜜提：'眼根是空性、没有永恒、没有不动、没有不坏、没有不变。为什么呢？空性就是这样。那么，耳根、鼻根、舌根、身根、意根，也是像这样的。'"世尊在此经中讲说"空"、讲说"无常"，根据这个法义，知道一切诸法都是"空""无常"的。"无常"就无有自体，所以一切诸法的性质就是无有自体，那"无体"的法义就成立了。如果能够像这样契入经义，法义就能成立；如果不契入经义，法义就

① 按："三蜜提"，又译作"三蜜离提""三弥提""三弥离提"。参见南朝刘宋求那跋陀罗译《杂阿含经》卷九"第二三○、二三一、二三二经"。

会破坏。以我所说内容能够契入经义,故此义就能成立;因此一切
诸法的性质就是无有自体,故此义就能成立。

丙三、结

【原文】

《一输卢迦论》一卷。

凡诸法体、性、法、物、事、有,名异义同。是故或言体、
或言性、或言法、或言物、或言事、或言有①,莫不皆是"有"
之差别。正音云私婆婆,或译为自体体,或译为无有法
法②,或译为无自性性。

【述义】

《一输卢迦论》共一卷。

凡是一切诸法的"体、性、法、物、事、有",名称差异但表义相
同。所以或者称"体"、或者称"性"、或者称"法"、或者称"物"、或者
称"事"、或者称"有",莫不都是"有"的差别。梵文正确音译为"私
婆婆",或者意译为"自体"之"体",或者意译为"无有法"之"法",或
者意译为"无自性"之"性"。

---

① "或言物、或言事、或言有",原作"或言有、或言物",据前文标举次第,补足调整。
② "无有法法",原作"无法有法",据论义,径改。